Erz, Wismut oder Uran?

Stefan Kunze

Erz, Wismut oder Uran?

Der Uranbergbau der AG/SDAG Wismut in DDR-Publikationen

Lukas Verlag

Lukas Verlag für Kunst- und Geistesgeschichte
Kollwitzstraße 57
D 10405 Berlin
www.lukasverlag.com

Lektorat, Umschlag und Layout: Lukas Verlag
Reprographie und Satz: Alexander Dowe (Lukas Verlag)
Druck: Elbe-Druckerei Wittenberg GmbH

Printed in Germany
ISBN 978-3-86732-394-9

Inhalt

Vorwort

Seit der Wiedervereinigung Deutschlands ist schon viel über die bis dahin geheimnisumwitterte Tätigkeit der AG/SDAG Wismut publiziert worden. Dabei handelt es sich einerseits um Berichte zu betriebsgeschichtlichen, technisch-technologischen und geologischen Themen, wie sie in der sehr umfangreichen »Chronik der Wismut« dargelegt wurden. Nicht wenige Zeitzeugen verfassten zudem ihre persönlichen Erinnerungen an die Wismutzeit in Büchern und Broschüren. Auf der anderen Seite haben sich verschiedene Historiker aus der Außenperspektive an der Betrachtung des spannenden Themas versucht. Dazwischen mengen sich Werke lokaler Autoren, welche die bewegte Wismutzeit in ihrem Gebiet mehr oder weniger tiefschürfend beleuchten. Da sich seit der Wende die Verfügbarkeit von Daten über die Wismut grundlegend gewandelt hat, ist die Bandbreite der Publikationen bemerkenswert weit gestreut. Aufgrund der großen Zahl an Publikationen scheint bereits eine gewisse Sättigung im Informationsbedarf eingetreten zu sein. Jedoch wurde ein Umstand bisher meist nur oberflächlich angerissen und ist noch nicht genauer untersucht worden. Dieser betrifft die Informationen über den Uranbergbau der Wismut in DDR-Publikationen. Woher wussten wir als DDR-Bürger Näheres über die Tätigkeit der SDAG Wismut? War es wirklich nur die Mundpropaganda, oder gab es sogar Veröffentlichungen darüber? Inzwischen sind über dreißig Jahre seit dem Ende der DDR vergangen und es fällt schwer, auf solche Fragen konkrete Antworten zu geben. Irgendwann einmal bin ich bei Recherchen zur Lagerstättengeologie über diese Fragen gestolpert. Auf der Suche nach Antworten ist schließlich dieses Buch entstanden. An dieser Stelle sei allen Personen und Institutionen gedankt, welche mich hierbei unterstützt haben. Bei der Beschaffung von Quellen und Bildmaterial halfen Shora Andreew und die Redaktion der Website www.wismut.su, Frank Dahms, das DDR-Museum Berlin, Manfred Dreßler, die Eulenspiegel GmbH, Axel Hiller, Uwe Jaschik, Claus Legler, Volkmar Meinhold, die Neues Deutschland Verlag GmbH, Jens Pfeifer und Uwe Schickedanz. Außerdem gebührt Axel Hiller, Reiner Nestler und meiner Frau Claudia Dank für ihre sorgfältige Lektoratsarbeit. Besonders möchte ich noch Rolf Lange († 2019) hervorheben, der nicht nur viele Anregungen zum Buch gab, sondern mir auch wertvolle persönliche Erfahrungen vermittelt hat. In seinem Sinne soll dieses Buch zur weiteren Erforschung des Phänomens »Wismut« beitragen.

Nun ist die politische und moralische Bewertung des Uranbergbaus der Wismut durchaus umstritten und vom persönlichen Standpunkt des Beobachters abhängig. Beim Schreiben des Buches bestand für mich die größte Herausforderung in einer möglichst rationalen Bewertung der Fakten innerhalb ihres historischen Kontexts. Wenn man sich diesem Thema ernsthaft nähern möchte, ist Schwarzmalerei genauso wie Schönfärberei fehl am Platz. Heute gehören die DDR und der real existierende Sozialismus der Vergangenheit an. Sie sind ein Teil unserer Geschichte. Aber auch unsere Gegenwart wird irgendwann einmal Geschichte sein und wir möchten von den Historikern der Zukunft weder zu Subjekten nostalgischer Verklärung stilisiert noch ausschließlich an unseren Fehlern gemessen werden.

Sehmatal-Sehma im Frühjahr 2021 *Stefan Kunze*

Einleitung

Der Bergbau der SDAG Wismut, in den Anfangszeiten auch als Wismut AG bezeichnet, beginnt unmittelbar nach dem Zweiten Weltkrieg und dient hauptsächlich der Urangewinnung für das sowjetische Kernwaffenprogramm. Aus verständlichen Gründen wird in der Sowjetischen Besatzungszone und später auch in der DDR versucht, den Zweck dieser Aktivitäten geheim zu halten oder zu verschleiern.

In einigen nach 1990 erschienenen Publikationen ist zu lesen, dass während der gesamten DDR-Zeit ein nahezu vollständiges Veröffentlichungsverbot zum Uranbergbau geherrscht haben soll. Der Autor Michael Beleites beschreibt das in seinem Buch »Altlast Wismut« folgendermaßen: »In der DDR gab es praktisch überhaupt keine Veröffentlichungen zum Uranbergbau, geschweige denn zur Wismut. Nicht einmal in Bibliotheken konnte man etwas über den ostdeutschen Uranbergbau erfahren.«[1] Diese Aussage verdeutlicht die Betrachtungsweise dieses Autors und kommt damit dem Zeitgeist der 1990er Jahre entgegen. Dessen Nachhall ist, wenn auch in abgeschwächter Form, noch in den neueren Werken der Historiker Boch und Karlsch zur Wismut vorhanden.[2] Darin wird erwähnt, dass lange Zeit nichts über die Wismut publiziert werden darf, abgesehen von Zeitungsartikeln und Aufrufen, die der Werbung von Arbeitskräften dienen. Insgesamt benennen die Autoren im Zeitraum von 1965 bis 1988 lediglich drei Publikationen.[3]

Um diese Aussagen näher zu untersuchen, werden nun in der vorliegenden Arbeit verschiedene DDR-Publikationen zum Uranbergbau der Wismut recherchiert und bezüglich ihres Informationsgehalts analysiert. Es handelt sich dabei um Artikel, Textstellen und Bilddokumente in verschiedenen Druckerzeugnissen (Bildbände, Lehrbücher, Romane, Broschüren, Zeitungen, Zeitschriften, usw.). Diese sind gut geeignet, einen chronologisch differenzierten Blick auf die Geheimhaltungs- bzw. Zensurpraxis bezüglich des Uranbergbaus in der DDR zu werfen.

Darüber hinaus werden einige thematisch tangierende Schriften zur Atomkraftproblematik herangezogen. Ebenso interessant sind unveröffentlichte oder nur in geringem Umfang veröffentlichte Schriften wie Orts-

1 Beleites 1992, S. 46.
2 Boch/Karlsch 2011, S. 11.
3 Selbmann 1965. – Meinhold 1979. – Gebietsparteileitung 1988.

chroniken, Diplomarbeiten und Praktikumsberichte. Neben den Druckerzeugnissen soll auch ein Seitenblick auf das Medium Film geworfen werden. Damals stehen dem Normalbürger individuelle Wiedergabegeräte für eine Filmaufzeichnung kaum zur Verfügung. Trotzdem kann man bei diesem Medium als Kino- oder Fernsehfilm eine breite Öffentlichkeitswahrnehmung konstatieren.

All diese Veröffentlichungen sind in der SBZ und später in der DDR offensichtlich einer ausgeprägten Zensurpraxis durch staatliche Stellen unterworfen gewesen.[4] Ob und wie intensiv dieses Mittel genutzt wird, soll anhand der nachfolgend analysierten DDR-Publikationen zum Uranbergbau beurteilt werden.

4 Vgl. Bräuer/Vollnhals 1995. – Barck/Lokatis 2008. – Lokatis/Rost/Steuer 2013.

Propaganda und Zensur in DDR-Veröffentlichungen

Veröffentlichungen verfolgen verschiedene Ziele. Trivialliteratur und Zeitschriften dienen der Unterhaltung und der Stillung des allgemeinen Informationsbedarfs für jedermann. Bei wissenschaftlichen Publikationen stehen die Wissensvermittlung und der Austausch von Forschungsergebnissen im Vordergrund. Speziell im populärwissenschaftlichen und heimatkundlichen Bereich soll allgemeinverständlich aufbereitetes Wissen an interessierte Laien weitergegeben werden.

Neben der an sich neutralen Informationsvermittlung ist der Faktor von Agitation und Propaganda vor allem in staatlichen oder staatsnahen Veröffentlichungen nicht zu vernachlässigen. Diese subjektiv bewertete Wiedergabe von Informationen hat das Ziel, den Adressaten hinsichtlich eines gewünschten Denkmusters zu überzeugen bzw. zu beeinflussen. Zumeist geht es dabei um die Legitimation des bestehenden politischen Systems. Propaganda ist früher oft als solche erkennbar und relativ simpel gestaltet. Aber schon damals tritt sie auch, wie heute allgemein üblich, subtil unter Ausnutzung sprachlicher Mittel innerhalb scheinbar neutraler Berichterstattung auf und wird treffend als »Meinungsmanagement« beschrieben:

> Die Anwendung von »Hard Power« [Gewalt] hat aus Sicht der Herrschenden einen gewissen Nachteil, weil wir aufgrund unserer natürlichen moralischen Sensitivitäten dazu neigen, darauf mit Empörung und Auflehnung zu reagieren. Dies wiederum ist für die Herrschenden mit Kosten verbunden. Der einflussreiche amerikanische Politikwissenschaftler und Propagandatheoretiker Harold D. Lasswell (1902–1978) hat dies 1930 in der *Encyclopedia of the Social Sciences* auf den Punkt gebracht: Meinungsmanagement ist »kostengünstiger als Gewalt, Bestechung oder irgendeine andere Kontrolltechnik.«[5]

Auch auf diese in Veröffentlichungen verfolgte Zielrichtung soll in der folgenden Arbeit eingegangen werden.

Nach dem Zweiten Weltkrieg unterliegen die Verlage aller Besatzungszonen einer Lizenzierungspflicht. Damit soll ausgeschlossen werden, dass

---

5 Mausfeld 2018, S. 64.

nationalsozialistisch vorbelastete Herausgeber und Journalisten Einfluss auf die Medien erlangen können. Zudem nutzen die Alliierten das Instrument einer Vorzensur. Dazu müssen bei den örtlichen Kommandanturen Vorabzüge zur Erteilung der Druckgenehmigung (Imprimatur) eingereicht werden. Während die Briten und Amerikaner bereits Ende 1945 die Vorzensur in ihren Besatzungszonen abschaffen, wird sie in der Französischen und in der Sowjetischen Besatzungszone bis zum Frühjahr 1947 aufrechterhalten. Laut Befehl Nr. 90 der SMAD vom 17.4.1947 heißt es: »Zeitungen, wissenschaftliche und technische Bücher und Zeitschriften, schöne Literatur und Literatur über Kunst unterliegen keiner Vorzensur.« Die Lizenzierung und Kontrolle der Zeitungen und Zeitschriften erfolgt nun gemäß den Richtlinien der SMAD bis Anfang 1950. Ab diesem Zeitpunkt werden die Zeitungen und Zeitschriften vom Amt für Information, dem späteren Presseamt, überwacht.[6] Im Artikel 9 der ersten DDR-Verfassung wird 1949 die Zensur ausdrücklich verneint. Offensichtlich beschränkt man diesen Begriff auf die abgeschaffte Vorzensur. In der DDR-Verfassung von 1968 kommt der Begriff Zensur nicht mehr vor. Jedoch nennt Artikel 27 (2): »Die Freiheit der Presse, des Rundfunks und des Fernsehens ist gewährleistet.«

Bereits 1951 entsteht in der DDR das Amt für Literatur und Verlagswesen, das ein sogenanntes Druckgenehmigungsverfahren durchführt. Angeblich geht es dabei um die planmäßige Zuteilung des begrenzten Kontingents an Papier und Druckkapazitäten. Des Weiteren soll damit eine Art Qualitätssicherung zur »Entwicklung einer fortschrittlichen Literatur« durchgeführt werden. Umgliederungen der beiden Ämter zur Kontrolle von Presse und Literatur führen zu verschiedenen neuen Benennungen, jedoch bleibt ihre Funktionalität bis zum Ende der DDR erhalten. So existiert bei den Kreis- und Bezirksverwaltungen (Rat des Kreises, Rat des Bezirkes) in der Abteilung Kultur ein eigener Sachbereich für die Druckgenehmigungsverfahren.

6 Bulisch 2006, S. 83f.

Kurzabriss der Betriebsgeschichte der AG/SDAG Wismut

Bereits zum Ende des Zweiten Weltkriegs beginnt mit dem Abwurf der Atombomben auf Hiroshima und Nagasaki der Kalte Krieg zwischen den Westalliierten und der Sowjetunion. Der Rüstungswettlauf bei Nuklearwaffen ist hierbei bis zum Schluss der wichtigste, die strategische Potenz bestimmende Faktor. Das Kernwaffenmonopol der Amerikaner setzt die Sowjets anfangs extrem unter Zugzwang. Für die Brechung dieses Monopols benötigen sie große Mengen des Rohstoffs Uran. Beinahe alle damals bekannten Uranlagerstätten befinden sich im westlichen Einflussbereich (USA, Kanada) oder sind durch Lieferverträge mit den USA dem Zugriff durch die Sowjetunion entzogen (Belgisch-Kongo). Nur die gering erschlossenen eigenen Lagerstätten in Usbekistan und die für die Radiumerzeugung genutzten Urangruben im tschechischen Joachimsthal liegen innerhalb des sowjetischen Einflussbereichs. Auch die sofort beginnende Exploration in weiteren osteuropäischen Staaten wie Bulgarien und Polen bringt nur einen geringen Zuwachs an verfügbaren Uranressourcen. Erst ein Blick von Joachimsthal über den Erzgebirgskamm auf die alten Silber- und Kobaltgruben des sächsischen Erzgebirges eröffnet neue Perspektiven. Schon ab Ende 1945 werden die Gruben in Johanngeorgenstadt, Oberschlema und Schneeberg untersucht. Erste Vorratsberechnungen im Jahr 1946 klingen noch wenig euphorisch. Jedoch die zielgerichtet vorangetriebene Aufschlusstätigkeit kann kurz darauf erste Erfolge verbuchen. Bereits 1947 überflügelt die Urangewinnung im Sächsischen Erzgebirge die übrigen Lagerstätten des sowjetischen Einflussbereichs. Die Urangruben der Sowjetischen Besatzungszone erlangen einen solchen Stellenwert, dass man im Juli 1947 die Staatliche Sowjetische Aktiengesellschaft Wismut gründet. Eine ganze Reihe von bisher gering bewerteten sowie auch unbekannten Uranlagerstätten wird im sächsischen Erzgebirge und in angrenzenden Gebieten entdeckt. Ende 1947 haben sich fünf Gewinnungsobjekte etabliert. Die Gewinnungsobjekte repräsentieren eine Verwaltungsebene, welche im Regelfall die verschiedenen Bergwerke einer Lagerstätte bündelt. Außerdem entstehen Objekte für geologische Erkundung, Ausrichtung[7] und weitere Spezialaufgaben (Bau, Aufbereitung etc.).

---

7 Ausrichtung: Zugänglichmachen einer Lagerstätte durch Hauptgrubenbaue (Schachtteufen, Feldstrecken, Querschläge).

Die Belegschaft der Wismut AG setzt sich bis etwa 1950 überwiegend aus im Rahmen des Alliierten Kontrollratsbefehls Nr. 3 von den Arbeitsämtern der SBZ zugewiesenen Personen zusammen. Bei einer jährlichen Gewinnung von Erz mit 1224 Tonnen Uranmetall wird 1950 mit etwa 196 000 Beschäftigten der größte Personalbestand erreicht.[8] Durch die Erhöhung der Arbeitsproduktivität entwickeln sich ab diesem Zeitpunkt Personalbestand und Urangewinnung gegenläufig. Allgemein zeichnen sich die Jahre nach 1950 durch bedeutende Änderungen in der Personalpolitik und im Gesundheitsschutz aus. Die anfängliche Praxis der Personalgewinnung durch Arbeitsverpflichtung erweist sich wegen der erheblichen Fluktuation als untauglich für das stark spezialisierte bergmännische Anforderungsprofil. Stattdessen beginnt man, eine Stammbelegschaft aus zufriedenen und gut qualifizierten Beschäftigten aufzubauen. Ein großes Manko in der Gesundheitsbilanz der Wismut ist das Trockenbohren. Aus objektiven wie auch aus subjektiven Gründen werden anfangs die Sprenglöcher überwiegend ohne Wasserspülung gebohrt. Etwa 15 000 Bergleute bezahlen das Einatmen von Quarzstaub mit ihrem vorzeitigen Tod durch Silikose (Staublunge). Erst mit der konsequenten Durchsetzung des Trockenbohrverbots ab 1952 und weiteren Maßnahmen zur Staubbekämpfung können die Ursachen der Silikose wirksam beseitigt werden.[9] Es ist nicht zu leugnen, dass diese positiven Entwicklungen von Vernunft und Einsicht geprägt sind. Ende 1953 erfolgt eine Umstrukturierung des Unternehmens, das nun als zweistaatliche Sowjetisch-Deutsche Aktiengesellschaft firmiert.

Die Uransuche dehnt sich schließlich über das Erzgebirge hinaus auf zahlreiche Perspektivgebiete im gesamten Südteil der DDR aus. Selbst die Bergwerke des Mansfelder Kupferschiefers und des Kalibergbaus bei Staßfurt und Erfurt werden untersucht. Die Erkundungsarbeiten erfassen den Harz, seine nördlichen Randgebiete, die Lausitz und erstrecken sich sogar bis in die Norddeutsche Senke, wobei man hier keine gewinnbaren Uranlagerstätten auffindet. Außerdem existieren in der Nordsächsischen Senke bis in die 1980er Jahre einige großflächige Erkundungsgebiete. Dort gelingt es sowohl einige Uranvorkommen als auch Vorkommen von Nebenerzen (Wolfram, Seltene Erden) zu identifizieren, welche zwar nicht abgebaut werden, aber möglicherweise Lagerstättencharakter besitzen. Die vielen anfänglich entdeckten Lagerstätten im Erzgebirge, wie Johanngeorgenstadt, Oberschlema, Schneeberg, Annaberg, Marienberg, Bärenstein sowie

8 SDAG Wismut (o.J.): Hauptkennziffern der Tätigkeit der Wismut AG 1946–1953. Wismut GmbH Unternehmensarchiv, Inv.-Nr. M-420.

9 Kunze 2015.

kleinere Betriebsstätten im Osterzgebirge sind bis Ende der fünfziger Jahre weitestgehend abgebaut. Eine Ausnahme ist die größte Uran-Ganglagerstätte der DDR bei Niederschlema/Alberoda, deren Vorräte erst gegen Ende der 1980er Jahre langsam zur Neige gehen. Während der 1960er, 1970er und 1980er Jahre erfolgen auch im Erzgebirge noch verschiedene Revisionen mit unterschiedlicher Erkundungsintensität. Dabei entdeckt man die Lagerstätte Pöhla/Tellerhäuser, in der die Urangewinnung neben einer Zinnerkundung noch bis zur Wende andauert. Im Vogtland beginnen die Gewinnungsarbeiten 1949 und enden Mitte der 1960er Jahre (Schneckenstein, Bergen, Zobes). Verschiedene Erkundungsarbeiten (z. B. bei Hauptmannsgrün-Neumark) werden noch bis in die siebziger Jahre fortgesetzt. In Thüringen wird eine Reihe von Kleinlagerstätten bei Saalfeld (Dittrichshütte, Steinach, Schleusingen) während der 1950er Jahre abgearbeitet. Bei Culmitzsch entdeckt man in den oberflächennah lagernden Schichten des Zechsteins eine mittelgroße Uranlagerstätte. Deren Tagebaue sind bis Mitte der 1960er Jahre in Betrieb. Die Erkundung der Lagerstätte Ronneburg, welche sich schließlich als größte Uranlagerstätte der DDR erweisen soll, beginnt ab 1950. Hier findet sich das Uranerz meist fein verteilt in einer eng verfalteten paläozoischen Schichtenfolge. Zeitweise gewinnt man das Erz auch aus Tagebauen. Der von mehreren Bergbaubetrieben im Tiefbau geführte Abbau dauert bis zur Wende an. Im Döhlener Becken bei Freital erweckt der Urangehalt der dort schon seit dem 16. Jahrhundert geförderten Steinkohle bereits 1947 das Interesse der Wismut. Die Erkundungs- und Aufschlussarbeiten werden 1955 beendet und die Baufelder Gittersee und Heidenschanze an die VVB Steinkohle zur Energiekohlegewinnung übergeben. Nach Beendigung der Energiekohlegewinnung erfolgt 1968 eine Übernahme durch die SDAG Wismut, welche bis 1989 die energetisch schlecht verwertbare Urankohle fördert. Schließlich wird 1963 in den kreidezeitlichen Sandsteinen des Elbsandsteingebirges die Lagerstätte Königstein entdeckt. Mitte der 1960er Jahre beginnt hier die konventionelle Gewinnung, welche ab den 1980er Jahren von der Untertagelaugung abgelöst wird. Bezüglich der Lagerstättenerkundung ist zu bemerken, dass bei der Uransuche fast alle örtlich möglichen Optionen auf dem Gebiet der DDR ausgeschöpft werden. Die Urangewinnung in den verschiedenen Lagerstätten der DDR kann man von 1946 bis 1990 mit etwa 231 000 t Uranmetall beziffern. Somit ist die DDR mit Stand 1990 nach Kanada, den USA und der UdSSR weltweit der viertgrößte Uranproduzent. Die Tätigkeit der Wismut trägt keinen kommerziellen Charakter. Der staatlich subventionierte Bergbaubetrieb fördert einen damals am Markt nicht erhältlichen strategischen Rohstoff zu Kosten, die über den damaligen Weltmarktpreisen liegen. Schon ab Mitte der 1980er Jahre zeichnen sich erste Strukturanpassungen ab. Mit der politischen Wende in

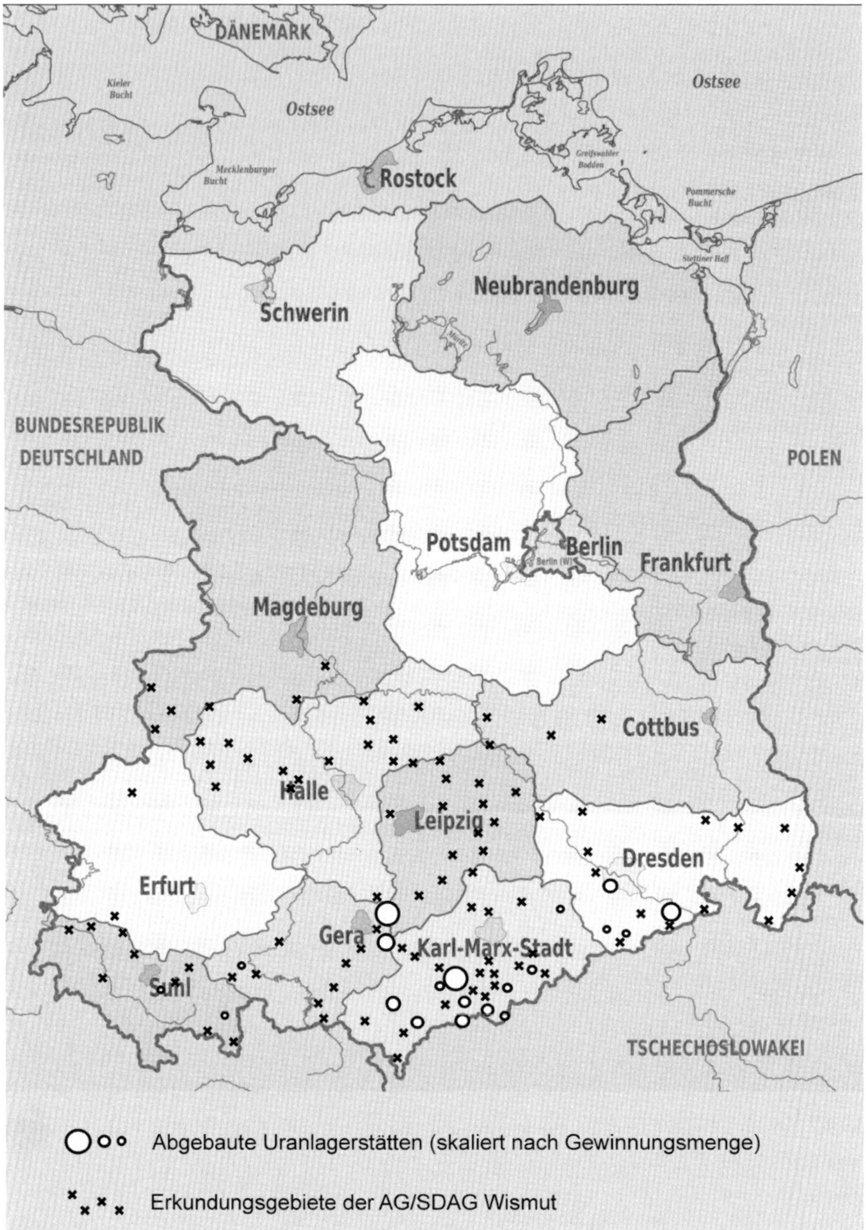

1 Arbeitsgebiete der AG/SDAG Wismut auf dem Territorium der DDR

der DDR und dem Ende des Kalten Krieges wird die Uranproduktion der SDAG Wismut eingestellt. (Abb. 1)

Der intensive Bergbau hinterlässt natürlich deutliche Schäden in der Umwelt. Sind die dicht gescharten Erzgänge in Johanngeorgenstadt und Oberschlema anfangs ein Segen für die Urangewinnung, so führen die dabei auftretenden Bergschäden zum Abriss beider Ortskerne. Dies ist der anfänglich vernachlässigten Versatztätigkeit[10] zuzuschreiben. Der in den späteren Jahren teilweise direkt unter der Stadt Ronneburg fachmännisch durchgeführte Abbau verläuft dahingehend folgenlos. Jedoch beanspruchen an anderen Orten Tagebaue und Absetzanlagen für Aufbereitungsschlämme größere Areale der Tagesoberfläche. So müssen acht kleinere Ortschaften bei Ronneburg, Culmitzsch und Crossen den Urantagebauen oder den Absetzanlagen weichen. Verglichen mit dem Braunkohlenbergbau, der in Gesamtdeutschland bis 2006 eine Fläche von 2300 Quadratkilometern erfasst und den kompletten Abriss von etwa 300 Ortschaften notwendig macht, erscheint die Flächenbeanspruchung des Uranbergbaus der Wismut doch wieder relativ gering. Die Betriebsflächen und die abfließenden Grubenwässer der Wismut sind mit Schadstoffen kontaminiert und bedürfen einer Sanierung. Zu diesem Zweck wird 1991 die Wismut GmbH gegründet und aus Bundesmitteln finanziert. Seltsamerweise produziert die Wismut auch nach der Wende noch Uran. In der Lagerstätte Königstein kann wegen ihrer speziellen hydrogeologischen Situation der Laugungsprozess aus technologischen Gründen nicht sofort beendet werden. Beim sukzessiven Herunterfahren der Laugung gewinnt man von 1991 bis 2016 noch etwa 2000 Tonnen Uran, dessen Verkauf einen Erlös von etwa 70 Millionen Euro einbringt. Natürlich stellt diese Summe nur einen Bruchteil der bisher für die Sanierung aufgewendeten Geldmittel in Höhe von etwa 6,4 Milliarden Euro dar. Im Jahr 2017 hat die Wismut GmbH noch ca. 1000 Mitarbeiter. Neben den Kernaufgaben an den nach 1989 genutzten Standorten der Wismut laufen noch die Sanierungen an den sächsischen Altstandorten, welche seit 2003 anteilig durch den Bund und den Freistaat Sachsen finanziert werden. Selbst nach dem Ende der Sanierungsaufgaben wird die Wismut GmbH wegen der langfristig notwendigen Umweltüberwachungsmaßnahmen noch mehrere Jahrzehnte in der Region präsent sein. Zuletzt sollen in der Negativbilanz der Wismut auch die Gesundheitsschäden bei der Belegschaft nicht verschwiegen werden. Durch anfänglich komplett fehlende oder mangelhaft durchgesetzte Maßnahmen beim Arbeits- und

10 Versatz: Verfüllung der durch den Abbau entstandenen Hohlräume mittels taubem Gestein oder anderem geeignetem Material.

Gesundheitsschutz (Staubbekämpfung, Senkung der Radonbelastung), treten bei mehr als 20000 Bergleuten die typischen Berufskrankheiten des Uranbergbaus wie Silikose (Quarzstaublunge) oder Lungenkrebs (Schneeberger Krankheit) auf.

Eine abschließende Bewertung zur Tätigkeit der Wismut wird immer subjektiv bleiben, da ein Aufwiegen der positiven und negativen Aspekte an der Betrachtung scheitert, was ohne das Kernwaffengleichgewicht der damaligen Supermächte geschehen wäre. Somit muss man sich mit der Geschichte abfinden. Es bleibt für uns ein Glück, dass damals der Kalte Krieg nicht zu einem heißen Krieg der Supermächte umschlägt. In Anbetracht der aktuellen politischen Entwicklung gewinnt dieser Aspekt wieder immens an Bedeutung. Aus zwei verheerenden Weltkriegen sollten wir eigentlich gelernt haben, dass ein dritter, mit Kernwaffen geführter Weltkrieg die Vernichtung der menschlichen Existenz bedeuten kann. Dies zu verhindern, liegt allein in unserer Verantwortung.

Chronologische Betrachtung der Publikationen

1947 bis 1953

Ein erster Versuch der Verschleierung des Uranbergbaus in der SBZ[11] ist die ab 1947 eingeführte Betriebsbezeichnung »Wismut AG«, welche den Abbau von Wismuterzen vortäuschen soll. Einer lückenlosen Geheimhaltung steht von Anfang an die große Zahl der im Uranbergbau beschäftigten Arbeitskräfte entgegen. Obwohl sogar im innerbetrieblichen Schriftgut das Wort »Uran« weitestgehend vermieden und durch »Metall« oder »Wismut« ersetzt wird, ist die Belegschaft bereits nach kurzer Zeit vom Hörensagen über die Art des gesuchten Rohstoffs informiert. Mit mehr oder weniger geringer Verzögerung trifft das auch auf die Bevölkerung der Bergbaugebiete zu. Von offizieller Seite wird in der SBZ/DDR die Tätigkeit der Wismut zum Zweck der Anwerbung von Arbeitskräften mit dem neutralen Begriff »Erzbergbau« legendiert.

Im April 1947 berichtet die Tageszeitung der SED *Neues Deutschland* kurz über eine in Oberschlesien (Polen) entdeckte Uranlagerstätte, welche »an Umfang und Ergiebigkeit alle bisher in Europa festgestellten Uraniumlager übertreffen soll«.[12] Tatsächlich handelt es sich um eine eher marginale Lagerstätte. Die Meldung wird von der einzigen in der SBZ zugelassenen Nachrichtenagentur (ADN) bereitgestellt. Genau in diese Zeit fällt die Erkenntnis der besonderen Bauwürdigkeit der Lagerstätten im Erzgebirge (Johanngeorgenstadt und Oberschlema). Davon erscheint in den Zeitungen der SBZ nichts. Möglicherweise will man damit die westlichen Nachrichtendienste über die Prioritäten der im Einflussbereich der UdSSR liegenden Uranlagerstätten täuschen.

Anfangs scheint im Erzgebirge auch die Geheimhaltung gegenüber der ortsansässigen Bevölkerung noch zu funktionieren. Im Raum Annaberg beginnen die bergmännischen Tätigkeiten zur Jahreswende 1946/47. Der Ortschronist und ehemalige Schuldirektor von Sehma, Friedrich Mahn, hat im Mai 1947 offenbar noch keine Kenntnis von der Art des gesuchten Rohstoffs und seinem eigentlichen Verwendungszweck. So schreibt er damals für die Ortschronik:

11 SBZ: Abkürzung für Sowjetische Besatzungszone.

12 Anonymus 1947: Uran in Oberschlesien, in: *Neues Deutschland* vom 9.4.1947.

> Gerade jetzt werden auf Geheiß der fremden Besatzungsmacht allerlei Versuche unternommen, den jetzt ruhenden Bergbau wieder auf die Beine zu bringen. In unserem Orte wohnen ja gegenwärtig genug Leute, die in der Dorothea [Dorothea Stolln] in Cunersdorf wieder einfahren. Und auch um Annaberg herum, in Frohnau und anderen Orten werden alle in die Augen fallenden Halden durchwühlt, werden neue Berganlagen geschaffen und allerlei neue Bergbaupläne tauchen hier und da auf.[13]

Eine erste amtliche Veröffentlichung zur Tätigkeit der Wismut AG erfolgt am 4. November 1947 im Gesetzblatt der SBZ:

> Staatliche Aktiengesellschaft der Buntmetallindustrie »Wismut«, Aue, Zweigniederlassung der unter der gleichen Firma in Moskau bestehenden Hauptniederlassung. Gegenstand des Unternehmens: Die Gewinnung, das Schürfen und der Absatz bunter Metalle, wie innerhalb des Gebietes der UdSSR, so auch im Ausland.[14]

In dieser amtlichen Veröffentlichung wird das Gewinnungsziel Uran nicht offen genannt, sondern als »Buntmetall« legendiert. Da keine einheitliche Definition für Buntmetall existiert, kann Uran als unedles Nichteisenmetall durchaus im weitesten Sinne dazu gezählt werden. Somit dürfte es sich bei dieser Umschreibung um eine unbestimmte Legendierung handeln. Der Zweck dieser Legendierung besteht zweifelsohne in der Täuschung der Bevölkerung bezüglich des eigentlichen Gewinnungsziels.

Unbenommen davon wird in einzelnen, unveröffentlichten Berichten anfangs noch offen der Abbau von Uranerzen durch die Wismut AG genannt. Ein Beispiel dazu ist der Ferienbericht eines Absolventen der Zwickauer Bergbauschule aus dem Jahr 1948.[15] Darin werden auch technische Details der Schächte und des Abbauverfahrens erläutert. Als Einschränkung des Informationsgehalts wird lediglich berichtet, dass »die Wismut A.G. die Zahlen der Erzförderung geheim hält«. Erwähnenswert erscheint, dass der Autor als Bergschüler zum Zeitpunkt der Erstellung des Berichts nur ein externer Praktikant, also streng genommen gar kein Betriebsangehöriger der Wismut AG ist. (Abb. 2)

Die Veröffentlichung des Bundesministeriums für Gesamtdeutsche Fragen »Die Sowjetische Besatzungszone Deutschlands von 1945 bis 1954« aus dem Jahr 1964 erwähnt eine bemerkenswerte Information zur Wismut,

---

13 Hessel/Wolf 1967, S. 32.
14 SMAD 1947.
15 Lehmann 1948. Siehe auch Abb. 2.

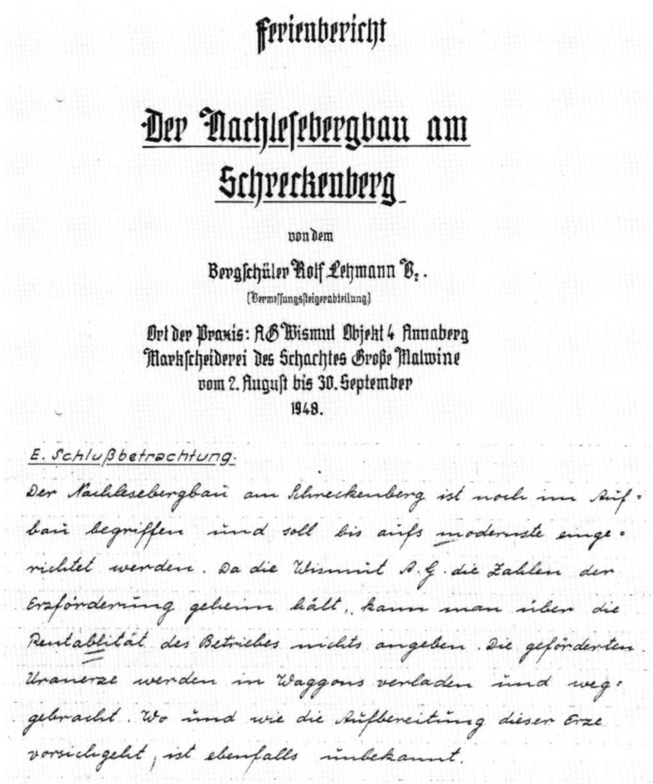
Ferienbericht

Der Nachlesebergbau am Schreckenberg

von dem

Bergschüler Rolf Lehmann B2.

(Vermessungssteigerabteilung)

Ort der Praxis: AG Wismut Objekt 4 Annaberg
Markscheiderei des Schachtes Große Malwine
vom 2. August bis 30. September
1948.

E. Schlußbetrachtung:

Der Nachlesebergbau am Schreckenberg ist noch im Aufbau begriffen und soll bis aufs modernste eingerichtet werden. Da die Wismut A.G. die Zahlen der Erzförderung geheim hält, kann man über die Rentabilität des Betriebes nichts angeben. Die geförderten Uranerze werden in Waggons verladen und weggebracht. Wo und wie die Aufbereitung dieser Erze vorsichgeht, ist ebenfalls unbekannt.

2
Titelblatt und Textausschnitt einer Praktikumsarbeit der Bergbauschule Zwickau

welche mit »Januar 1948« datiert ist: »Der Ministerpräsident von Sachsen, Max Seydewitz (SED), gibt gegenüber einer Gruppe amerikanischer Journalisten zu, daß der Uranbergbau im Erzgebirge von der sowjetischen Wismut-AG betrieben wird. Etwa 25 000 Arbeiter gewinnen Zink, Wismut, Wolfram und anderes Erz für die Sowjetunion.«[16] Leider ist der Kontext für das Zustandekommen dieser Information nicht mehr nachprüfbar. Zum einen scheint seine Angabe zur Förderung verschiedener anderer Erze (Zink, Wismut, Wolfram) offensichtlich ein irreführendes Ablenkungsmanöver zu sein. Auch die Zahl des Personalbestands ist stark untertrieben, da die Wismut bereits 1947 doppelt so viele (etwa 51 000) Beschäftigte[17] besitzt, was ihm als Dienstherrn des Landesarbeitsamts sicherlich nicht verborgen

16 BMG 1964, S. 77.
17 Wismut GmbH 1999, Abschn. 1.13.5, S. 5.

bleibt. Möglicherweise soll das Zugeben des im Westen schon hinreichend bekannten Uranbergbaus eine gewisse Glaubwürdigkeit sichern. So kann er mit seinen weiteren Angaben, wie der weit geringeren Beschäftigtenzahl und der Vortäuschung des Abbaus anderer, strategisch unwichtiger Metalle den wahren Umfang des Uranbergbaus bagatellisieren. Andererseits ist in der Freigabe des Fakts vom Uranbergbau an den »Klassenfeind« auch eine gewisse eigenwillige Handlung entgegen der von den Sowjets verhängten absoluten Geheimhaltung zu erkennen. Max Seydewitz gehört vor der Vereinigung von KPD und SPD dem linken Flügel der SPD an und ist von 1947 bis zur Aufhebung der Länder im Jahr 1952 sächsischer Ministerpräsident. Im Herbst 1948 scheitert an seinem Veto die geplante Umsiedlung von Teilen der einheimischen Bevölkerung zugunsten der Bergarbeiter. Als vernünftige Alternative dazu wird von Seydewitz die Weiterleitung von Umsiedlern, welche nicht für die Beschäftigung bei der Wismut in Frage kommen, in andere Gebiete durchgesetzt.[18] Möglicherweise kann man darin auch ein »kleines Aufbegehren« im Rahmen der damaligen administrativen Möglichkeiten gegen den Willen der sowjetischen Besatzungsmacht erkennen.

Im Januar 1948 bringt die Gewerkschaftszeitung »Tribüne« einen Artikel über den Erzbergbau der Wismut AG in Annaberg. Die Überschrift lautet: »172 Mark ausgezahlter Wochenlohn«. Dem Artikel liegt die Absicht zugrunde, den von westlichen Medien diskreditierten Bergbau der Wismut in ein positives Licht zu rücken. Doch selbst diese gut gemeinte Werbung für die Wismut erntet wegen der angeblich zu offenen Berichterstattung die Kritik des Vorsitzenden der IG Bergbau. Das ist nicht verwunderlich, da bereits im Vorjahr Generaldirektor Malzew gegenüber Vertretern der IG Bergbau die Forderung erhebt »dass weder in Presse noch Versammlungen über Verhältnisse im Erzbergbau berichtet wird«.[19] Der Beschwerde des Chefredakteurs der »Tribüne« beim Parteivorstand der SED wird eine Abfuhr erteilt. Man geht sogar noch weiter, dass man für zukünftig erscheinende Artikel über den Uranbergbau ausdrücklich eine Vorzensur verlangen möchte.[20] Da jedoch seit April 1947 mit dem SMAD-Befehl Nr. 90 die Vorzensur aufgehoben ist, lässt sich diese Forderung nicht durchsetzen.

---

18 Umsiedler: offizieller Sprachgebrauch in der SBZ/DDR für Heimatvertriebene u.a. aus Ostpreußen, Hinterpommern, Schlesien und den Sudetengebieten.

19 Karlsch/Zeman 2003, S. 220. Dortiger Verweis auf Originalquelle: Schreiben des FDGB-Landesvorstandes Sachsen an den Vorsitzenden des Bundesvorstand des FDGB, Hans Jendretzky, 1.8.1947, Archiv Gotthard Bretschneider.

20 Karlsch/Zeman 2003, S. 223.

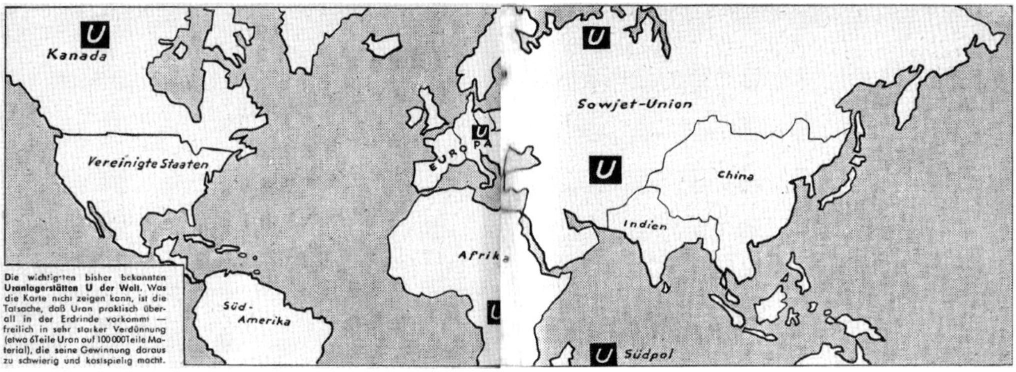

3 Weltkarte der Uranlagerstätten

Eine Reportage des Berliner Rundfunks im Frühjahr 1949 zu Problemen im Bergbaugebiet der Wismut erzeugt ähnliche, missbilligende Äußerungen vom Parteivorstand der SED. Der Rundfunkkommentator Herbert Geßner verteidigt in einem ausführlichen Brief seinen Standpunkt. Interessant daran ist die Bemerkung: »Im Übrigen scheint mir unser Versuch zu verbergen, daß in Aue Uran gefördert wird, reichlich naiv.«[21]

Kurz vor dem ersten Kernwaffentest der UdSSR erscheint 1949 in der DDR eine 174-seitige Broschüre mit dem Titel »Atomkraft – Atomkrieg?«. Die Autoren, der Philosoph und brillante Logiker Dr. Georg Klaus sowie Peter Porst, erläutern neben den wissenschaftlich-technischen Grundlagen des beginnenden Atomzeitalters auch die gewaltige Dimension der sich daraus ergebenden gesellschaftlichen Probleme. Auch wird eine Weltkarte mit den wichtigsten, damals bekannten Uranlagerstätten dargestellt.[22] (Abb. 3) Die Uransymbole der Karte sind mehrstufig größenskaliert. Sie deuten eine Überlegenheit der im sowjetischen Einflussbereich befindlichen Uranlagerstätten im Verhältnis von etwa 3 : 2 an. Aus der realen Urangewinnung des Vorjahres (1948)[23] berechnet, beträgt dieses Verhältnis nur etwa 1 : 2 und fällt damit quantitativ eher zugunsten der im USA-Einflussbereich gelegenen Lagerstätten aus. Somit ist zu vermuten, dass die Autoren keinen Zugang zu belastbaren aktuellen Informationen besitzen. Viele beschwichtigende Äußerungen relativieren die Wirksamkeit eines möglichen Einsatzes der amerikanischen Atombombe gegen die Sowjetunion. Der Zweck dieser

21 Karlsch/Zeman 2003, S. 224.
22 Klaus/Porst 1949, S. 44f. Siehe Abb. 3.
23 Boch/Karlsch 2011, S. 56, 106ff.

Broschüre liegt offensichtlich in der Verhinderung einer aus den USA bekannten »Atombombenhysterie« unter der Bevölkerung der SBZ. Über den Beitrag des ostdeutschen Uranbergbaus zur Brechung des US-amerikanischen Atombombenmonopols wird nichts erwähnt.

Im Novemberheft 1949 der Zeitschrift Urania, Monatsschrift über Natur und Gesellschaft, bringt der bekannte Heimatforscher Dr. Siegfried Sieber einen dreiseitigen Artikel »Aus der Geschichte des Wismuts und Wismut-Bergbaues«. Den größten Teil der Abhandlung nimmt die historische Geschichte des Wismuts ein. Ohne eine direkte Nennung der Wismut AG als Bergbauunternehmen reflektiert er darin deren Bergbau nur in wenigen Sätzen:

> Unter den in der Ostzone gegenwärtig wieder abgebauten Erzen ist das Wismut neu zu Ehren gekommen. [...] Die Wandlung, die wir heute in unserm Wirtschaftsleben durchmachen, gibt dem Berg- und Hüttenwesen des Erzgebirges erneut Auftrieb. Wir nutzen unsre Bodenschätze wieder. Zwar ist auch heute Wismut dabei nur Nebenerzeugnis, aber es wird vielseitig gebraucht. [...] Neuerdings wird es zur Bekämpfung von Geschlechtskrankheiten benötigt.[24]

Der Text scheint als ersten Eindruck zu vermitteln, dass das Metall Wismut Ziel des neuen Berggeschreis ist. Sollte Sieber als ambitionierter Heimatforscher nach drei Jahren Uranbergbau in der unmittelbaren Umgebung seines Wohnorts Aue noch immer keine Kenntnis von der Art des abgebauten Rohstoffs haben? Erst beim näheren Hinsehen fallen im Text einschränkende Äußerungen ins Auge, die an einer alleinigen Wismutgewinnung Zweifel aufkommen lassen. So bezeichnet er am Ende seines Artikels das Wismut als ein nur in geringer Menge anfallendes und in seiner Nutzung ziemlich nebensächliches Metall. Das steht verständlicherweise im Widerspruch zu den Umfängen der neuen Bergbautätigkeit. Nun macht auch der oben zitierte Satz Sinn, dass auch heute Wismut dabei nur Nebenerzeugnis ist. Erst in diesem Zusammenhang stellt sich die Frage nach dem »Haupterzeugnis« des Bergbaus der Wismut AG, welche offensichtlich aus Gründen der Zensur in diesem Text unbeantwortet bleiben muss. In gewisser Hinsicht lässt sich aber auch Sieber durch die offizielle Legendierung täuschen. Damals beim Uranabbau angetroffene Wismuterze werden nicht als Nebenerzeugnis gewonnen, sondern landen mit dem tauben Gestein auf der Halde. Erst ab 1958 erfolgt

---

24 Sieber 1949, S. 407, 410.

in der Lagerstätte Schlema-Alberoda eine insgesamt sehr geringe, sporadische Gewinnung von Wismut als Nebenerz.[25]

Einige Fakten aus Siebers Publikation werden zeitnah am 24.11.1949 in der Tageszeitung der SED, dem *Neuen Deutschland,* unter der Überschrift »Als das neue Berggeschrei ertönte« zusammengefasst: »Im Wirtschaftsaufbau unserer Republik spielen die Bodenschätze des Erzgebirges eine bedeutende Rolle. Unter ihnen ist das Metall Wismut, dessen Verbindungen für medizinische Zwecke (Magen- und Geschlechtskrankheiten) und in der Technik gebraucht werden.«[26] Siebers Äußerung, dass das Wismut nur ein Nebenprodukt des heutigen Bergbaus sein soll, blendet man dabei natürlich aus.

Etwa um 1948/49 wirbt das Arbeitsamt Annaberg mit einem Plakat: »Die Wismut AG Annaberg braucht für den Erzbergbau Männer, Frauen und Mädels über 18 Jahre zum Arbeitseinsatz für Hilfsarbeiten über Tage.«[27] Des Weiteren führt man detailliert die Bezahlung und den Umfang der Lebensmittelrationen an. Die damals intensivierte Schürftätigkeit (Schaufeln von Schürfgräben) erfordert eine große Zahl an Arbeitskräften. Da die Männer, ihre Untertagetauglichkeit vorausgesetzt, prioritär in den Schächten eingesetzt werden, versucht man bevorzugt Frauen für die nicht minder schwere Schürfgrabenarbeit zu werben. Drei ähnliche Plakate, die aber vorrangig für die Untertagearbeit werben, sind aus der Zeit von 1949 und 1950 bekannt. Der Großteil dieser Plakate ist relativ simpel in reiner Textform gestaltet. Als Ausnahme kann man das 1950 von der SED-eigenen Werbegrafikfirma DEWAG gestaltete Werbeplakat »Erz für den Aufbau« anführen.[28]

Alle vier Plakate zeigen auffällige Ähnlichkeiten. Als Betriebsbezeichnung erscheint die Wismut AG, welche manchmal mit Ortszusätzen wie »Annaberg« oder »Aue« versehen ist. Das Tätigkeitsfeld der Wismut AG legendiert man dabei stets unbestimmt als »Erzbergbau«. Des Weiteren werden Motivationsargumente genutzt, die man grob in zwei Kategorien gliedern kann. Zuerst als persönliche, instrumentelle Motivationen in Form von hoher Entlohnung, umfangreichen Lebensmittelzuteilungen und guten Arbeitsbedingungen. Etwas weiter greifen die gesellschaftlichen

---

25 Hiller/Schuppan 2008, S. 134f. Siehe auch den Abschnitt »Informationsdefizitäre Phänomene« dieser Arbeit.

26 *Neues Deutschland* 24.11.1949, Nr. 275, S. 3.

27 Arbeitsamt Annaberg (1948/49): Die Wismut AG Annaberg braucht für den Erzbergbau. Plakat.

28 IG Bergbau »Wismut« (um 1949): Wir rufen das schaffende Volk. Plakat. Wismut AG Aue (1949): Das interessiert auch Dich! (Plakat) Wismut AG (1950): Erz für den Aufbau.

4
Werbeplakat für die AG Wismut (um 1949)

Motivationen, mit denen staatliche Entwicklungsziele internalisiert werden sollen. Im Rahmen der Aufbaustimmung nach dem Krieg weist diese Kategorie eine große Bandbreite auf. Mit den Phrasen »Entwicklung einer Grundstoffindustrie« (Abb. 4), »Aufbau einer demokratischen Friedenswirtschaft«, »Steigerung der Produktion« und »vorzeitige Planerfüllung« will man schließlich auch solche Idealisten überzeugen, welche den schnöden materiellen Vorteilen nur wenig abgewinnen können. So edel wie diese Ziele auch erscheinen mögen, sie dienen letztlich nur als Legendierung für die Brechung des Atomwaffenmonopols. Heute erscheint diese Unehrlichkeit fast absurd. Jedoch kurz nach dem Zweiten Weltkrieg tendiert ein Großteil der Bevölkerung deutlich zum Pazifismus und möchte nie mehr eine Waffe anfassen oder zu ihrer Herstellung beitragen.

Im Jahr 1951 publiziert Dr. Siegfried Sieber in der Zeitschrift »Urania« den dreiseitigen Artikel »Vom Uran«. Eingangs beschreibt er, dass im Erzgebirge wieder in großem Umfang Bergbau stattfindet. Im Kontext zum übrigen Artikel, der die Geschichte des Urans wiedergibt, stellt das einen zwar indirekten, aber durchaus auch konkreten Hinweis auf den aktuellen Uranbergbau dar. Die Wismut AG als Bergbautreibender nennt er dagegen nicht. Im Schlussteil wird an die im Uranbergbau und in der Uranforschung tätigen Menschen appelliert:

> All diejenigen, die an der Gewinnung dieses Erzes teilhaben, vom Bergmann bis zum Wissenschaftler, halten Fluch und Segen in ihrer Hand [...]. Stempelt die öffentliche Meinung eine Verwendung der Atomwaffen zum Verbrechen und lenken die werktätigen Massen ihr Schicksal selbst, dann werden die gehorteten Energien den friedlichen Aufgaben zugewandt werden.[29]

Wenn auch der übrige Informationsgehalt des Artikels bezüglich der Wismut AG gering ist, so kann man ihn doch als sehr frühe publizistische Erwähnung des Uranbergbaus in der DDR einordnen. Obwohl sich die politische Situation zwischen 1949 und 1951 nicht grundlegend geändert hat, möchte Sieber mit dieser Veröffentlichung offenbar seinen Urania-Artikel von 1949 konkretisieren. Natürlich schwebt damals noch das Damoklesschwert von Zensur und Repression über einer derartig offenen Berichterstattung. In diesem Zusammenhang erscheint ein kleiner Seitenblick auf seine Biografie interessant. Der Pädagoge Dr. Sieber ist kein Freund der nationalsozialistischen Ideologie. Dennoch wird er gegen Ende des Krieges genötigt, einen Zeitungsartikel über die »Festung Breslau« zu verfassen. Die niederschlesische Stadt Breslau (heute Wrocław) widersetzt sich von Februar bis zum 6. Mai 1945 als »Festung Breslau« der Einnahme durch die sowjetischen Truppen. Nach dem Kriegsende wird der damals sechzigjährige Sieber wegen dieses Artikels denunziert und aus dem Schuldienst entlassen. Er arbeitet fortan als Privatgelehrter, was ihm eine gewisse Unabhängigkeit ermöglicht. Seine integre Persönlichkeit, sein Alter und das Ansehen als Heimatforscher machen ihn für die Staatsmacht schwer angreifbar. In diesem Kontext ist sein Mut zu dieser Publikation durchaus verständlich. Auch in späteren Jahren bleibt sein Interesse am heimischen Uranbergbau ungebrochen. Noch bis ins hohe Alter publiziert er darüber in verschiedenen heimatkundlichen Artikeln und Büchern.

29 Sieber 1951, S. 43.

Obwohl zu dieser Zeit in verschiedenen Zeitungen und Zeitschriften meist nur unter der Legendierung »Erzbergbau« Arbeitskräfte für die Wismut geworben werden, gelangen zuweilen auch ziemlich detaillierte Informationen an die Öffentlichkeit. So schreibt die Werkszeitschrift »Film-Funken« des VEB Agfa Filmfabrik Wolfen am 18.9.1951:

> Außerdem wird hier [bei der Wismut AG] das sehr wertvolle Uranerz gewonnen. Dieses Erz wird von unserer Wirtschaft dringend benötigt, zudem dient es als Austauschmittel und wird zu einem Teil als Reparationslieferung ausgeführt. Die Betriebe der Wismuth AG werden zum größten Teil durch deutsche Volkspolizei bewacht, um sie gegen Saboteure und Volksfeinde zu schützen. Noch vor wenigen Jahren waren zum Teil im Erzbergbau Menschen tätig, die sich aus Abenteuerlust gemeldet hatten, oder aber glaubten, daselbst ein zügelloses Leben führen zu können. Jedem wird klar sein, dass mit solchen Arbeitskräften keine positive Leistung erzielt werden kann.[30]

Die Erwähnung von Uranerz und dessen Verwendung als Reparationsgut erscheint für die damalige Zeit als ziemlich gewagte, wenn auch wahre Behauptung. Interessant ist in diesem Zusammenhang auch die aus heutiger Sicht nicht zutreffende Aussage, dass das Uranerz für die eigene Wirtschaft benötigt und nur zum Teil ausgeführt wird. Diese Äußerung soll sicherlich eine zivile Nutzung des Urans glaubhaft machen und vom wahren Verwendungszweck ablenken.

Abseits der DDR-Publikationen soll nun ein Blick auf die westdeutsche Fachliteratur von 1951 geworfen werden. Auch im Lehrbuch »Geologie, Mineralogie und Lagerstättenlehre« von Paul Kukuk wird die zeitgenössische Hauptnutzung des Urans für Kernwaffen nicht genannt, beziehungsweise sehr ausweichend umschrieben: »Es [das Uran] ist aber auch Träger der Atomenergie, die für die verschiedensten Zwecke zu nutzen ist.« Die Tätigkeit der Wismut AG bleibt dem Autor nicht verborgen. Selbst über einige Örtlichkeiten der Gewinnungsarbeiten scheint er gut informiert zu sein: »Das in Deutschland seltene Uran wird – abgesehen von St. Joachimsthal – zur Zeit u. a. in Schneeberg, Aue und in Johanngeorgenstadt gewonnen.«[31]

Insgesamt ist für die Jahre von 1946 bis 1953 anzumerken, dass in dieser Zeit das Prinzip der rigorosen Geheimhaltung bezüglich der Urangewinnung vorherrscht. Selbstverständlich gibt es auch schwerwiegende Gründe, die für eine solche Geheimhaltung sprechen. Bis 1949 ist das amerikanische

30 Karlsch/Zeman 2003, S.191.
31 Kukuk 1951, S. 186 u. 272.

Atombombenmonopol ungebrochen und übt einen großen Druck auf die Verantwortlichen des sowjetischen Kernwaffenprojekts aus. Spionage- und Sabotageakte gegen die Wismut AG sind vor allem in deren Anfangsjahren aufgetreten, wenn auch neuere Historiker dabei die Sprengstoffanschläge mit Gefährdung von Menschenleben geflissentlich verschweigen. Allein für das Gebiet Bärenstein/Annaberg lassen sich drei solcher Sprengstoffanschläge belegen. So wird 1948/49 die Fördermaschine des Blindschachtes Nr. 109 in Cunersdorf durch einen Sprengstoffanschlag beschädigt. Eine weitere Sprengung zerstört in der Nähe des Niederschlager Schachtes Nr. 111 die übertägige Druckluftringleitung. Am 10.1.1949 sprengt man am Förderturm des Niederschlager Schachtes Nr. 34 während des Schichtwechsels eine der vier Hauptstreben. Kurz darauf wird die Belegschaft desselben Schachtes durch ein Gerücht verunsichert: »Das Sprengmittellager unter Tage fliegt heute in die Luft.« Aufgrund dieser durchaus ernstzunehmenden Drohung verweigern die Bergleute für mehrere Stunden die Arbeitsaufnahme.[32] Derartige Vorfälle sind durchaus geeignet, den Arbeitsablauf zu stören, sowie ein Klima von Angst und Misstrauen zu fördern. Unter solchen Bedingungen ist man natürlich nicht bereit, bezüglich der Wismut eine offene Informationspolitik zu betreiben. Erschwerend kommt die fragile ökonomische Situation in der SBZ/DDR hinzu. Dieses Phänomen vertieft sich 1948 durch die Währungsreform der westlichen Besatzungszonen. Strukturelle ökonomische Ungleichgewichte, wie das fast vollständige Fehlen einer eigenen Schwerindustrie, werden nur langsam und mit hohen Kosten für die ohnehin schwache Volkswirtschaft überwunden. Investitionen ähnlich dem Marshallplan der USA für Westdeutschland kann die SBZ/DDR von der ökonomisch durch den Zweiten Weltkrieg stark geschwächten Sowjetunion nicht erwarten. Stattdessen belasten sowjetische Reparationsforderungen zusätzlich die Wirtschaft der SBZ/DDR. Insgesamt betrachtet kann man feststellen, dass die sowjetische Seite in den Nachkriegsjahren unter einem extremen Zugzwang steht. Diese Situation lässt für einen liberalen Umgang mit Informationen zum Uranbergbau nur wenig Spielraum. Deshalb ist es eher ungewöhnlich, dass 1951 von den staatlichen Stellen der DDR eine Druckgenehmigung für Dr. Siebers Artikel »Vom Uran« erteilt wird.

Im März 1953 stirbt Josef W. Stalin. Dessen despotisch harter und umstrittener Führungsstil ist für die politische Situation der Nachkriegszeit in der SBZ/DDR bestimmend. Im Nachhall dieser Politik spitzt sich die ökonomische Krise in der DDR zu und mündet in den Aufstand vom 17. Juni 1953. Offenbar erkennt man nun, dass es so nicht weitergehen kann.

---

32 Schlegel/Bergner 1993, S. 144. – Bergknappschaft Schlettau 2006, S. 6, 82.

1954 bis 1956

Unter Stalins Nachfolger Nikita Sergejewitsch Chruschtschow erfolgen merkliche Korrekturen bisheriger Leitlinien sowjetischer Politik. Schon im August 1953 kündigt man in der Presse die Erlassung der laufenden Kriegsreparationen und die Rückgabe aller restlichen SAG-Betriebe in DDR-Eigentum zum 1. Januar 1954 an.[33] Das weitere Schicksal der Wismut AG wird dabei nicht explizit erwähnt. Gerade das sorgt bei einigen Wismut-Bergarbeitern für Unsicherheit. Sie befürchten, dass sich die UdSSR auch aus der Wismut AG zurückzieht, was ihrer Meinung nach Einschnitte bei der Entlohnung oder gar eine Entlassung mit sich bringen könnte.[34] In Wirklichkeit wird schon am 22.8.1953 ein bilaterales Abkommen über die Umwandlung der Wismut AG in eine zweistaatliche Aktiengesellschaft beschlossen. Die Gründung der SDAG Wismut findet am 21.12.1953 in Karl-Marx-Stadt im Rahmen einer Aktionärsversammlung statt, ohne dass darüber in der Presse berichtet wird. Erst knapp drei Monate später findet sich unter dem Titel »Früher Hungergebiet Erzgebirge – heute wohlhabend und froh« eine erste Erwähnung der nunmehr Sowjetisch-Deutschen Aktiengesellschaft Wismut in der Tagespresse.[35] Trotz des deutlichen Wandels in der sowjetischen Außenpolitik ist man noch nicht bereit, alle Karten auf den Tisch zu legen und der Bevölkerung hinsichtlich des Gewinnungsziels der Wismut reinen Wein einzuschenken. Das beweist der Wortlaut des bilateralen Vertrages vom 22.8.1953, welcher der Sowjetunion das alleinige Recht einräumt, auf dem Gebiet der DDR nach Wismuterzen (!) zu suchen.[36] Auch im Gründungsstatut der zweistaatlichen SDAG Wismut vom 21.12.1953 legendiert man die Tätigkeit des Unternehmens mit der »Gewinnung von Wismuterzen«. Zudem wird im Gegensatz zur Gründung der Wismut AG im Juli 1947 das Gründungsstatut der SDAG Wismut nicht im Gesetzblatt veröffentlicht. Es erfolgt lediglich ein Eintrag ins nichtöffentliche Register der volkseigenen Wirtschaft beim Bezirksvertragsgericht Karl-Marx-Stadt unter der Registernummer HRC 77.[37] Nachdem in den Jahren 1952 und 1953 die Anzahl der DDR-Veröffentlichungen zur Wismut AG auf einem Tiefpunkt angelangt ist, werden ab 1954 erst einmal kleinere Zugeständnisse sichtbar. Die fotografische Abbildung von Bergbauanlagen scheint nunmehr innerhalb eines neutralen Kontexts erlaubt zu sein. Ab

33 *Tägliche Rundschau* vom 25.8.1953.
34 Münkel/Engelmann 2013, S. 284.
35 *Neues Deutschland* vom 11.3.1954.
36 Boch, Karlsch 2011a, S. 194f.
37 Wismut GmbH 1999, Abschnitt 1.2.1, S. 1.

5 Fördergerüst und Halde vom Schacht Nr. 78 im Hintergrund einer Postkarte von Annaberg (um 1954)

1954 dürfen beispielsweise Bildpostkarten mit Halden und Fördertürmen der Wismut im Hintergrund von Ortschaftsmotiven gedruckt werden.[38] (Abb. 5)

Ebenfalls 1954 erscheint von Dr. Siegfried Sieber das Buch »Zur Geschichte des erzgebirgischen Bergbaus«. Darin schreibt er: »Eine neugegründete Wismut-AG erschloß das mittlere und westliche Erzgebirge aufs neue dem Erzbergbau. Sie schuf seit 1946 großartige Anlagen, um die alten Gruben wieder aufzugewältigen.«[39] Hierbei fällt auf, dass er 1949 eine bestimmte Legendierung »Wismut« benutzt, 1951 den Begriff »Uran« anführt und nun auf die unbestimmte Legendierung »Erzbergbau« ausweicht. Erst ab 1958 wird Sieber den Begriff »Uran« konsequent in seinen Veröffentlichungen verwenden.

Der Roman »Kumpel Sepp Wenig« von Hans Gert Lange beschreibt 1954 die Biografie des bekannten Aktivisten und Nationalpreisträgers. Der ehema-

38 Postkarten von Annaberg mit Schacht Nr. 78 (siehe Abb. 5) sowie von Sehma mit den Tiefschürfen Nr. 566 und Nr. 567.

39 Sieber 1954, S. 133.

6 Schacht Nr. 241 Schneckenstein, Aquarell auf Schutzumschlag, mit Vergleichsfoto von 1960

lige Bauarbeiter, Ziegelstreicher und Seemann beginnt 1948 bei der Wismut als Fördermann und qualifiziert sich zum Hauer. Mit Menschenkenntnis und Organisationstalent gelingt es ihm, leistungswillige Bergarbeiter zu besseren Arbeitsergebnissen zu führen. Die Verantwortlichen der Wismut fördern seine Entwicklung, sieht man in ihm doch eine Art Lichtgestalt des neuen Arbeiters. Im Roman wird die Wismut zwar genannt, jedoch ihr Gewinnungsprodukt unbestimmt mit »Erz« bezeichnet. Natürlich ist bei manchen Details ein gehöriges Maß an Übertreibung und Glorifizierung festzustellen. Beispielsweise trägt aus heutiger Sicht die euphorische Bemerkung anlässlich seiner Reise nach Moskau geradezu plump anmutende heroische Züge: »Moskau, das bedeutet: Stalin, das heißt: Glück, Menschlichkeit und Frieden.«[40] Trotz des Erscheinens im Jahr nach Stalins Tod ist dieser Roman eben immer noch im Geiste der Stalinzeit geschrieben. Bemerkenswert ist das auf dem Schutzumschlag abgebildete Aquarell eines Wismutschachtes. (Abb. 6) Wie ein Vergleich mit einem Foto von 1960[41] aus ähnlicher Perspektive zeigt, handelt es sich um eine ziemlich detailgetreue Abbildung vom

40 Lange 1954, S. 143.
41 Siehe Abb. 6.

Schacht Nr. 241 (Schacht Schneckenstein) im Vogtland. Das Fördergerüst des im Buch beschriebenen Zentralschachtes ist im Hintergrund ebenfalls schemenhaft angedeutet. Zu diesem gehört die auf dem Foto sichtbare Terrakonikhalde, welche aber zum Handlungszeitpunkt des Buches noch nicht diese Größe besitzt.

Die von 1946 bis 1980 produzierte und in den Kinos der DDR gezeigte Wochenschau »Der Augenzeuge« bringt im November 1954 erstmals einen kurzen Beitrag über die »Sowjetisch-Deutsche Wismut AG«[42] In der Einleitung wird zuerst der Bau von Nachtsanatorien, Klubhäusern und Wohnungen im Erzgebirge vorgestellt. Untertageaufnahmen vom Streckenvortrieb fehlen auch nicht: »In den Schächten wird nach modernen, kräftesparenden Methoden gearbeitet. [...] Alles bereit zur Sprengung! Die Explosion wird durch eine Kurbel ausgelöst – hinter der Sicherheitsgrenze. Modernste Maschinen wie dieser Überkopfschaufler befördern den Abraum.« Dieser Kommentar zielt darauf ab, Vorbehalte bezüglich der Schwere und Gefährlichkeit der Bergarbeit abzumildern. Nachfolgend zeigt man eine Versammlung der Belegschaft vor dem Fördergerüst des Schachtes Nr. 52 in Johanngeorgenstadt, auf der einem Steiger als Anerkennungsprämie ein Auto übergeben wird. Natürlich werden hohe Löhne gezahlt und auch Sachprämien vergeben, jedoch vermitteln diese Aufnahmen ein etwas zu überschwängliches Bild von der Arbeit bei der Wismut. Schließlich erwähnt man auch konkrete Gewinnungsorte: »Zwischen Aue und Johanngeorgenstadt hat das freundschaftliche Zusammenwirken dieser deutschen und sowjetischen Menschen ein Werk geschaffen, das die Kräfte der Natur aus dem Schoße des Erzgebirges dem Wohle der Menschheit nutzbar macht.« In diesem Kommentar verbirgt sich ein vager Hinweis auf das Gewinnungsprodukt. Mit den Kräften der Natur zum Wohle der Menschheit ist unzweifelhaft die friedliche Anwendung der Kernenergie gemeint, welche allerdings damals, im Gegensatz zu ihrer militärischen Verwendung, noch in den Kinderschuhen steckt.

In der Kinowochenschau laufen im Jahr 1955 gleich drei Filmbeiträge über die SDAG Wismut. In allen Beiträgen werden gute Arbeitsergebnisse vorgestellt, jedoch ohne das eigentliche Gewinnungsprodukt, das Uran, beim Namen zu nennen. Der erste Beitrag (März 1955) über die Schnellvortriebsbrigade »Philipp Müller« zeigt das Fördergerüst des Schachtes Nr. 116 in Annaberg sowie einige Untertageszenen. Die SDAG Wismut wird genannt, jedoch ohne Hinweis auf die genaue Örtlichkeit bzw. die

42 DEFA 1954, Der Augenzeuge 1954/46. 0:02:24-0:04:14.

7
Johanngeorgenstadt, Schacht Nr. 52 (Kinowochenschau 1954)

Schachtbezeichnung. Es geht um die Verpflichtung der Brigade, in einem Monat 450 m zweigleisigen Querschlag als Schnellvortrieb aufzufahren.[43] Als Nachsatz sei hinzugefügt, dass diese Brigade für ihre vorherige Leistung von 407 Meter pro Monat zum Nationalpreis nominiert wird, den sie schließlich zum Tag der Republik am 7. Oktober 1955 verliehen bekommt.

Der nächste Beitrag handelt von einer Brigade der Wismut, die ihren Anteil am Fünfjahrplan schon vorfristig erfüllt hat. Als Örtlichkeit wird Johanngeorgenstadt erwähnt. Auf einem Plakat ist »Schacht 1« zu lesen. Man zeigt die Hängebank vom Schacht Nr. 1 (Blindschacht) sowie das hohe stählerne Fördergerüst des zugehörigen Hauptförderschachtes, allerdings ohne dessen Wismut-Schachtnummer (Nr. 52) zu nennen.[44] (Abb. 7)

43 DEFA 1955, Der Augenzeuge 1955/12. 0:01:11-0:02:01.
44 DEFA 1955, Der Augenzeuge 1955/17. 0:05:08-0:05:38.

Der dritte Beitrag handelt von der Rekordleistung der Brigade Kollm mit 465 Meter pro Monat im eingleisigen Schnellvortrieb. Er zeigt ein Stollnmundloch an einem bewaldeten Berghang und daneben stehende Betriebsgebäude. Es handelt sich jedoch hierbei um kein Bergwerk in Annaberg, wie der Sprechertext verlauten lässt. Die Örtlichkeit befindet sich bei Tellerhäuser im Kreis Schwarzenberg nahe der Staatsgrenze zur ČSSR, also 18 km von Annaberg entfernt. Trotzdem besteht eine Beziehung zu Annaberg – die Schachtverwaltung Tellerhäuser gehört seit 1953 verwaltungstechnisch zum Gewinnungsobjekt Nr. 111 mit Sitz in Annaberg. Im Beitrag gibt es keinen Hinweis auf die Zugehörigkeit der Grube zur Wismut; nur die unbestimmte Legendierung »Erzbergbau« wird genannt.[45]

Unter der Überschrift »Herr Dr. Friedensburg und die SDAG Wismut« kommentiert 1956 der Leiter der Staatlichen Vorratskommission der DDR, Friedrich Stammberger, in der »Zeitschrift für angewandte Geologie« einen in der BRD publizierten Artikel. Dieser nennt sich »Über den Uranbergbau in der sowjetischen Besatzungszone« und erscheint 1955 in der Zeitschrift »Der Volkswirt«. Stammberger bestätigt mit seinem Kommentar den Uranbergbau der SDAG Wismut, wobei er vor allem zum Vorwurf des Artikels Stellung nimmt, dass »ein wesentlicher Teil der Belegschaften allein durch Zwang an seinen Arbeitsplatz gefesselt wird«. Er kontert sarkastisch:

> Wir möchten Herrn Dr. Friedensburg [Autor des kommentierten Artikels] daran erinnern, daß er vergessen hat, mitzuteilen, daß »ein wesentlicher Teil der Belegschaften allein durch Zwang« in die prächtigen Erholungsheime der SDAG Wismut verschickt werden kann und »allein durch Zwang« bereit ist, die recht ansehnlichen Lohnsummen am Zahltag in Empfang zu nehmen.[46]

Für die damalige Zeit ist das Dementieren des Vorwurfs der Zwangsarbeit natürlich berechtigt, da solche Praktiken nur für den Zeitraum bis etwa 1952 nachweisbar sind.[47] Unbenommen des damit von Stammberger relativ früh publizierten Fakts des Uranbergbaus in der DDR liegt seine Intention dazu weniger im initiativen Informationswillen als im propagandistischen Kontern von (tatsächlich) unwahren Behauptungen des »Klassenfeindes«. Für Dr. Friedensburg als Gegner im Disput bleibt der Trost, dass er mit seiner Einschätzung, dass bei »freien Wettbewerben die Betriebe [der SDAG Wismut] schwerlich lebensfähig sein würden«[48] letztlich recht behält, wie es sich 35 Jahre später zeigen wird.

45 DEFA 1955, Der Augenzeuge 1955/22. 0:05:48-0:06:19.
46 Stammberger 1956, S. 45.
47 Karlsch/Zeman 2003, S. 194f.
48 Friedensburg 1955.

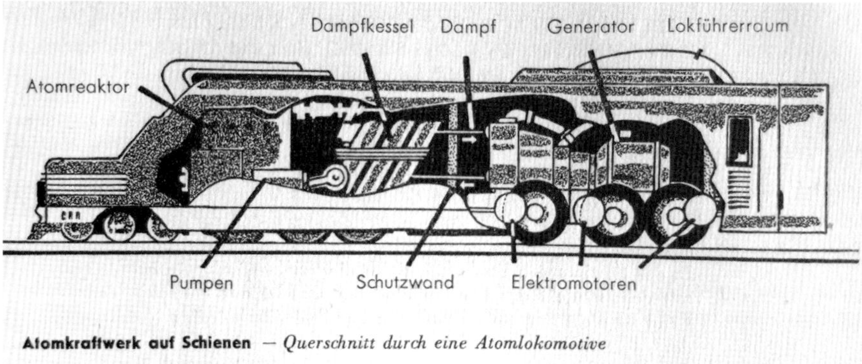

8 Atomlokomotive

Für diese Zeit ungewöhnlich deutlich benennt auch Dr. Ernst Neef im 980-seitigen Brockhaus Taschenbuch »Das Gesicht der Erde« den Uranbergbau im deutschen Teil des Erzgebirges: »Schon seit dem Mittelalter ist der Bergbau hier insbesondere auf Silber und Buntmetalle [...] umgegangen; die Vorräte an diesen Metallen sind heute fast erschöpft, dafür spielt aber im Erzgebirge seit dem Ende des letzten Krieges die Gewinnung von Wismut und Uran eine bedeutende Rolle.«[49] Um den Stellenwert dieser Aussage zu unterstreichen, sei hinzugefügt, dass im gesamten Buch nur wenige Fundstellen von Uran zur Sprache kommen. So zählt man außerdem noch Rum Jungle in Australien, den Großen Bärensee und den Athabascasee in Kanada, Katanga im Kongo und das tschechische Erzgebirge auf. Dagegen werden die Uranlagerstätten im Colorado-Plateau in den USA nur bezüglich ihrer früheren Vanadiumgewinnung angeführt. Ein interessantes Detail ist die unzutreffende Erwähnung der Gewinnung von Wismut im Erzgebirge. Möglicherweise lässt sich der Autor durch die Betriebsbezeichnung täuschen und hält das Wismut für ein Nebenprodukt der Uranförderung.

Im Jahr 1956 beleuchtet das Buch »Gigant Atom« das beginnende Atomzeitalter aus dem wissenschaftlich-technischen Blickwinkel, wobei aber auch militärische, wirtschaftliche und gesellschaftliche Aspekte erörtert werden.[50] Interessant ist in diesem Zusammenhang die ausführliche, reich bebilderte Vorstellung des amerikanischen Manhattan-Projekts zur Entwicklung der Atombombe auf sechzehn(!) Seiten. Von der UdSSR nennt man u. a. das erste Kernkraftwerk der Welt (1954) und die mit 50 Megatonnen TNT-Äquivalent

49 Neef 1956, S. 82; vgl. ebenda S. 49.
50 Böhm/Dörge 1956.

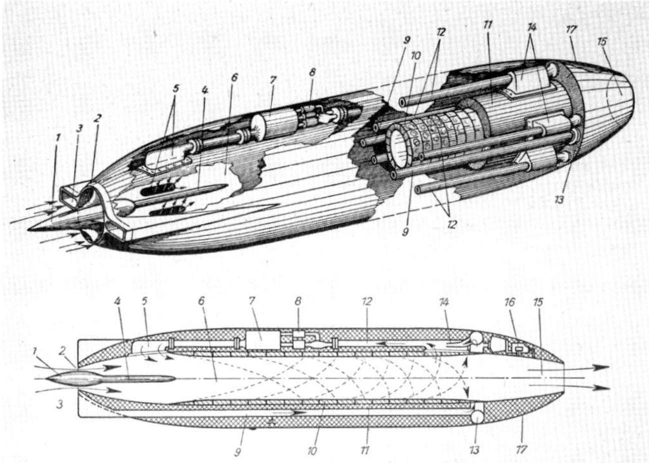

Bild 2. Atomenergie-Staustrahltriebwerk

1 Staukegel
2 Lufteintritt
3 Rückführungs-Kühlluft
4 Kadmiumstab
5 Brennstoffeintritt (Uranstaub)
6 Brennraum
7 Umlaufpumpe
8 Regelgerät zum Treibstoffzusatz
9 Kühlluftleitung
10 Drehfeldinstallation
11 Graphitmantel
12 Brennstoffrückführung
13 Sammelleitung der Kühlluft
14 Brennstoffabfangvorrichtung
15 Reaktionsdüse
16 Elt-Ausrüstung
17 äußere Verkleidung

9
Atom-Flugzeug-triebwerk

stärkste Wasserstoffbombe (1955). Den Abschluss bilden futuristische Ausblicke auf atomgetriebene Verkehrsmittel (Züge, Flugzeuge, Abb. 8) und großräumige Landgewinnungs- und Flussverlegungsprojekte, welche durch gezielte Atomsprengungen verwirklicht werden sollen. Auf den Uranbergbau als Rohstoffquelle der Atomindustrie wird im Buch nicht eingegangen.

Ebenso unter dem starken Eindruck der scheinbar unbegrenzten Möglichkeiten einer friedlichen Kernenergienutzung erscheint 1956 in der populärwissenschaftlichen Buchreihe »Urania Universum« der Artikel von Günter Meyer »Fliegen mit Atomkraft«. Das darin beschriebene Strahltriebwerk für Flugzeuge soll mit Uranstaub arbeiten. (Abb. 9) Unter heutigen Maßstäben ist dies schon wegen der Kontamination seiner Abgase mit hochradioaktiven Spaltprodukten völlig undenkbar. In Anbetracht der damals häufigen, von verschiedenen Atommächten (USA, UdSSR, Großbritannien, Frankreich, China) durchgeführten oberirdischen Kernwaffentests kann man auch bei der Diskussion friedlicher Kernenergieanwendungen noch eine gewisse Unbedarftheit gegenüber den damit verbundenen Umwelt- und Gesundheitsgefahren feststellen.

Die DDR-Kinowochenschau »Der Augenzeuge« bringt 1956 einen Beitrag über die Mechanisierung bei der SDAG Wismut:

> Die Wismutkumpel haben in zehn Jahren schwerer, aber erfolgreicher Arbeit auch bei der Mechanisierung der Produktion Beträchtliches geleistet. Pressluft treibt die Hunte in den unterirdischen Rangierbahnhof. Der Geigerzähler zeigt die Qualität des Erzes. Ein Druck auf den Knopf und genau sortiert rollt das Erz in die Kippanlage. Von hier aus wird es in den Hochbunker befördert.[51]

Dabei kann man in Anbetracht des damaligen Erkenntnisstandes (Publikationen zum Geiger-Müller-Zählrohr ab 1928) die Erwähnung eines Geigerzählers zur Erzkontrolle schon als indirekten, aber konkreten Hinweis auf die Gewinnung von Uran werten.

1957 bis 1968

Ab etwa 1957 sieht man die Geheimhaltung nicht mehr so restriktiv, da die Tätigkeit der SDAG Wismut beim Klassenfeind offenbar hinreichend bekannt ist. In gewisser Weise kann man den Grund dafür auch im Nachhall des machtblockübergreifenden Informationsaustauschs während der 1955 in Genf abgehaltenen Internationalen Atomkonferenz suchen. So kommt es zu einer ersten größeren Veröffentlichungswelle, die bis Ende der sechziger Jahre andauert. Überlappend dazu erscheint schon ab 1951 in Zeitschriften der Bundesrepublik Deutschland eine ähnliche Veröffentlichungswelle über Uranlagerstätten. Bei dieser sind besonders die Arbeiten des ehemaligen Bergrats Emil Kohl und des ehemaligen Freiberger Lagerstättenkundlers Friedrich Schumacher hervorzuheben.[52] Die erst sechs Jahre nach Zündung der ersten Atombombe einsetzenden westdeutschen Fachpublikationen über das Uran können durchaus als Indiz für eine auch westlich des »Eisernen Vorhangs« praktizierte Informationsbeschränkung angesehen werden.[53]

Die 1955 abgehaltene Genfer Atomkonferenz gilt als Meilenstein der internationalen Zusammenarbeit bei der friedlichen Nutzung der Kernenergie. Ein Abriss dieser Konferenz wird 1957 von Prof. Dr. Elfried Härle in einem 88-seitigen Sonderdruck der Universität Jena publiziert.[54] Härle hat 1930 an der Hochschule für Völkerrecht in Genf promoviert und sich 1932 an der Universität Freiburg habilitiert. Zur Zeit des NS-Regimes ent-

---

51 DEFA 1956, Der Augenzeuge 1956/43. 0:02:36-0:03:20.

52 Kohl 1952. – Schumacher 1956. Friedrich Schumacher fertigt 1945/46 im Auftrag der Sowjets erste Gutachten bezüglich der Uranhöffigkeit des Erzgebirges, wird aber im Zuge der Entnazifizierung entlassen und gelangt schließlich in die Bundesrepublik.

53 Vgl. Boch/Karlsch 2011, S. 350.

54 Härle 1957.

zieht man ihm die Lehrbefugnis und er verliert seine Zulassung als Beamter. Nach dem Krieg lehrt er an der Universität Rostock und leitet schließlich ab 1950 das Institut für Völkerrecht an der Friedrich-Schiller-Universität in Jena. Seine oben genannte Publikation gestattet einen exzellenten Überblick über den internationalen Stand der Atomforschung. Im Mittelpunkt steht die Frage, wie die friedliche Nutzung der Kernenergie das Energieproblem der Weltgemeinschaft zu lösen vermag. Ebenso wird die Rohstoffsituation beleuchtet. Unter der Überschrift »Die wichtigsten Uranlagerstätten der Welt« nennt er auf vier Seiten die Lagerstätten der westlichen Welt und nur auf einer halben Seite die Lagerstätten der sozialistischen Staaten. Letztere beginnt mit einer längeren Erklärung über die militärstrategischen Gründe der Informationsbeschränkung. So hätten bislang nur Frankreich und Kanada die Geheimhaltung bezüglich ihrer Uranproduktion offiziell gebrochen. Es ist anzunehmen, dass Härles knappe Angaben zur Rohstoffbasis der sowjetischen Atomindustrie mehr auf Vermutungen als auf offiziell bestätigten Daten beruhen: »Auch die sozialistischen Staaten verfügen über uranerzhaltige Mineralien. An der Spitze steht hier wohl die Deutsche Demokratische Republik, die die ältesten Uranerzabbaugebiete besitzt.«[55] Im folgenden Abschnitt »Die Extraktion des Urans« folgen Vermutungen zu abgebauten Lagerstättentypen:

> Auch Schwarzschiefer und Alaunschiefer enthalten zwischen 0,005% und 0,04% (50 bis 400 g pro Tonne) Uran. [...] Auch in der Gegend von Gera-Ronneburg sollen obersilurische Schiefer gewonnen werden, wie anzunehmen ist, nicht nur wegen ihres Gehalts an Vanadium. [...] Es ist seit langem bekannt, daß die Kohlen in Freital bei Dresden auch uranhaltige Bestandteile haben.[56]

Sind all diese Angaben auch ziemlich dürftig, so erstaunt doch die erstmalig publizierte Vermutung, dass damals innerhalb des sozialistischen Lagers die Uranproduktion der DDR eine führende Position einnimmt. Von der westlichen Welt werden einige wenige Uranbergbaugesellschaften genannt, so die »Union Minere du Haute Katanga« im Kongo und die Uran-Aufkaufsgesellschaft »Eldorado Mining and Refining Ltd.« in Kanada. Jedoch die SDAG Wismut erwähnt Härle nicht. Es ist nur schwer vorstellbar, dass er als gut informierter Professor keine Kenntnis vom Namen des ostdeutschen Uranproduzenten hat. Dahingehend kann man in der Nichterwähnung der Wismut doch ein gewisses Maß an vorsichtiger

55 Ebenda, S. 490.
56 Ebenda, S. 492.

Zurückhaltung vermuten. Härle als Völkerrechtler alter Schule formuliert viele ausgleichende Gedanken und fordert von den Atommächten vernunftbasiertes Verhalten:

> Friedliches Zusammenleben erfordert eine übereinstimmende und gesicherte Ordnung, die alles beseitigt, was den Frieden bedroht, was die Rechte der Völker gefährdet oder ihre berechtigten Interessen mißachtet. [...] Man muß allen Völkern gleiche Rechte gewähren und von allen gleiche Pflichten fordern, das geordnete und friedliche Zusammenleben erleichtern und die gegensätzlichen Interessen durch gemeinsame Prinzipien ordnen.[57]

Im Unterschied zu anderen ostdeutschen Autoren vermeidet er es weitestgehend, den Kernwaffeneinsatz der USA explizit zu verurteilen. Ebenso unterlässt er überschwängliche Lobhudeleien für die Politik der sozialistischen Staaten. Stattdessen ist von ihm eine respektvolle Anerkennung für die Leistungen der Sowjetunion zu hören: »Bedeutende westliche Atomwissenschaftler bekunden immer wieder, wie sehr sie von den exakten Forschungen der Sowjetunion beeindruckt waren.«[58] Sein ausgesprochen neutraler Standpunkt in dieser Publikation entspringt offenbar seinem Naturell. Er bezieht sich jedoch auch auf die Haltung verschiedener Wissenschaftler in der 1955 veröffentlichten Russell-Einstein-Erklärung, welche vor den Gefahren eines Atomkriegs warnt, aber das Verhalten der großen Atommächte ausdrücklich nicht wertet. In der DDR kommt eine solche »unparteiisch-neutrale« Einstellung gar nicht gut an. Schließlich ist seine Publikation Ausgangspunkt öffentlicher Angriffe gegen ihn in der Tagespresse, worin man Härle Wertneutralität und antisowjetische Einstellung vorwirft.[59] Letzteres ist angesichts seiner anerkennenden Äußerungen zur Sowjetunion hanebüchener Unsinn. Härle lässt es nicht auf ein Kesseltreiben gegen seine Person ankommen und kehrt 1959 von einer Dienstreise nach Genf nicht mehr in die DDR zurück. Damit zeichnet seine Biografie fatale Parallelen zwischen der NS-Zeit und der DDR, welche an das ideologische Dogma »wer nicht für uns ist, ist gegen uns« erinnern. Andererseits ist die von Härle praktizierte Wertungsabstinenz bezüglich des Kernwaffeneinsatzes der USA gegen die japanische Zivilbevölkerung ethisch durchaus fragwürdig. Auch sein ausdrücklicher Bezug auf die Neutralitätsbekundung der Russell-Einstein-Erklärung erscheint, genauer betrachtet, in einem anderen Licht. So hat der darin federführende britische Gelehrte Bertrand Russell noch bis 1949 öffentlich einen präventiven Atomschlag gegen die

---

57 Ebenda, S. 471f.
58 Ebenda, S. 475.

Sowjetunion empfohlen, damit diese von einem atomaren Wettrüsten absieht und das weltpolitische Primat der USA anerkennt.[60] Abschließend ist zu konstatieren, dass Härles Publikation unbenommen seiner nicht staatskonformen Wertneutralität und den doch sehr konkreten Andeutungen zu den Uranlagerstätten der DDR veröffentlicht wird. Diese Faktenlage lässt demnach keine Aktivitäten einer Zensurbehörde erkennen.

Anfang 1957 erscheint in der »Neuen Berliner Illustrierten« (NBI) ein Artikel über die Wismut, der vom Arbeitsalltag der Kumpel handelt. Dabei werden Hinweise auf die Beschäftigtenzahl und die geographische Lage einzelner Objekte genannt. Die insgesamt wohlwollende Berichterstattung erntet angeblich scharfe Kritik der Generaldirektion. Erich Honecker, zu dieser Zeit Verantwortlicher für die Sicherheitspolitik der SED, nimmt ebenfalls daran Anstoß und regt eine Verschärfung der Geheimhaltungspraktiken bezüglich der Wismut an.[61] Ein einschneidender Rückgang bei den Veröffentlichungen zur SDAG Wismut ist jedoch auch danach nicht zu verzeichnen.[62]

Im Gegenteil, bereits zum Jahresende 1957 folgt in der NBI gleich ein weiterer Artikel zur Wismut. Unter der Überschrift »Der rote Stern leuchtet wieder« wird über die Entsendung von 500 Wismutkumpeln ins Zwickauer Steinkohlebergwerk »Karl Marx« berichtet.[63] Der Artikel umfasst nur eine Doppelseite. Auf der linken Hälfte ist die sozialistische Hilfe bei der Planerfüllung in der Steinkohle dargestellt. Dagegen erscheint auf der rechten Hälfte die Arbeit bei der Wismut im Schacht Nr. 207 mit detaillierten Fakten (Abbautiefe, Arbeitsorganisation, technologische Abläufe, Bohrtechnik, Geigerzähler) und entsprechenden Fotos. Es ist nur schwer vorstellbar, dass für diese untertägige Bildberichterstattung keine Genehmigung des Wismut-Sicherheitsapparats vorliegt. Obwohl im Artikel Uran nicht explizit erwähnt wird, weist die Beschreibung des Geigerzählers nur zu offensichtlich darauf hin. (Abb. 10)

Der Freiberger Professor und Geologe der SDAG Wismut Adolf Watznauer verfasst 1957 eine Broschüre »Uranlagerstätten der Erde«. Obwohl er sozusagen aus erster Hand über lagerstättenkundliche und bergwirtschaftliche Daten der Wismut verfügt, fällt deren Beschreibung recht sparsam aus. Bei den erzgebirgischen Ganglagerstätten unterscheidet er die älteren Quarz-Hämatit-Pechblende-Gänge von den Gängen der »Co-Bi-Ni-

---

59 Vgl. Lenski 2007, S. 218. – Stolleis 2009, S. 102. – Senatskommission 2009, S. 639.
60 Vgl. Russel 1945, S. 8f.
61 Karlsch/Zeman 2003: Urangeheimnisse. S. 224.
62 Vgl. den Abschnitt »Anzahl der Veröffentlichungen« (Diagramme 1 und 2) in dieser Arbeit.
63 Knapp/Roski 1957. Siehe Abb. 10.

400 m unter Tage: E. Walter und
G. Schnabel von der Brigade Huster auf
dem Wismutschacht 207. Diese Brigade
arbeitet nach dem bei der Wismut all-
gemein verbreiteten Komplex-System:
in 3 Schichten, nach gemeinsamem Ar-
beitsauftrag, mit kollektiver Entlohnung.

„Herkules" mit Bohrsta-
tiv – das wichtigste Gerät der
Wismutkumpel. Unten: Willi
Fink von der Brigade Huster,
die konsequent gegen die
Silikose-Gefahr vorgeht:
Trockenbohren verboten.

„Schnorchel" nennen di
Wismuter das Prüfgerät (ei
Geigerzähler), mit dem der Geo
physiker Heinz Steppat das Er
aufspürt. Wenn's in der Hör
muschel zu knattern beginnt
dann ist es nicht mehr allzu weit

10 Ausschnitt aus Artikel über Schacht Nr. 207

Formation«. Des Weiteren erwähnt er die Lagerstätten im »gotlandischen Schwarzschiefer Thüringens« und die »Uranvorkommen Thüringens am Südrande des Zechsteinmeeres«, ohne ihre genauen Lokalitäten Ronneburg und Culmitzsch zu verwenden. Die Wismut als Bergbaugesellschaft wird nicht genannt. Watznauer lässt als Motivation für den Aufschwung im Uranbergbau vor allem die Energiegewinnung in den Vordergrund treten:

> Ersatz für Energie gibt es nicht. [...] Auch der Gedanke, [...] mehr Wasserkraftanlagen, mehr Wärmekraftanlagen oder Windkraftwerke usw. zu bauen, erweist sich [...] nicht [...] als ein Weg zu deren endgültiger Lösung. Die Energiefrage muss gelöst werden, und wie ernst sie ist, zeigt ein Vergleich der Bedarfs- mit der Deckungskurve.[64]

Schon damals beschwor man mit Inbrunst eine Energiewende, nur eben eine gänzlich andere als heute. Den wahren Grund für die verstärkte Urangewinnung ab 1945 nennt er nur beiläufig: »Die Erfassung der Uranreserven und Uranproduktion der Welt ist z.Z. noch sehr schwierig und wird es, solange man mit der Möglichkeit eines kriegerischen Einsatzes des Urans rechnen muss, auch bleiben.«[65] Vergleichend mit den bisherigen Veröffent-

64 Watznauer 1957, S. 4.
65 Ebenda, S. 23.

11 Halden vom Stalinschacht Niederschlag

lichungen kommt man nicht umhin, Watznauer als Wismut-Experten eine gehörige Portion publizistischer Zurückhaltung zu bescheinigen.

Die DDR-Zeitschrift »Energietechnik« bringt 1957 einen Artikel über die Perspektiven für eine Entwicklung der Kernenergieerzeugung in der DDR.[66] Dabei erwähnt der Autor bezüglich der Verfügbarkeit von Kernenergierohstoffen den Uranbergbau in der DDR.

Im Lehrbuch für Physische Geographie werden 1957 zwar der Uranbergbau und die Wismut nicht dezidiert genannt, jedoch zeigt ein Foto des Marmorbruches Hammerunterwiesenthal im Hintergrund die Doppelterrakonikhalde vom Stalinschacht (Schacht Nr. 281) der Wismut.[67] (Abb. 11)

Der an der Freiberger Bergakademie lehrende Professor Friedrich Leutwein publiziert 1957 die Ergebnisse seiner Altersbestimmungen an erzgebirgischen Pechblenden nach einer einfachen Uran-Blei-Methode.[68] Eine Zusammenarbeit mit der SDAG Wismut besteht offenbar nicht, da sämtliche untersuchte Proben dem Fundus der Freiberger Bergakademie (Mineralien-Niederlage, Mineraliensammlung, Lagerstättensammlung) entstammen. Ebenso wird der aktuelle Uranbergbau der Wismut im Text nicht erwähnt.

---

66 Hildebrandt 1957, S. 154.
67 Findeisen 1957, S. 55
68 Leutwein 1957.

12 Schacht Alberoda (Kinowochenschau 1957)

Die Kinowochenschau »Der Augenzeuge« bringt 1957 einen kurzen Beitrag von der vorfristigen Planerfüllung durch die Jugendbrigade »Günther Hoffmann« der SDAG Wismut. Als Örtlichkeit wird der »Wismutschacht Alberode« (offenbar Schacht Nr. 186 Alberoda) erwähnt und in einem Kameraschwenk eindrucksvoll dessen Fördergerüst gezeigt.[69] (Abb. 12)

Trotz der ab dem Ende der Stalinzeit etwas gelockerten Zensuraktivitäten ist die Staatsmacht weiterhin wachsam. Im Jahr 1957 erscheint eine Informationsbroschüre zur Abwehr von Ausspähversuchen westlicher Geheimdienste bezüglich der SDAG Wismut. Unter dem Titel »Kumpel – laß Dich warnen!« werden angesichts der immer noch offenen Grenze zu Westberlin die Wismutangehörigen und die Anwohner der Wismut-Gebiete bezüglich gezielter Ansprachen durch westliche Geheimdienste sensibilisiert. So nennt man als Ziel westlicher Geheimdienste neben der

69 DEFA 1957: Der Augenzeuge 1957/A37. 0:01:15-0:01:44.

Beschaffung allgemeiner Informationen explizit den Schmuggel von Erzproben. Das Wort »Uran« erscheint in der Broschüre nicht. Bezüglich der Verwendung des »Erzes« wird deutlich gemacht, dass es im Kontext der Atomkriegsgefahr eine strategische Bedeutung besitzt.[70] Natürlich ist der Uranbergbau der Wismut auch 1957 noch ein Zielobjekt westlicher Geheimdienstarbeit. Jedoch scheint die Zeit der breit angelegten Rekrutierungsversuche vorbei zu sein. Deren Schwerpunkt ist wohl im Zeitraum von 1947 bis 1952 auszumachen. Eine sehr gute und auch weitestgehend unverzerrte Dokumentation dieser geheimdienstlichen Aktivitäten beschreibt eine Publikation der Schriftenreihe des Berliner Landesbeauftragten für die Unterlagen des Staatssicherheitsdienstes der ehemaligen DDR.[71] Vor allem amerikanische und britische Nachrichtendienste beschaffen sich damals Informationen und Erzproben, um den Umfang des Kernwaffenpotenzials der UdSSR abschätzen zu können. Darüber hinaus soll der Urangewinnungsbetrieb mit geeigneten Sabotageaktionen gestört werden. Nun geht man in der vorgenannten Publikation auf solch schwerwiegende Sabotageaktionen wie Sprengstoffanschläge[72] nicht näher ein. Dagegen wird der Schmuggel von Uranerzproben im Abschnitt »Ein tödliches Geschäft: Schwarzhandel mit Uranerz« hinreichend beleuchtet. Für ein Kilogramm Uranerz mit gut dokumentierter Herkunft zahlen die Zwischenhändler westlicher Geheimdienste damals bis zu 750,– DM. Durch die von 1947 bis 1956 geltende Sperrgebietsregelung ergibt sich die Schwierigkeit, dass externe Agenten nicht ins Bergbaugebiet einreisen dürfen. So ist man auf die Anwerbung von Agenten unter den Wismutarbeitern angewiesen. Die vorgenannte Publikation belegt, dass von 1950 bis 1953 mindestens 82 Mitarbeiter der Wismut wegen Spionage oder Sabotage nach Urteilen des Sowjetischen Militärtribunals zum Tode verurteilt und in Moskau hingerichtet werden. Solche drakonischen Strafen sind typisch für die unsichtbare Front des Kalten Krieges zur Stalinzeit. Ebenso geht auch die Gegenseite wenig zimperlich mit »Atomspionen« um, wie die 1953 in den USA auf dem elektrischen Stuhl vollstreckten Todesurteile gegen das Ehepaar Ethel und Julius Rosenberg zeigen.

Dr. Siegfried Sieber stellt 1958 in einer heimatkundlichen Zeitschrift unter dem Titel »Uran und Uranbergbau« auf fünf Seiten die Geschichte des Urans und den Bergbau der Wismut vor. Auffällig ist die reiche Bebilderung mit Fotos der Betriebsanlagen (Förderturm, Halde, Grubenbaue). Der Uran-

---

70 SDAG Wismut 1957, S. 20, 25, 27.

71 Rudolph/Drauschke/Sachse 2007.

72 Schlegel/Bergner 1993, S. 144. – Bergknappschaft Schlettau 2006, S. 6, 82.

13
Fördergerüst eines Wismutschachtes

bergbau wird als »gewaltiger Schauplatz für das Ringen der Menschen um neue Energiequellen«[73] bezeichnet. Von einer Bedeutung des Urans für den Rüstungswettlauf der beiden Supermächte ist nicht die Rede. Stattdessen wird die kraftvolle Dynamik des Uranbergbaus im Westerzgebirge nicht ohne ein gewisses Maß an Begeisterung beschrieben: »So kann man sich des Eindrucks einer großartigen, wildbewegten, von ungeheurer Arbeit zeugenden Landschaft mit fast abenteuerlicher Szenerie nicht entziehen.«[74] Dieser Artikel unterscheidet sich von Umfang und Informationsgehalt deutlich von den drei bisherigen Publikationen Siebers zur Wismut. (Abb. 13)

Friedrich Stammberger, Leiter der Staatlichen Vorratskommission der DDR, publiziert 1958 in einer geologischen Fachzeitschrift einen Artikel

73 Sieber 1958, S. 42.
74 Ebenda, S. 44.
75 Stammberger 1958, S. 199–237.

über Uranlagerstätten.[75] Die Kerninformationen des 39-seitigen Artikels bezieht er aus einer sowjetischen Veröffentlichung, welche den Uranbergbau der westlichen Welt analysiert.[76] Obwohl die einheimischen Uranlagerstätten thematisch nicht behandelt werden, ist bei zwei Weltkarten zu Uranprovinzen und Lagerstätten von Weltbedeutung das Erzgebirge explizit mit Symbol und Benennung bezeichnet. Stammberger bemängelt bezüglich seiner sowjetischen Publikationsquelle die fehlenden Angaben zu den einheimischen Uranlagerstätten:

> DOMAREW behandelt nur die Uranerzlagerstätten der kapitalistischen Länder. Es wäre zu begrüßen, wenn dem Geologen auch die geologisch-mineralogischen Grundzüge der Lagerstätten der sozialistischen Länder bekanntgegeben würden, und in erster Linie die sorgfältig erforschten Lagerstätten der Sowjetunion, der ČSR und der DDR.[77]

In der populärwissenschaftlichen Zeitschrift »Wissen und Leben« veröffentlicht H. J. Bautsch im März 1958 den Artikel »Uran und sein Vorkommen auf der Erde«. Darin geht er auf verschiedene Lagerstättentypen im Weltmaßstab ein. Auch die Reviere des Erzgebirges werden unter den Ganglagerstätten genannt. Auffällig ist die plakative Gegenüberstellung der Nutzung des Urans als Kernwaffenrohstoff und seiner friedlichen Anwendung zur Energieerzeugung:

> Mit den großen Vorkommen an Uran kann aber die Menschheit auch in unendliches Leid gestürzt, kann das Leben auf der Erde vernichtet werden, wenn es nicht gelingt, ein weltweites Verbot der Herstellung und Verwendung von atomaren Vernichtungswaffen durchzusetzen. Eine wirksame Kontrolle und die ausschließliche Verwendung von Spaltmaterial für friedliche Zwecke gibt allen Völkern Sicherheit und ist die Voraussetzung für einen weltweiten Wohlstand von bisher noch nicht dagewesenem Ausmaß.[78]

Diese Diskrepanz zwischen Wunsch und Wirklichkeit besteht heute immer noch. Einerseits gibt es noch kein allgemeines Verbot von Atomwaffen. Andererseits hat die friedliche Nutzung der Kernenergie auch nach sechzig Jahren keinen »weltweiten Wohlstand von bisher noch nicht dagewesenem Ausmaß« gebracht.

Im Jahrbuch des Staatlichen Museums für Mineralogie und Geologie zu Dresden werden 1958 geologische Erkenntnisse aus der Steinkohle- und

---

76 Domarew 1956.
77 Stammberger 1958, S. 206.
78 Bautsch 1958, S. 196.

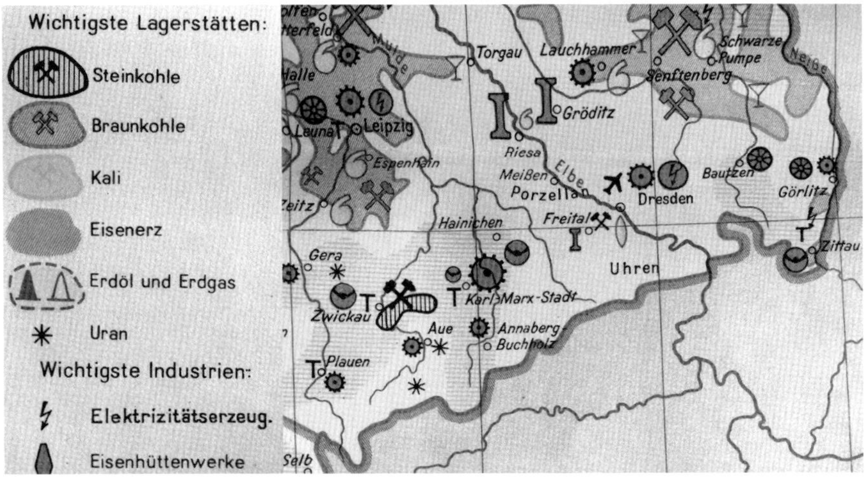

14 Schulatlas ab 1958, Ausschnitte mit Uranlagerstätten (1960)

Uranlagerstätte Freital mitgeteilt. Sie betreffen die 1947–55 durch die Wismut aufgefahrenen Grubenbaue auf der östlichen Seite der Weißeritz in den Revieren Kleinburgk, Birkigt, Gittersee und Heidenschanze.[79]

Ab 1958 tauchen in den Schulatlanten zum Geographieunterricht die ersten Symbole für den Uranbergbau bei Gera/Ronneburg und im Westerzgebirge auf. Da das Bildungssystem der DDR zentral gelenkt wird, ist das Erscheinen der Urangewinnung in Schulatlanten als ein offizielles Signal einer neuen Informationspolitik bezüglich des Gewinnungsziels der Wismut zu werten.[80] (Abb. 14)

Der an der Berliner Humboldt-Universität studierende Erich Beyer absolviert 1957 ein Praktikum im Schachtkombinat Annaberg der SDAG Wismut. Seine Diplomarbeit (1958) handelt von der Tektonik der Annaberger Graugneiskuppel.[81] Deren Zusammenfassung erscheint 1960 in einer geologischen Fachzeitschrift.[82] Hierbei bleibt das Uran als Zielrohstoff der aktuellen Gewinnungsarbeiten in Annaberg unerwähnt. Pechblende wird lediglich im Kontext der Gangformationen genannt. Eine ähnliche Diplomarbeit gibt es 1958 von Horst Radtke zur Lagerstätte Marienberg, deren Zusammenfassung im Folgejahr ebenso in einer Fachzeitschrift publiziert wird. Zum Zeitpunkt der Studien Radtkes gehört die Grube bei Marienberg

79 Staatliches Museum 1958, S. 12f.
80 Autorenkollektiv 1958.
81 Beyer 1958.
82 Beyer 1960.

schon nicht mehr zur SDAG Wismut, sondern ist bereits seit 1954 an den VEB Erzgebirgische Zinn- und Spatgruben Ehrenfriedersdorf, Betriebsabteilung Marienberg übergeben.[83]

Als Titelbild des 1958 als Heft 1 neu erschienenen »Schneeberger Heimatbüchleins« wählt man ein Foto, welches im Vordergrund eine Terrakonikhalde der Wismut und im Hintergrund die Stadt Schneeberg mit der Wolfgangskirche zeigt.[84]

Konrad Wolf, ein in der Sowjetunion aufgewachsener Regisseur, dreht 1958 den Film »Sonnensucher«.[85] Dieser Film beschreibt, wie durch den Krieg entwurzelte Menschen bei der Wismut AG nicht nur Uran, sondern auch ihren Weg in die neue Gesellschaft suchen. Der Fokus ist dabei auf typische Friktionslinien, wie das Verhältnis zwischen Deutschen und Russen, ehemaligen Nazis und Kommunisten, Männern und Frauen der turbulenten Nachkriegszeit gerichtet. Das Gewinnungsziel Uran wird sowohl direkt genannt als auch indirekt (Geigerzähler, Radioaktivität) dargestellt. Die Drehorte befinden sich an Originalschauplätzen in Johanngeorgenstadt. Das Ensemble der Betriebsanlagen ist noch charakteristisch für die Anfangsjahre der Wismut, obwohl sich hier der Bergbau schon seinem Ende nähert. Mit der Auflösung der vielen Betriebsstätten im oberen Erzgebirge besteht im Gegensatz zu den vielversprechenden Neuaufschlüssen (Niederschlema, Ronneburg) kein übermäßiges Erfordernis der Geheimhaltung mehr. Nach einer Voraufführung in kleinem Kreis wird der Film plötzlich zurückgezogen. Über den Grund gibt es verschiedene Vermutungen. Am plausibelsten ist die Intervention des bei der Voraufführung anwesenden sowjetischen Botschafters. Ein in diesem Zusammenhang geäußerter Grund, dass der Film für bevorstehende Abrüstungsgespräche hinderlich sein soll, erscheint als wahrer Grund zweifelhaft. So schreibt die SED-Zeitung *Neues Deutschland* am 23.10.1959: »Sonnensucher zurückgezogen. [...] Der Beschluß erfolgte im Hinblick auf die seit der Konzipierung [...] eingetretene allgemeine politische Entwicklung.« Eine neuere Quelle nennt noch konkretere Hinweise für den Grund der Zurückziehung des Films:

> Der Botschafter des Kreml in Ost-Berlin, Perwuchin, hatte Ulbricht angerufen und ihm erklärt, da die Sowjetunion jetzt die totale Abschaffung der Kernwaffen fordere, erscheine ihr die Aufführung eines Films, der die Ausbeutung der erzgebirgischen Uranvorkommen für die sowjetische Atomrüstung zeige, gegenwärtig inopportun.[86]

83 Radtke 1958. – Radtke 1959.
84 Georgi 1958: Titelbild. – Schneeberger Heimatbüchlein. Heft 1.
85 Wolf 1958/1972.
86 Kersten 1963, S. 104.

Selbst wenn diese Aussage den Tatsachen entspricht, so bleiben immer noch die wahren Beweggründe der Äußerung des sowjetischen Botschafters offen. Auch der Historiker Karlsch stellt fest, dass sich diese damalige Darstellung nicht beweisen lässt.[87] Wenn es dem Botschafter tatsächlich um eine mediale Zurückhaltung bezüglich der Wismut gegangen wäre, hätte die DDR-Führung sicherlich auch den vielen anderen, unmittelbar nach 1959 veröffentlichten Publikationen zum Uranbergbau die Druckgenehmigung verwehrt. Das Unbehagen des Botschafters dürfte wohl eher von der unverblümt realistischen Darstellung der turbulenten Verhältnisse in den Anfangsjahren der Wismut erweckt worden sein, welche durchaus vom Idealbild sozialistischer Moralvorstellungen abweichen. Für den Regisseur Konrad Wolf wird das Ringen um die Veröffentlichung des Films zu einem Spagat zwischen ideologischer Linientreue und Bewahrung seiner künstlerischen Freiheit, denen er sich gleichermaßen verpflichtet fühlt. Erst 1972 gelangt der Film in die Kinos und wird auch im Fernsehen der DDR ausgestrahlt. Damit muss man das dreizehnjährige Aufführungsverbot eindeutig als eine temporäre Zensur werten. Allerdings ist eine Zensur aus Kriterien der Geheimhaltung (Nennung der Wismut als Uranbergbauunternehmen bzw. der Uranförderung) deutlich zu verneinen. Bei allen bisherigen Erörterungen zum temporären Verbot dieses Films in der DDR wird völlig ausgeblendet, dass er wegen seiner unverkennbaren ideologischen Ausrichtung damals auch der bundesdeutschen Zensur zum Opfer gefallen wäre. Ein 1953 gegründeter und bis 1967 bestehender »Interministerieller Ausschuss für Ost-West-Filmfragen« ist hier für die Zensur von Filmen aus »sowjetisch dirigierten Ländern« zuständig. Durch ihn werden ca. 130 Filme verboten, welche für die westliche Ideologie unbequem erscheinen. Wie niedrig die Eingreifschwelle ist, sieht man deutlich am Film »Der Untertan« nach einem Roman von Heinrich Mann, der nur wegen »zu vieler Parallelen zur Gegenwart« verboten wird. Ebenso der Märchenfilm »Das tapfere Schneiderlein«, den man wegen kommunistischer Tendenzen verbietet, da der Held eine einfache Magd der Königstochter vorzieht.[88]

Im Buch »Geographische Berichte« der Geographischen Gesellschaft der DDR werden 1959 einige Details zum Johanngeorgenstädter Uranbergbau der Wismut mitgeteilt:

> Die Vorkommen an Uranpechblende, die durch die SDAG Wismut abgebaut wurden, erforderten zu ihrer Erschließung eine große Anzahl von Arbeitskräften. [...] Anfangs war vorgesehen, bis 1952 eine Stadt für etwa 60000

87 Vgl. Karlsch 2007, S. 142.
88 Volk 2014.

> Einwohner zu bauen, deren Erwerbsquelle für etwa 60 bis 100 Jahre der Erzbergbau sein sollte. Da jedoch seitens der SDAG Wismut weit größere Arbeitskräftemengen eingesetzt und der Abbau außerordentlich intensiv betrieben wurde, kam dieser anfängliche Plan nicht zur Ausführung und die Stadt wurde zunächst provisorisch erweitert. In den insgesamt 19 Schächten [Schachtverwaltungen] waren zeitweilig bis zu 115000 Menschen beschäftigt, von denen etwa 80000 als Tagespendler aus Wohnlagern [...] nach Johanngeorgenstadt kamen.[89]

Weiterhin wird erwähnt, dass man zu den Auspendlern der Wismut von Gera (nach Ronneburg) keine Angaben machen kann. Offensichtlich hat man die Daten zu Johanngeorgenstadt wegen des dort um 1958 beendeten Bergbaus freigegeben, während man sich bei belastbaren Daten zu den aktuellen Gewinnungsorten wie Ronneburg bedeckt hält.

Im Jahr 1959 wird in der Kinowochenschau »Der Augenzeuge« über den Besuch des Ministerpräsidenten Otto Grotewohl im thüringischen Wismutgebiet berichtet. So zeigt man die Baustelle des »Hydrometallurgischen Werkes Seelingstädt« und eine Kundgebung im »Schachtkombinat Schmirchau«, bei der im Hintergrund die Fördergerüste der Schächte Nr. 367 und 368 zu sehen sind. Der Sprecher erwähnt, dass etwa 6000 Berg- und Bauarbeiter an der Kundgebung teilnehmen. Die Nennung dieser großen Beschäftigtenzahl lässt gewisse Rückschlüsse auf die immensen Betriebsumfänge in der Ronneburger Lagerstätte zu.[90] Von 1959 bis zur Einstellung der Wochenschau im Jahr 1980 erscheinen in diesem Medienformat keine weiteren Beiträge, in denen Betriebsanlagen der SDAG Wismut gezeigt werden.

Die Enzyklopädie »Kleines Lexikon A–Z« von 1959 ist ein Beispiel für die Fragmentierung von Informationen. Während man unter dem Stichwort »Deutschland« auf Seite 198 selbstbewusst behauptet: »die DDR hat bereits (1957) alle kontinentalen westeurop. Länder einschl. WD [Westdeutschland] in der Atomforschung u. friedl. Anw. der Atomenergie überflügelt; sie besitzt die größten Uranvorkommen Europas«, wird auf Seite 1080 die SDAG Wismut zwar erwähnt, ihre Tätigkeit jedoch unbestimmt mit Erzbergbau legendiert: »Wismut, SDAG: sowjet.-dt. Gesellschaft (auf parität. Grundlage, ehem. SAG) für Erzbergbau; besitzt in verschiedenen Teilen der DDR Untertage-, Übertage- u. Aufbereitungsbetriebe; Hauptsitz Karl-Marx-Stadt.«[91] Wie man sehen kann, sind zwar beide Informationen

89 Gellert/Kohl 1959, S. 248.
90 DEFA 1959, Der Augenzeuge 1959/A63. 0:00:12–0:01:22.
91 Autorenkollektiv 1959.

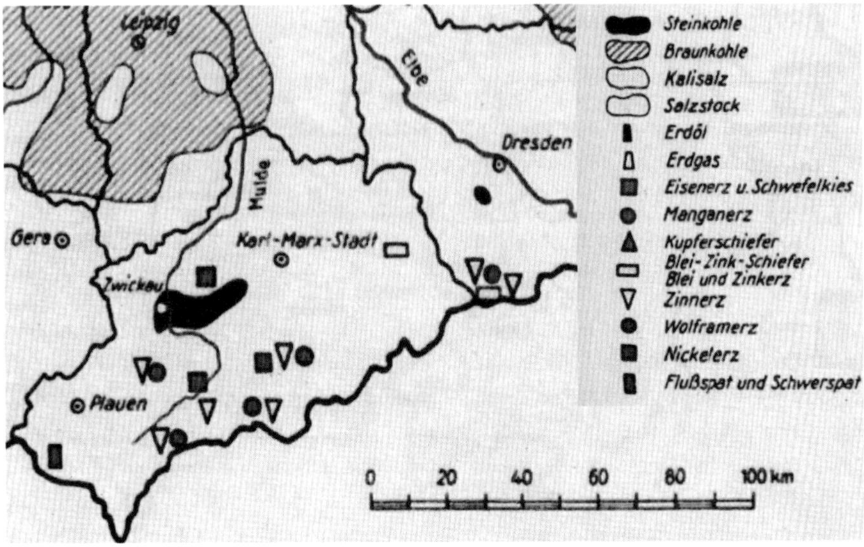

15 Kein Uran? Bodenschätze der DDR im Statistischen Jahrbuch 1963

(Uranvorkommen und SDAG Wismut) im Buchtext vorhanden. Durch geschickte Fragmentierung wird jedoch der Zusammenhang zwischen beiden Informationen verwischt.

Die Statistischen Jahrbücher der DDR enthalten grundsätzlich keine Daten zum Uranbergbau. Von 1959 bis 1971 erscheint im Statistischen Jahrbuch der DDR eine »Lageskizze der Bodenschätze der DDR«.[92] In keiner dieser Karten findet sich ein Symbol für Uran. So kommt es zu der paradoxen Situation, dass man in den Schulatlanten mehr Informationen zum Uranbergbau finden kann als im staatlichen Standardwerk der Statistik. Diese zwiespältige Informationspolitik ist der Tatsache geschuldet, dass nach den Zusatzvereinbarungen zum bilateralen Abkommen vom 22.8.1953 die Wirtschaftstätigkeit der SDAG Wismut weder in Volkswirtschaftsplänen noch in der Statistik ausgewiesen werden soll.[93] Obwohl in anderen Veröffentlichungen die bloße Tatsache der Existenz des Uranbergbaus hinreichend erwähnt werden darf, hält man sich bei der Zentralverwaltung für Statistik bis zur Wende strikt an den Wortlaut der Vereinbarungen von 1953. (Abb. 15)

92 Zentralverwaltung für Statistik der DDR (1955–1990).

93 Karlsch 2007, S. 112. Vgl. Abschlussdokumentation der SDAG Wismut, Anlage zu Abschn. 2, Chemnitz 1991.

Im Jahrbuch für 1959 des Staatlichen Museums für Mineralogie und Geologie zu Dresden erscheint 1960 der Verweis auf eine Mitteilung des ehemaligen Wismut-Geologen Dr. Adolf Watznauer:

> War der zu den Lagerstätten gehörige Granit bislang nur durch einen kleinen, isolierten Kontakthof von Eichigt angedeutet, so konnte er in neuerer Zeit von drei Bohrungen der SDAG Wismut direkt angetroffen werden. Nach einer freundlichen Mitteilung von Herrn Prof. Dr. WATZNAUER, Freiberg, standen diese Bohrungen im Gebiet zwischen dem nordwestlichen Rand des Eichigter Kontakthofs und dem Ort Schönbrunn.[94]

Hermann Heinz Wille stellt 1960 in seinem heimatkundlichen Bildband »Das silberne Erzgebirge« einige Fotos von Halden der Wismut und Wismutkumpels unter Tage vor. Die Texte zu Annaberg, Aue, Oberschlema und Johanngeorgenstadt beschreiben den Uranbergbau der Wismut mit seinen infrastrukturellen und siedlungsgeschichtlichen Konsequenzen. (Abb. 16, 17)

Ein aufschlussreiches Zeitdokument aus dem Jahr 1960 ist ein Geographielehrbuch für die 11. Klasse. Interessant ist dabei die Nennung »der seltenen Metallerze Uran und Wismut« als Gewinnungsziel:

> Einen entscheidenden Anteil daran [am Erzbergbau] hat die SAG Wismut, die am 1. Januar 1954 in eine deutsch-sowjetische Gesellschaft umgebildet wurde. Systematisch betriebene geologische Schürfungen deckten neue Lagerstätten auf. Einen großen Aufschwung erlebte vor allem der Abbau der seltenen Metallerze Uran und Wismut [?], besonders um Aue und Johanngeorgenstadt, außerhalb des Bezirks auch bei Gera. […] Mit der Errichtung hochragender Schachtanlagen, mit der Aufschüttung großer Halden und mit der Anlage und Vergrößerung von Erzaufbereitungsanlagen, Hüttenwerken [?], Kraftstationen, Talsperren und neuen Verkehrsstraßen gaben die Werktätigen dem Industriegebiet des westlichen Erzgebirges ein neues Gesicht. Für die Menschen, die aus allen Teilen der Republik in die Bergbauzentren kamen, wurden neue Wohnsiedlungen mit modernen Geschäften gebaut. Als Nachfolgeeinrichtungen entstanden vorbildliche Krankenhäuser und andere Einrichtungen des Gesundheitswesens. Wie in anderen großen Industriezentren kamen dazu großzügige Sportanlagen, Schulen und Kulturhäuser.[95]

---

94 Staatliches Museum 1960, S. 31.
95 Autorenkollektiv 1960, S. 101.

16 Halde Schacht Uranus, Annaberg-Buchholz

17
Originalbildunterschrift:
»Bei den Wismut-Kumpeln
unter Tage«

Als Beispiel einer wissenschaftlichen Publikation abseits der DDR ist das 1960 in der Sowjetunion erschienene Buch »Die Uranmineralisation im Erzgebirge« von Juri M. Dymkow zu nennen. Auf knapp 100 Seiten wird die Stellung des Urans innerhalb der hydrothermalen Mineralisationsstadien des Erzgebirges erläutert. Hinweise auf den aktuellen Uranbergbau der SDAG Wismut sind nicht enthalten.

Stellvertretend für eine Vielzahl von publizierten Gedichten aus den 1950er und 1960er Jahren, die das Thema Wismut lyrisch verarbeiten, sei ein Gedichtband von Werner Bräunig und Horst Salomon aus dem Jahr 1960 genannt.[96] Darin wird das Wort »Uran« besonders häufig plakativ als Schlagwort verwendet. Der später wegen seines Romans »Rummelplatz« getadelte Werner Bräunig gibt seinem Gedicht sogar den Titel »Uran«. Dabei lässt die ungestüme Turbulenz der ersten Zeilen schon einen Vorgeschmack auf seine im späteren Roman anschaulich geschilderten Eindrücke zum Wismutbergbau durchblicken: »Lärmend dringt in die stillen Täler/ das Leben – wild,/ ohne gezeichnete Bahn;/ fluchend greift der Mensch nach den Sternen,/ bricht aus der Erde/ SONNE URAN!« Der Mitautor des Lyrikbandes, Horst Salomon, steht ihm bei seinem Gedicht »Lied der sozialistischen Wismutbrigaden« in nichts nach: »wir brechen aus klingenden Adern/ die Macht unsrer Träume: Uran!« Die Gedichte nennen ebenfalls konkrete Abbauorte: »von Schlema bis Johannstadt« und auch an der Verwendung des Urans für Atomwaffen lassen sie keinen Zweifel: »schwarzmäulig drohen Atomkanonen [...] KUMPEL! Das[s] die nicht zu schießen gewagt/ auch daran bist du beteiligt!« Unbenommen ihres ideologisch-heroischen Charakters transportieren die Gedichte doch eine Kombination von Informationen, welche man sogar in vielen Fachartikeln dieses Zeitabschnittes vergeblich sucht. Allerdings scheitern die Versuche, solche Gedichttexte mittels Vertonung in die Form eines eingängigen Liedes zu überführen, wie eine realistische Einschätzung aus dem Jahr 1974 zeigt.[97] Ob es dabei an künstlerischer Perfektion der Vertonung mangelt, ist zu bezweifeln. Eher sind die Texte propagandistisch derart überzogen, dass sich die von Natur aus realitätsbewussten Kumpel damit nicht identifizieren können. Das traditionelle, unpolitische Lied »Glückauf der Steiger kommt« erfreut sich dagegen einer ungebrochenen Popularität, was auch die damaligen Kulturfunktionäre etwas konsterniert feststellen müssen.[98]

Der Artikel von W. Haubold »Zum Problem der Rekultivierung von Halden der SDAG-Wismut im Stadtgebiet Annaberg-Buchholz« erscheint

---

96 Bräunig/Salomon 1960.
97 IG Wismut/Abteilung Kultur 1974, S. 1f.
98 Ebenda.

im Jahr 1961 in einer heimatkundlichen Zeitschrift.[99] Nähere Angaben zum eigentlichen Uranbergbau werden darin nicht gemacht. Der Beitrag enthält einen Lageplan von Wismut-Halden im Stadtgebiet und ein Foto der Uranus-Halde. Auch wird auf strahlenhygienische Belange bezüglich des Haldenmaterials nicht eingegangen. Im Wesentlichen werden nur Rekultivierungsmaßnahmen, speziell die Möglichkeiten der Bepflanzung, erörtert.

Ein Schnellvortrieb der Wismut mit 1035,5 m/Monat macht 1961 von sich reden. Da der Industriezweig diese auch international hervorragende Leistung nicht geheim halten möchte, erscheint darüber eine 47-seitige Broschüre mit technisch-technologischen Details und reichlich Bildmaterial.[100] Das Uran als Gewinnungsgegenstand wird nicht erwähnt, ebenso bis auf die Bezeichnung »Objekt 09« auch keine konkrete Schachtbezeichnung oder Örtlichkeit. (Abb. 18)

Die talentierte Fotografin und Autorin Regina Hastedt richtet 1961 im Bildband »Ich bin Bergmann – wer ist mehr« den Fokus auf arbeitende Menschen im Berg- und Hüttenwesen der DDR. Dabei streift sie mit 162 Fotos fast alle Bergbauzweige: Braun- und Steinkohle, Salz, Kupfer, Blei, Zinn, Eisen, und Kaolin. Erstaunlicherweise wird die SDAG Wismut mit keiner Silbe erwähnt. Trotzdem tauchen auf den Bildern drei Koryphäen der Wismut auf. Quasi inkognito als »Bergarbeitererholungsheime« präsentiert man die Wismut-Ferienheime in Zinnowitz und Oberwiesenthal. Auch versteckt sich im »Festzug zum Tag des Bergmanns 1959« der Arbeitsdirektor der SDAG Wismut, Sepp Wenig.[101] Diese rigorose Art der Nichterwähnung ist eindeutig als vorsätzlich zu bewerten. Das erscheint etwas verwunderlich, da beim selben Verlag noch ein Jahr vorher im Bildband »Das silberne Erzgebirge« die Wismut mit mehreren Fotos und Textpassagen dargestellt wird. Somit steht fest, dass die Autorin mit einigen Fotos zur Wismut keinesfalls den erlaubten Rahmen überschritten hätte. Ein möglicher Hinweis auf eine Selbstzensur ergibt sich aus einer Untersuchung des Deutschen Schriftstellerverbandes. Regina Hastedt scheint offenbar in die Republikflucht des Autors Peter Jokostra verwickelt zu sein. Die deshalb 1958 von Christa Wolf geführte Untersuchung bemängelt bei der »Genossin Hastedt« eine weitgehend bürgerliche Haltung und antisemitische Tendenzen, die es zu überwinden gilt. Schon ein Jahr später wird die Autorin wegen ihres neuen Werkes über den Bergmann Sepp Zach gelobt.[102] Deshalb liegt die Vermu-

---

99 Haubold 1961, S. 79f.
100 Schiefner 1961.
101 Hastedt 1961, S. 86, 130, 131.
102 Bark/Langermann/Lokatis 2015, S. 146.

18
Broschüre zum Schnellvortriebsrekord im Objekt 09 (1961)

tung nahe, dass die Autorin unter dem Druck einer gewissen Beobachtung stehend, das heikle Thema der Wismut in ihrem Bildband ausspart. Falls diese Vermutung den Tatsachen entspricht, liegt hier ein typischer Fall von (übertriebener) Selbstzensur vor.

Von 1961 bis 1964 erscheinen acht Bände der Enzyklopädie »Meyers Neues Lexikon«. Ganz im Sinne der herrschenden Ideologie ist der Inhalt oft auffällig tendenziös. Während über das westliche Ausland meist abwertend berichtet wird (»Adenauer-Clique«), lässt sich gegenüber der Sowjetunion durchgängig ein überschwänglich wohlwollender Ton vernehmen. Aus diesem Grund kann man voraussetzen, dass der Inhalt des Lexikons ein hohes Maß an Staatskonformität aufweist. Zur SDAG Wismut existiert kein eigenständiger Artikel. Jedoch werden auch nur sehr wenige andere

Großbetriebe in eigenen Artikeln genannt, wie die Deutsche Reichsbahn als größter volkseigener Betrieb mit ca. 280000 Beschäftigten und die Deutsche Post mit ca. 130000 Beschäftigten. So kann man das Fehlen eines Artikels zur SDAG Wismut mit damals ca. 57000 Beschäftigten[103] nicht unbedingt als vorsätzliche Informationsunterdrückung werten. Jedoch erscheint auch im Volltext die Bezeichnung »SDAG Wismut« nur zweimal, nämlich in den Artikeln über die Städte Johanngeorgenstadt und Schwarzenberg.[104] Aufgrund der vielen Einzelautoren ist natürlich die Bandbreite der genannten Bezeichnung des Bergbaus der SDAG Wismut sehr groß. In den Artikeln über die Bezirke und Bezirksstädte tauchen verschiedene Legendierungsfloskeln für den Uranbergbau auf. So verwendet man unbestimmte Legendierungen wie »Erzbergbau im Raum Ronneburg«[105] und bestimmte Legendierungen wie »Bergbau auf Wismuterze«[106] (unter »Gera, Bezirksstadt«). Die beiden letzten Erwähnungen implizieren zwei getrennte Bergbaugebiete mit Erzbergbau in Ronneburg und Bergbau auf Wismuterze bei Gera, was natürlich nicht den Tatsachen entspricht. Es sind aber auch gemischte Legendierungen festzustellen, wie etwa im Artikel zum Bezirk Karl-Marx-Stadt: »Wismut-, Uranerze um Aue und Johanngeorgenstadt«.[107] Im Artikel zur Stadt Karl-Marx-Stadt fällt auf, dass die dort befindliche Generaldirektion der SDAG Wismut nicht genannt wird. Die Artikel der Städte Johanngeorgenstadt, Aue und Schneeberg erwähnen für die Zeit nach 1945 die unbestimmte Legendierung »Bergbau«.[108] Jedoch erscheint bei der Stadt Ronneburg auch die konkrete Nennung »um R. Uranerzbergbau«.[109] Im Artikel zum Uran wird man schon direkter: »hochwertige Lagerstätten befinden sich [...] im Erzgebirge«.[110] Besonders aufschlussreich sind die Angaben des Artikels »Deutschland/DDR« in den Unterabschnitten zu Lagerstätten und Bergbau: »Die Gewinnung von Zinn, Zink, Blei, Stahlveredlern und Uran erfolgt im Erzgebirge, die von Nickel im Vorland und die von Uran auch in Gera. [...] Die DDR gehört zu den wichtigsten Uranproduzenten Europas.«[111] Einige Orte der Urangewinnung findet man im Lexikon auf den Karten »DDR-

103 Meyers Neues Lexikon. 1962 , Bd. 2, S. 491, 494: Beschäftigtenanzahl Deutsche Reichsbahn für 1958, Deutsche Post für 1959; Vergleich Wismut für 1959: Wismut GmbH 1999: Chronik der Wismut. Tabelle 1.13.1-3.
104 Ebenda. Bd. 4 (1962), S. 551f. und Bd. 7, S. 379.
105 Ebenda, Bd. 3 (1962), S. 589, Artikel: »Gera, Bezirk«
106 Ebenda, Bd. 3 (1962), S. 590.
107 Ebenda, Bd. 4 (1962), S. 691.
108 Ebenda, Bd. 1, S. 474; Bd. 4 (1962), S. 551; Bd. 7 (1964), S. 321.
109 Ebenda, Bd. 7 (1964), S. 68.
110 Ebenda, Bd. 8 (1964), S. 346.
111 Ebenda, Bd. 2 (1962), S. 554f.

Bezirke Cottbus, Dresden, Karl-Marx-Stadt, Leipzig Wirtschaft« und »DDR-Wirtschaft«.[112] Diese Karten enthalten Symbole für Uranbergbau bei Johanngeorgenstadt, Aue und südlich von Gera. Zusätzlich sind zwei Symbole für Bergbau auf Wismut zwischen Aue und Johanngeorgenstadt eingetragen. Die Angaben zur Wismutgewinnung, laut Text bei Gera, Johanngeorgenstadt und Aue sowie in den Kartendarstellungen zwischen Aue und Johanngeorgenstadt, erweisen sich größtenteils als unzutreffend. Tatsächlich wird nur bei Aue in der Lagerstätte Schlema/Alberoda 1958–73 neben Uran in sehr geringem Maß auch Wismut abgebaut.[113] Ob die unzutreffenden Angaben im Lexikon einer bewussten Täuschung entstammen, kann man nicht sicher beurteilen. Bis auf Gera sind sie mit den klassischen Wismutgewinnungsorten des erzgebirgischen Altbergbaus vor 1945 wie Schneeberg bei Aue und Johanngeorgenstadt fast deckungsgleich. Ein weiterer Band der Lexikareihe (Band 9, Ergänzungsband) erscheint 1969. Er wird im entsprechenden Zeitabschnitt gesondert erörtert.

Die sowjetischen Geologen Janischewskij und Konstantinow publizieren 1962 in einer DDR-Fachzeitschrift einen fünfseitigen Artikel über die Abhängigkeit der Uranvererzung im Erzgebirge von der Art des Nebengesteins und speziellen bruchtektonischen Konstellationen.[114] Die Namen der Lagerstätten sowie die SDAG Wismut als Bergbaugesellschaft werden hierbei nicht genannt. Aus dem Kontext des Artikels ist ersichtlich, dass der aktuelle Uranbergbau im Erzgebirge aufgrund seines bedeutenden Umfangs schon detaillierte geologische Erkenntnisse erbracht hat. (Abb. 19)

Der Chefgeologe des staatlichen Geologischen Dienstes in Freiberg Kurt Pietzsch nennt 1962 in seinem Buch »Geologie von Sachsen« den Uranbergbau und einzelne geologische Erkenntnisse aus der Aufschlusstätigkeit der SDAG Wismut: »Uranerze stellen gegenwärtig wohl das wichtigste Erz des sächsischen Bergbaus dar, da es das Rohmaterial für die sowjetische Kernphysik liefert. [...] Im Jahr 1956 wurde durch bergmännische Arbeiten der SDAG Wismut im Revier Heidenschanze eine 31 m mächtige Tuffbildung aufgeschlossen.«[115]

Der Geologe Gerhard Mathé veröffentlicht 1962 in der Fachzeitschrift »Geologie« einen Artikel über den Gegenstand seiner Diplomarbeit: »Geochemische und lagerstättengenetische Untersuchungen an erzführenden Kohlen des Döhlener Beckens«. Das Döhlener Becken enthält die von

112 Ebenda, Bd. 2 (1962), S. 544f., 560f.
113 Siehe auch S. 130f. dieser Arbeit.
114 Janischewskij/Konstantinow 1962.
115 Pietzsch 1962, S. 319 u. 821.

1947–55 und 1968–89 abgebaute Urankohlenlagerstätte Freital bei Dresden. In der Einleitung wie auch im gesamten Artikel wird relativ offen über die Uranführung der dortigen Steinkohleflöze berichtet: »Im Nordosten dieses Reviers baute damals die SAG Wismut uranführende Kohlen ab. Jetzt, nachdem der Uranbergbau eingestellt worden ist, wurden auch diese Flözteile geochemisch bearbeitet.«[116] Ein Grund der ungewöhnlich offenen Publikation von eigentlich lagerstättensensiblen Daten könnte darin liegen, dass die SDAG Wismut zwischenzeitlich das Interesse an der Lagerstätte Freital verloren hat.[117]

In der heimatgeschichtlichen Broschüre »Annaberg-Buchholz und das Obererzgebirge« erwähnt Hans Forster 1962 die im Kreis Annaberg schon wieder beendete Tätigkeit der SDAG Wismut:

> Nach rund 350 Jahren begann im Erzgebirge wieder in großem Maßstab der Bergbau. Dem Ruf der SDAG Wismut folgten aus allen Teilen der damaligen sowjetischen Besatzungszone die Menschen ins Gebirge, um mitzuarbeiten am großen neuen Anbruch. Bohrtürme, Schachtgebäude, Wohnbauten entstanden. Mit modernsten Geräten und Methoden durchbrachen die neuen Kumpel das Gestein. Inzwischen ist es um jene Bergbaulandschaft wieder still geworden.[118]

Einen sehr kritischen Artikel zur SDAG Wismut bringt 1962 die Satirezeitschrift »Eulenspiegel«.[119] Darin wird die Verschwendung von Arbeitsmitteln in der Lagerstätte Schneckenstein angeprangert. Eine komplette Ladestation mit 2000 Grubenlampen im Wert von 200 000 Mark bleibt nach dem Ende des dortigen Bergbaus mehr als zwei Jahre ungenutzt als abgeschriebenes Inventar stehen, obwohl andere Bergbauzweige der DDR dafür Verwendung hätten. Dabei wagt man es tatsächlich, die Verantwortlichen der Wismut-Generaldirektion in Karl-Marx-Stadt als »Dunkelmänner« zu bezeichnen! Man darf also zu diesem Zeitpunkt die Wismut nicht nur erwähnen, sondern sogar im Rahmen bestehender Normen (Umgang mit Produktionsmitteln) kritisieren, ohne dass eine Zensurbehörde einschreitet. (Abb. 20)

Eher als Nischenprodukt erscheint 1963 als Sonderdruck zum Jahrbuch des Staatlichen Museums für Mineralogie und Geologie zu Dresden ein Publikationsverzeichnis: »Die geologische Literatur über Sachsen 1951–1960«.[120] Der Autor Dr. Hans Prescher zählt unter der Kategorie

116 Mathé 1962, S. 741.
117 Vgl. Christoph 1965.
118 Forster 1962, S. 43.
119 Lufer 1962, S. 10.
120 Prescher 1963, S. 299f.

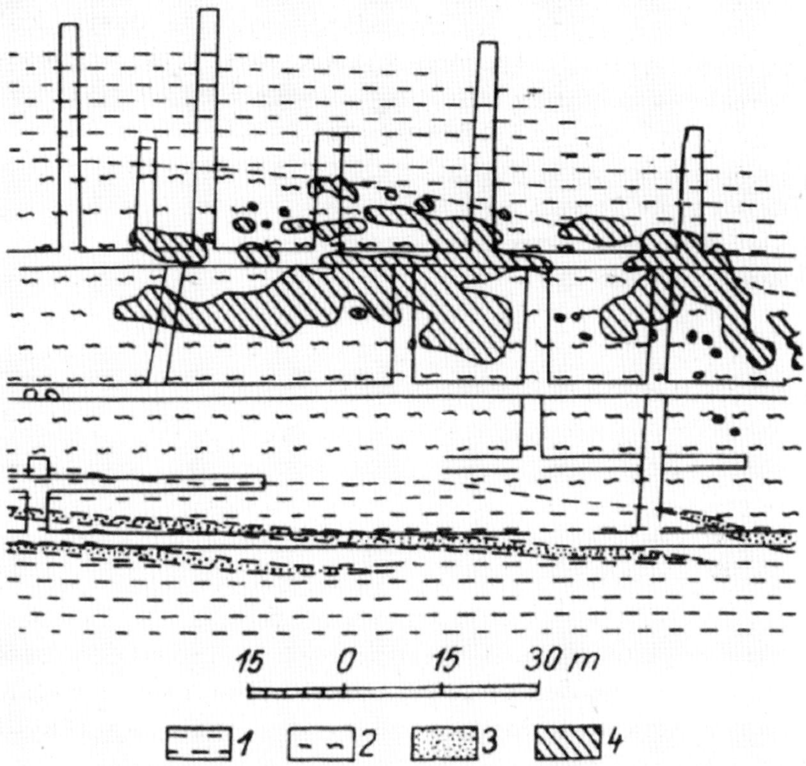

Abb. 4. Saigerriß eines Ganges, der kohlige Schiefer durchsetzt

1 – Quarz-Serizit-Schiefer, 2 – kohlige Kieselschiefer, 3 – Quarzit, 4 – Pechblendelinsen

19 Geologische Darstellung einer Uranvererzung (1962)

Uranerzlagerstätten elf Veröffentlichungen auf, welche Sachsen betreffen. Allerdings stammen davon nur drei aus der DDR[121], dagegen sechs aus der BRD[122] sowie jeweils eine aus der UdSSR[123] und aus Kanada.[124] Der Titel des kanadischen Artikels »Uranium in Russian occupied Saxony and Czechoslovakia« (Uran im russisch besetzten Sachsen und der Tschechoslowakei) entspricht dem damals in Nordamerika üblichen Duktus. Gegen-

121 Leutwein 1957. – Watznauer 1957.
122 Kohl 1951. – Kohl 1952. – Kohl 1954. – Schumacher 1956 . – Schumacher 1959.
123 Dymkov 1960.
124 Frohberg 1950.

Beleuchtung einiger Dunkelmänner

Sie tut not, weil es sich um Dunkelmänner handelt, die das sozialistische Volkseigentum wie auch das Prinzip der wirtschaftlichen Rechnungsführung mit Füßen getreten und eine komplette Lampenstation mit Ladeeinrichtung sowie etwa 2000 Grubenlampen, im Wert von rund 100 000 DM, seit September 1960 ungenutzt gelassen haben.

Es handelt sich um Inventar des ehemaligen Wismut-Objekts Schneckenstein im Kreis Klingenthal, das die Wismut aufgegeben hatte, und der Name Schneckenstein macht dem Tempo, in dem die Anlage schließlich nach anderthalb Jahren doch noch ihrem Bestimmungszweck zugeführt wird, in der Tat alle Ehre. Nebenbei gesagt, wäre die Umbenennung in Schreckenstein zu erwägen: haben

Ganz überraschend wurde bekannt, was die Wismut-Dunkelmänner in Karl-Marx-Stadt infolge eigner Verdunklung nicht hatten herausfinden können: daß nämlich der Steinkohlenbergbau seit eh und je sehr gute Verwendungsmöglichkeiten für die Lampenstationen und Grubenlampen hat.

Und so können wir nur wünschen, daß allen beteiligten Dunkelmännern in der Spitzenbelastungszeit unseres Produktionsaufgebotes nun endlich eine Grubenlampe aufgegangen ist und daß sie ein für allemal das Schneckenhaus des Schneckensteins verlassen haben.

Andernfalls wäre es möglich, daß wir ihnen heimleuchten!

Sonja Lufer

20 Kritik erlaubt – die Wismut in der Satirezeitschrift »Eulenspiegel« (1962)

über der DDR-Lesart jedoch (russisch = sowjetisch; besetzt = befreit) transportiert er eine als negativ empfundene Wertung. Bei der Nennung dieses »politisch unkorrekten« Titels im Publikationsverzeichnis beweist Dr. Prescher durchaus Rückgrat. Andererseits wirft der Fakt des erfolgten Druckes grundsätzliche Fragen zur anfänglich unterstellten Zensurpraxis auf. Hat die Zensur dies bewusst geduldet oder nur übersehen? Wird für die Erteilung einer Druckgenehmigung alles geprüft oder nur Stichproben?

In der BRD erscheint 1963 in der Zeitschrift »Fortschritte der Mineralogie« ein kurzer, aber äußerst informativer Beitrag über die geologischen Verhältnisse der Uranlagerstätte Schlema-Alberoda. Es handelt sich dabei um die Zusammenfassung eines in Wien stattgefundenen Vortrages bei der Österreichischen Mineralogischen Gesellschaft. Der Referent ist ein ehemaliger Geologe der SDAG Wismut, der 1960 über Westberlin in die Bundesrepublik geflüchtet ist. Nach seiner Flucht wird er von verschiedenen Geheimdiensten (Amerikaner, Briten, Organisation Gehlen) geladen und nach den geförderten Uranmengen befragt. Er möchte aber nicht in die Mühlen der Nachrichtendienste hineingezogen werden und verweigert die Mitarbeit. Daraufhin droht man, ihn und seine Familie in die DDR zurückzuschieben. Seine Antwort darauf ist: »Alles was ich über Uran weiß, können Sie in einem Lehrbuch nachschlagen. Ich war bis jetzt der Meinung, in einen freiheitlichen Staat geflüchtet zu sein.«[125]

125 Dressler 2019. – Dressler 1963, S. 170.

Der Zentralvorstand der Gesellschaft für Deutsch-Sowjetische Freundschaft gibt 1964 ein Buch mit Reportagen zur Neuererbewegung (Entwicklung von neuen, rationellen Arbeitsmethoden) heraus. Sein Titel »Nicht geheim!« beschreibt die im Buch geschilderte Tatsache, dass die in beiden Ländern entwickelten Erkenntnisse zu neuen Arbeitsmethoden nicht geheim gehalten, sondern gegenseitig ausgetauscht werden. Dabei ist der Anspruch des Herausgebers an den Autor Edgar Grunau hoch: »berichte ausführlich, [...] beschönige nichts.« Tatsächlich werden auch Rückschläge und gescheiterte Projekte thematisiert. Der SDAG Wismut ist ein ganzes Kapitel mit 43 Seiten gewidmet, welches so beginnt: »Schlägst du ein älteres Wörterbuch auf, [...] findest du hinter dem Wort «Wismut»: Chemischer Grundstoff [...] mehr nicht. Heute wissen bereits die Schulkinder, daß Wismut bei uns Uranbergbau bedeutet, daß Uran Basis für eine Weltmacht ist.« Natürlich ist das Buch nicht frei von historisch unrichtigen Aussagen:

> Auch die Amerikaner fuhren nach 1945 [in die erzgebirgischen Schächte] ein, wissenschaftlich bereits erheblich weiter als ihre Vorgänger [die Nazis] und darum umso begieriger. Auch sie mussten mit leeren Händen abziehen, wahrscheinlich hatte die Zeit nicht ausgereicht.

Aber es enthält auch sehr realistische Einschätzungen:

> Wir haben aus der Sowjetunion viele gute Fachleute hier [...] Aber alle fahren reicher heim, als sie hergekommen sind. Sie haben zugelernt, weil die deutschen Kumpel auch gute Lehrmeister sind.[126]

Konkret wird noch das Neuererwesen auf den mittlerweile abgeworfenen Schächten der Lagerstätten Schneckenstein und Oberschlema vorgestellt, darunter auch der legendäre Sepp Wenig. Trotz einer deutlich positiven Grundaussage halten sich allzu überschwängliche Glorifizierungen in Grenzen, was das Buch auch heute noch glaubwürdig erscheinen lässt.

In einer geologischen Fachzeitschrift erscheint 1964 von Heinz Schützel und Gerhard Herrmann ein Artikel über die Ausbildung des Granitkontaktes im Raum Johanngeorgenstadt. Der fachlichen Bewertung liegen kartierte Aufschlüsse aus den Schächten der SDAG Wismut zugrunde: »Im Lagerstättenbezirk Johanngeorgenstadt war die Granitkontaktfläche in den letzten Jahren mit außergewöhnlich zahlreichen Auffahrungen [...] durchörtert worden.«[127] Die Wismut wird im Artikel nicht genannt, jedoch führt man in der Einleitung allgemein aus: »Während im Erzgebirge in den älteren Epochen das Interesse vorwiegend der Gewinnung von Silbererzen

---

126 Grunau 1964, S. 70.
127 Schützel/Herrmann 1964, S. 1.

galt, hat sich in jüngeren Jahren die Aufmerksamkeit auf die Bunt- und Sondermetalle (Legierungsmetalle, Halbleitermetalle) und die Rohstoffe für die Gewinnung der Atomenergie gerichtet.«[128] Damit umschreibt man in eindeutig erkennbarer Weise die Urangewinnung, ohne dass man den Namen des gesuchten Metalls konkret nennen muss.

Günter Freyer und Karl-Armin Tröger erwähnen 1965 im »Geologischen Führer durch das Vogtland« die Halden der SDAG Wismut bei Zobes und Mechelgrün.[129]

Im Jahr 1965 beschreibt der damalige Vorstandsvorsitzende der SDAG Wismut, Fritz Selbmann, in der Zeitschrift »Deutsche Außenpolitik« kurz die bisherige Entwicklung der AG/SDAG Wismut.[130]

Im Oktober 1965 erscheint in der »Zeitschrift für Neue Literatur« ein Vorabdruck zweier Kapitel aus Werner Bräunigs Roman »Rummelplatz«. Dieses Werk ist als Entwicklungsroman angelegt und beschreibt u.a. den Alltag der Wismutkumpel in der Zeit zwischen 1949 und 1953. Das Gesamtwerk zeichnet ein durchaus differenziertes und realistisches Bild von den ersten Jahren der DDR. Zwischen Entwurzelung und Agonie in der Nachkriegsgesellschaft und den Hoffnungen des Anbruchs einer neuen Zeit werden auch beginnende Fehlentwicklungen in der sozialistischen Gesellschaft kritisch beleuchtet. Unglücklicherweise entscheidet sich der Autor beim Vorabdruck für das »Rummelplatz-Kapitel«. Der Rummelplatz, ein Ort der Vergnügung und des Alkoholkonsums, dient dabei als Symbol des Aufbegehrens der »zugereisten« Wismutkumpel gegen die als bedrückend empfundene emotionale Leere nach der Schicht: »der Stumpfsinn kriecht in die Gehirnwindungen und füllt den Schädel mit Blei, bis er platzt, bis man irgendetwas zerdrischt oder zur Flasche greift oder aufbrüllt wie ein Stier. Schachtkoller nannte man das.«[131] Die durchaus realistische Beschreibung dieser Saufgelage mit all ihren groben und obszönen Details zieht natürlich den Unwillen der Staatsmacht auf sich. Vier verdiente Wismut-Brigadiere werden mit dem Vorabdruck konfrontiert und sollen als Sachverständige ihre Meinung äußern. In einem offenen Brief im *Neuen Deutschland*, der Tageszeitung der SED, kritisieren sie Bräunig scharf. Dabei ist zu erwähnen, dass die Sichtweisen von Zeitzeugen auf die frühen Wismutjahre natürlich sehr differenziert ausfallen können. Je nach persönlicher Perspektive und Charakter betont man mehr die eigentliche Arbeit oder ihre »wilden« Begleit-

---

128 Ebenda.
129 Freyer/Tröger 1965, S. 81.
130 Selbmann 1965: Die UdSSR unterstützt den Aufbau des Wirtschaftslebens. – Deutsche Außenpolitik, 10, Sonderheft 1.
131 Bräunig 2007: Rummelplatz, S. 79.

umstände. Obwohl sich die vier Brigadiere von der Partei gegen Bräunig instrumentalisieren lassen, kann man ihnen deshalb nicht unbedingt einen Vorwurf machen. Einer von ihnen, der Nationalpreisträger Walter Mank, ist als arbeitsamer und äußerst bescheidener Mensch bekannt. Es scheint nur zu verständlich, dass es ihn abstößt, seine Erlebnisse der frühen Wismutjahre auf die Rummelplatz-Episode reduziert zu wissen. Eine derartige Legitimation durch verdiente Wismut-Kollegen im Rücken macht es der Staatsmacht leicht, zensierende Nachbesserungen zu fordern. Übrigens nennt der Roman auch die Förderung von Uran und dessen Hauptverwendung für Kernwaffen, jedoch nimmt man bei den Zensurbestrebungen keinen Anstoß daran: »In jenen ersten Nachkriegsjahren hing das Schicksal der Welt für eine Ewigkeitssekunde von der Produktion der deutschen Urangruben ab, und Fischer gehörte zu den wenigen, die darum wußten. Atomenergie – das war Leben oder Tod. Die Welt hatte Hiroshima erlebt.«[132] Tragisch ist, dass Bräunig schließlich die weitere Bearbeitung des Romans aufgibt und 1976 an seiner Alkoholkrankheit stirbt. Einige Abschnitte davon werden 1981 im Band »Ein Kranich am Himmel« vom Mitteldeutschen Verlag veröffentlicht. Nach der Wende und dem Auffinden des Originalmanuskripts erscheint schließlich im Jahr 2007 der komplette Roman. Leider konnte Bräunig den Erfolg seines Romans nicht mehr erleben.

Der Geologe Dr. Ludwig Pfeiffer publiziert 1965 in der hauptsächlich für Mineraliensammler bestimmten Zeitschrift »Fundgrube« einen vierseitigen Artikel über die Uranerzlagerstätten der DDR. Bereits in der Einleitung weist er schlüssig auf die Grenzen des Informationsgehalts seines Artikels hin:

> Als im Sommer 1945 die ersten Atombomben über dem Inselreich Japan explodierten [...] setzte eine fieberhafte Prospektion auf Uranlagerstätten ein, der sich in Anbetracht internationaler Spannungen auch die Sowjetunion und die mit ihr verbündeten Staaten nicht entziehen konnten. Zwangsläufig blieben alle Details geheim, die Aufschluss über militärische Potenzen geben können. Die nachstehenden Ausführungen mögen unter solchem Gesichtspunkt als Übersicht gewertet werden.[133]

Im folgenden Text erwähnt er die erzgebirgischen Ganglagerstätten, die thüringischen Lagerstätten aus dem Silur und dem Zechstein sowie die Urankohlelagerstätte im Döhlener Becken. Als uranhöffig schätzt er die jüngeren Sandsteine ein, in denen man bereits 1963 die Lagerstätte Königstein entdeckt hat. Die Urangehalte der DDR-Lagerstätten werden dabei

132 Bräunig 2007: Rummelplatz, S. 12.
133 Pfeiffer 1965, S. 2.

nicht beziffert, aber er gibt bezüglich der silurischen Schwarzschiefer publizierte Daten aus gleichartigen Vorkommen in Schweden und der Sowjetunion(!) an. Die SDAG Wismut als Uranbergbaugesellschaft wird im Artikel nicht genannt.

Im Jahr 1965 veröffentlichen Eberhard Harlass und Heinz Schützel in einer geologischen Fachzeitschrift einen ausführlichen Artikel zum Vorkommen von Uranpechblende im Westerzgebirge. Dabei wird auf detaillierte paragenetische und genetische Fragestellungen der Uranvererzung eingegangen. Über den eigentlichen Uranbergbau schreibt man in der Einleitung:

> In den vergangenen Jahren wurden die Uranlagerstätten des Westerzgebirges einer intensiven geologisch-lagerstättenkundlichen Bearbeitung unterzogen. [...] Die Gangreviere des Erzgebirges werden in ihrer Gesamtheit zu den wichtigsten hydrothermalen Uranlagerstätten der Erde gerechnet. [...] Ein eigentlicher Uranbergbau begann im Sächsischen Erzgebirge jedoch erst nach dem zweiten Weltkrieg, als auf Grund der Arbeiten von O. Hahn und F. Strassmann (1938) Uran als Kernbrennstoff praktisch verwertet werden konnte. Auch in außereuropäischen Ländern entwickelte sich der Bergbau auf Uran nicht wesentlich früher; für das sog. »Manhattan-Projekt« (Konstruktion der Hiroshima-Bombe) dienten jene Uranvorräte, die von der Radiumindustrie als Rückstände angesammelt worden waren.[134]

In den Freiberger Forschungsheften erscheint 1965 ein Beitrag von Hans Joachim Christoph, der die Uranführung der Freitaler Steinkohle behandelt: »Untersuchungen an den Kohlen und Carbargilliten des Döhlener Beckens mit besonderer Berücksichtigung der radioaktive Substanzen enthaltenden Kohlen«. Der Aufsatz nennt den Uranabbau der SDAG Wismut in den Schachtanlagen Heidenschanze und Gittersee, von denen auch eine grafische Darstellung enthalten ist. Das Verhältnis der Uranführung zur Kohlenpetrografie wird detailliert beschrieben: »Gleichzeitig weist hier die Grauharte Kohle auch die höchsten Urangehalte auf, die der SDAG Wismut Veranlassung gaben, diese Kohlen zum Zwecke der Urangewinnung abzubauen.«[135] Die ungewöhnlich ausführlichen Darlegungen können natürlich auch darin begründet sein, dass die Lagerstätte nach dem Abschluss einer früheren Uranerkundungs- und Gewinnungsperiode im Jahr 1955 an die VVB Steinkohle übergeben wird. Jedoch als die Steinkohlenvorräte erschöpft sind, nimmt die Wismut 1968 die Urangewinnung wieder auf, welche bis

134 Harlass/Schützel 1965, S. 569.
135 Christoph 1965, S. 62.

ins Jahr 1989 andauert. Demzufolge liegt die Vermutung nahe, dass der Aufsatz nach 1968 zumindest nicht in dieser ausführlichen Form publiziert worden wäre.

Klaus Hoth und Winfried Lorenz sind seit den 1960er Jahren maßgeblich an der Entwicklung eines lithostratigraphischen Modells vom Erzgebirge beteiligt. Sie erwähnen 1966 in einem Artikel der Zeitschrift »Geologie« ausdrücklich die lithologische Abhängigkeit der Uranführung der Erzgänge:

> Auch für den Uranbergbau des Erzgebirges gewannen detaillierte Kenntnisse über den lithologischen Aufbau der Nebengesteine an Bedeutung. Bei der Verfolgung zahlloser Erzgänge in den vorangegangenen Jahren durch die SDAG Wismut hatte sich die alte bergmännische Erfahrung bestätigt, daß die lithologische Beschaffenheit des Nebengesteins infolge topomineralischer Einflüsse eine sehr wesentliche Bedeutung für die Veredelung bzw. Vertaubung der Erzgänge hat.[136]

Wie man an dieser Veröffentlichung deutlich sehen kann, erscheint die Nutzung möglicher Reizthemen gut geeignet, eigenen wissenschaftlichen Denkansätzen besonderes Gewicht zu verleihen.

Anfang der 1960er Jahre erbohrt die SDAG Wismut bei Hormersdorf quasi als Zufallsfund ein durchaus lagerstättenrelevantes Antimonvorkommen. Im Jahr 1966 werden einige Ergebnisse der Erkundungsarbeiten in einer geologischen Fachzeitschrift unter ausdrücklicher Nennung der Wismut publiziert, obwohl dies thematisch nicht zwingend notwendig gewesen wäre: »Veröffentlichung der SDAG Wismut«; »ist die monometallische Antimonvererzung interessant, die durch die SDAG Wismut 1963 bis 1965 im Gebiet von Dorfchemnitz-Hormersdorf angetroffen wurde«[137]. Der Artikel enthält detaillierte grafische Darstellungen (geologische Karte, Schnitt) und tabellarische Gehaltsdaten, welche durchaus eine räumliche Modellierung und grobe Berechnung von prognostischen Antimonvorräten zulassen. Aus der Position der bis zu 1000 m tiefen Bohrungen ist ersichtlich, dass man ursprünglich die ordovizischen bis devonischen Gesteine der Lößnitz-Zwönitzer Zwischenmulde untersucht hat. Diese stellen in der etwa 10 km südwestlich gelegenen Uranlagerstätte Schlema-Alberoda die für den Uranerzabsatz produktiven Gesteine dar. Sowohl wegen der lagerstättenkundlich sensiblen Daten zur Antimonvererzung, als auch wegen möglicher Rückschlüsse auf die geologische Struktur der Uranlagerstätte Schlema-Alberoda zeugt dieser Artikel von einer ungewöhnlichen Offenheit.

136 Hoth/Lorenz 1966.
137 Netschajew/Fritsch 1966.

Mit der Erkundung von »Nebenerzen« im Auftrag der DDR-Volkswirtschaft profiliert sich die Wismut seit Ende der 1950er Jahre auf einem neuen Gebiet. Das sollte mit diesem Artikel offenbar auch in Fachkreisen überzeugend in Szene gesetzt werden. Obwohl sich die Nebenerzerkundung bis zur Wende fortsetzt (Zinn, Wolfram, Fluss- und Schwerspat, Seltene Erden u. a.) tauchen Fachartikel mit solch detaillierten lagerstättenkundlichen Daten ab den 1970er Jahren nicht mehr auf.

Der Prorektor für Prognose und Wissenschaftsentwicklung an der Berliner Humboldt-Universität, Professor Dr. habil. Horst Kohl ist Autor des 1966 erschienenen Buchs »Ökonomische Geographie der Montanindustrie der Deutschen Demokratischen Republik«. Die Erwähnung des Uranbergbaus unterscheidet sich darin deutlich von allen anderen Rohstoffen. So wird zwar eingangs dem Uranbergbau eine gewisse Bedeutung eingeräumt: » [...] traten einige neue bzw. bisher wenig betriebene in größerem Umfang, so die Gewinnung weiterer Stahlveredler, die Erzeugung von Spurenmetallen und die Gewinnung und Aufbereitung von Uranerzen.«[138] Jedoch im Gegensatz zu allen anderen Rohstoffen erfolgt im weiteren Inhalt des Buches keine detaillierte Beschreibung von Örtlichkeiten und Modalitäten der Gewinnung. Für den zweifellos kompetenten Autor wäre es leicht möglich gewesen, solche aus bereits erschienenen Veröffentlichungen beizusteuern. Ideologisch eingefärbte Textstellen im Buch geben Anlass zur Vermutung, dass der Autor offenbar bewusst auf die Nennung von Details verzichtet, um dem Klassenfeind nicht noch vorsätzlich eindeutig verwertbare Informationen zum strategisch sensiblen Uranbergbau zu liefern.

Im heimatkundlichen Buch »Vom Kahleberg zum Fichtelberg« erwähnt Hermann Heinz Wille im Jahr 1966 auch auf zwei Seiten den Uranbergbau der Wismut im Raum Schlema/Aue sowie Johanngeorgenstadt und Annaberg. Dass die Kureinrichtungen von Schlema dem Bergbau weichen müssen, wird ohne jegliche negative Konnotation bemerkt. Positiv dagegen betont der Autor die durch die Wismut neu gebauten Wohnsiedlungen und Krankenhäuser. Auch die Bedeutung der Wismut kommt, wenn auch etwas verdeckt, zur Sprache: » als im Erzgebirge Weltgeschichte gemacht wurde, als der Erzbergbau noch einmal zu unvergleichlicher Bedeutung gelangte.«[139]

Im Jahr 1966 strahlt das Fernsehen der DDR den Vierteiler »Columbus 64« von Regisseur Ulrich Thein aus. Der Hauptdarsteller Armin Müller-Stahl spielt darin einen talentierten, aber nicht allzu motivierten Journalisten mit unstetem Lebenswandel. Durch Zufall verdingt er sich

---

138 Kohl 1966, S. 12.
139 Wille 1966.

bei der Wismut im Tagebau als Kipperfahrer. So wie Kolumbus Amerika entdeckt, so offenbart sich ihm die bis dahin verborgene Arbeitswelt der Kumpel. Die turbulente Handlung zeichnet eine insgesamt positive Entwicklung seiner Persönlichkeit auf. Im Film wird die Wismut explizit genannt, ebenso der tatsächlich existierende Tagebau »IV. Parteitag« in der thüringischen Lagerstätte Culmitzsch. Für die topografische Einordnung sorgt unter anderem ein Wegweiser mit der Ortsbezeichnung »Seelingstädt«. Der Gewinnungsgegenstand Uran wird hingegen im Film nicht erwähnt. Trotzdem fällt der Schatten des 11. Plenums der SED (1965), welches mit einer Beschränkung der künstlerischen Freiheiten einhergeht, auf den Film. Es werden die Szenen mit dem bei der DDR-Führung ungeliebten Künstler Wolf Biermann herausgeschnitten. Auch hier ist anzumerken, dass bei dieser Zensur der Geheimschutz bezüglich der Wismut keine Rolle spielt.

Obwohl schon seit mindestens 1957 das Gewinnungsziel der Wismut in verschiedenen Publikationen konkret genannt wird, gibt man sich 1967 in der lokalen Festschrift »600 Jahre Cunersdorf« immer noch vorsichtig und vermeidet das Wort »Uran«: »Wesentlich für die wirtschaftliche Entwicklung unseres Dorfes war das erneute Aufblühen des Bergbaus 1947. Cunersdorf war der erste Ort unseres Kreises, in dem die SDAG Wismut in den alten Silbergruben die Arbeit aufnahm, um sehr wertvolle Erze zu fördern.«[140] Offenbar wirkt bei vielen Menschen die Geheimniskrämerei in den Anfangsjahren der Wismut noch lange nach.

Ein noch deutlicheres Beispiel für die vorauseilende Erfüllung vermeintlicher »Geheimhaltungsvorschriften« zeigt die 1967 von der Gemeinde Sehma durchgeführte Zensur eines chronikalischen Schreibmaschinentextes. Im Jahr 1958 verfasst Friedrich Wagner »Berichte zur Entwicklung des Industriedorfes Sehma«. Im Abschnitt »Zweiter Bergbau: Das Schürfen nach Pechblende und Uran« nennt er den Uranbergbau im oberen Erzgebirge, führt allgemeine Daten zur Geschichte des Urans auf und zitiert auf zwei Seiten einen Zeitungsartikel des Wismut-Funktionärs Sepp Wenig.[141] An ortsspezifischen Daten erwähnt er lediglich die ehemalige Existenz von zwei Schachtfördertürmen in Sehma. Beim späteren Durchsehen dieses Chronikmaterials im Zuge der 600-Jahrfeier um 1967, wohlgemerkt zwölf Jahre nach dem Ende des Uranbergbaus in Sehma, erhält dieser Abschnitt vom Bearbeiter der Gemeinde ein Einlegeblatt mit dem Vermerk: »Die Seiten 13–16, sie betreffen den 2. Bergbau (Uran und Pechblende) dürfen auf keinen Fall veröffentlicht werden. Dazu bedarf es der Genehmigung des

140 Autorenkollektiv Ortschronik 1967: 600 Jahre Cunersdorf.
141 *Neues Deutschland*, 24.03.1958.

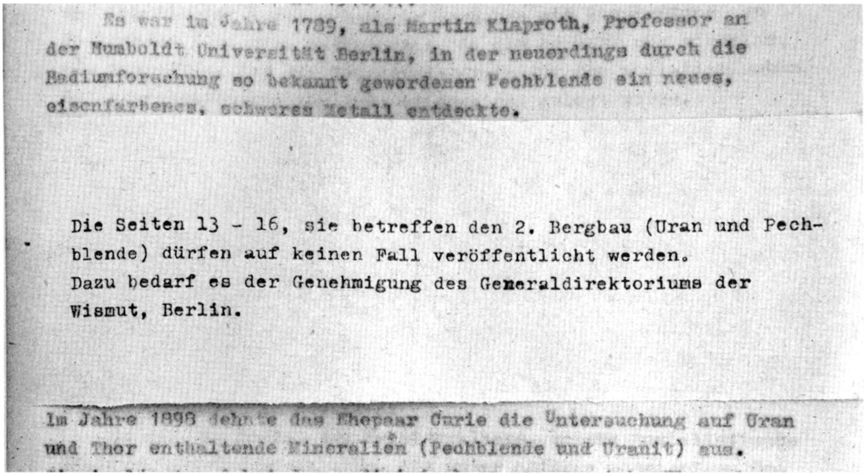
Es war im Jahre 1789, als Martin Klaproth, Professor an der Humboldt Universität Berlin, in der neuerdings durch die Radiumforschung so bekannt gewordenen Pechblende ein neues, eisenfarbenes, schweres Metall entdeckte.

Die Seiten 13 - 16, sie betreffen den 2. Bergbau (Uran und Pechblende) dürfen auf keinen Fall veröffentlicht werden.
Dazu bedarf es der Genehmigung des Generaldirektoriums der Wismut, Berlin.

Im Jahre 1898 dehnte das Ehepaar Curie die Untersuchung auf Uran und Thor enthaltende Mineralien (Pechblende und Uranit) aus.

21 Chronikalischer Text mit Zensurvermerk (1967)

Generaldirektoriums der Wismut, Berlin.« Wie gegenstandslos dieses Verbot ist, kann man schon an der völlig unsinnigen Firmen- und Ortsbezeichnung erkennen. Die SDAG Wismut hat damals kein »Generaldirektorium« in Berlin, sondern eine in Karl-Marx-Stadt (jetzt Chemnitz) ansässige Generaldirektion. Der Duktus des Zensurvermerks in Anbetracht des harmlosen Informationsgehalts im zensierten Text zeugt von einer gehörigen Portion obrigkeitshöriger Borniertheit. Diese Einstellung scheint offenbar in den unteren Verwaltungsebenen ziemlich verbreitet zu sein. (Abb. 21)

Die Autoren Dr. Siegfried Sieber, Martin Leistner und Karl Troeger erwähnen im 1967 erscheinenden Buch »Die Bergbaulandschaft von Schneeberg und Eibenstock« aus der heimatkundlichen Buchreihe »Werte der Deutschen Heimat« auch den Uranbergbau der Wismut. Dabei wird ein von den Menschen der Region durchweg positiv empfundener Aspekt zur Sprache gebracht: »Die SDAG Wismut ermöglichte mit dem Abbau von Uranerzen in den schlimmsten Notzeiten unseres Volkes Tausenden eine Beschäftigung.«[142]

Zur 100-Jahrfeier des Steinkohlenwerkes »Martin Hoop« in Zwickau gibt der Betrieb 1967 einen Bildband heraus. Darin wird auch der SDAG Wismut gedankt, die 1963 mit zwei Komplexbrigaden vom »Objekt Gera« und der »Grubenverwaltung Zobes« sozialistische Hilfe leistet: »Während des strengen Winters sind die Kumpel aus den Erzgruben zu uns gekommen,

142 Sieber/Leistner/Troeger (1967), S. 14.

um an der Seite unserer Gewinnungsbrigaden für unsere Republik mehr Kohle zu fördern.«[143]

Dr. Siegfried Sieber erwähnt 1968 im Buch »Von Annaberg bis Oberwiesenthal« aus der oben genannten Reihe »Werte der deutschen Heimat« eine Vielzahl an Textstellen zu den dortigen Urangewinnungsgebieten der Wismut. Dabei wird mehrfach der Zusammenhang zwischen Uranbergbau und der Wismut genannt. Das Buch beinhaltet laut Sachregister 21 Fundstellen für den Begriff »Uranbergbau«, wie etwa bei der Grube Neuheiligenkreuz (Frohnau): »Eine riesige Doppelspitzhalde, viele Breithalden und eingezäunte Schachtlöcher ringsum geben Zeugnis, daß in jüngster Vergangenheit der Uranbergbau tief ins Gestein eingedrungen ist.«[144]

Ebenfalls 1968 veröffentlicht der Schriftsteller Martin Viertel seinen Roman »Sankt Urban«, der von den Anfangsjahren der Wismut in Johanngeorgenstadt handelt. Hier wird das Gewinnungsziel nicht explizit genannt. Aber das Stilmittel der Umschreibung lässt keinen Zweifel offen, dass es sich bei dem gesuchten Rohstoff um Uran handeln muss: »Die erste Linse mit Erz fanden sie auf dem Gang «Neugeborenes Kindlein». [...] Grünschwarzes krümeliges Erz. [...] Leben und Tod, beides in einem, waren in diesem Staub gebunden. [...] In einer populärwissenschaftlichen Schrift [...] noch vor dem Abwurf der Strahlenbombe auf die japanischen Inselstädte, hatte Kargin pathetische Worte von dem Element der Zukunft gelesen. Es war vom selben Element die Rede, das auch aus dem schwarzgrünen Mineral auf seiner Hand gewonnen werden konnte.«[145] Viertel ist von den nur drei Jahre vorher erhobenen Vorwürfen gegen den Rummelplatz-Autor Werner Bräunig gewarnt und möchte offenbar kein Risiko eingehen. Deshalb verzichtet Viertel in »Sankt Urban« auf die im Film »Sonnensucher« und im Roman »Rummelplatz« gewagte, allzu realistisch-kritische Darstellung der Anfangszeit der Wismut. Ebenso findet man in seinem Roman an keiner Stelle den Namen der »Wismut AG«, obwohl dies damals eigentlich kein zensurrelevantes Kriterium sein dürfte.

In der BRD erscheint 1968 in einer Zeitschrift für Hobbymineralogen ein siebenseitiger Artikel über die 1951–55 von der Wismut abgebaute Uranlagerstätte Tellerhäuser am Kaffenberg.[146] Die im Artikel genannte Bezeichnung »Lagerstätte Ehrenzipfel« ist unrichtig, da diese auf der anderen Talseite liegt. Nachdem 1967–91 in der Nähe die neue Komplex-

143 VEB Steinkohlenwerk Martin Hoop 1967, S. 114.
144 Sieber 1968, S. 50.
145 Viertel 1968: Sankt Urban. S. 39/40.
146 Hutschenreiter (1968): Über die Uranpecherzlagerstätte Ehrenzipfel zwischen Oberrittersgrün und Tellerhäuser im Westerzgebirge, in: Der Aufschluss, 19.

lagerstätte Tellerhäuser (Uran, Zinnskarn) erschlossen wird, nennt man die alte Lagerstätte am Kaffenberg »Tellerhäuser alt«. Der Autor ist geologischer Zeichner bei der Wismut und verlässt vor dem Mauerbau die DDR. Im Artikel wird die Lagerstätte bezüglich der Erkundungsmethodik und der erzkontrollierenden Faktoren durchaus detailliert beschrieben. Jedoch unterlässt es der Autor, die SDAG Wismut explizit zu nennen. Dies zeigt auffällige Parallelen zum Informationskontext vieler DDR-Publikationen, in denen nur eine Halbinformation (entweder SDAG Wismut oder Uranbergbau) erscheint. Es ist jedoch kein objektiver Grund ersichtlich, warum in diesem Artikel, der ja keiner DDR-Zensur unterliegt, auf eine Nennung der Betriebsbezeichnung verzichtet wird.

1969 bis 1973

Im Jahr 1969 erscheint der Band 9 von »Meyers Neues Lexikon«. Es handelt sich um eine »Ergänzung zu Sachbegriffen und geographischen Eigennamen«. Der Band enthält, ebenfalls wie in den Vorgängerbänden, keinen Artikel zur SDAG Wismut. Es werden aber auch keine anderen DDR-Großbetriebe mit eigenen Artikeln erwähnt. Interessanterweise ist eine Anzahl namhafter westdeutscher Konzerne wie Siemens, Bosch und Quandt vertreten, welche in den ersten 8 Bänden fehlen und nun offenbar für Wirtschaftsrecherchen erwähnenswert erscheinen. Dennoch bleibt die SDAG Wismut nicht ganz ungenannt. Unter der Ortsbezeichnung Seelingstädt wird angeführt: »Gemeinde im Landkreis Gera, Bezirk Gera; (1965) 2223 Ew.; Erzaufbereitungskombinat der SDAG-Wismut.«[147] Der Grund der Nennung dieses an sich unbedeutenden Ortes ist demnach der Tatsache geschuldet, dass die Wismut hier von 1958–60 ihren größten Aufbereitungsbetrieb errichtet hat. Im Artikel zur DDR wiederholt man die bereits im Band 2 gemachten Angaben zum Uranbergbau und fügt noch die 1963 neu entdeckte Lagerstätte Königstein im Elbsandsteingebirge hinzu: »Die DDR besitzt große Vorräte an Braunkohle, Stein- und Kalisalzen, ferner kleine Vorkommen an Eisenerz, Kupferschiefer, [...], Uranerz, Steinkohle, [...] die [Gewinnung] von Uran [erfolgt] im Erzgebirge, auch bei Gera, und im Elbsandsteingebirge. [...] Die DDR gehört zu den wichtigsten Uranproduzenten Europas.«[148] Die Artikel zu den Bezirken enthalten Angaben wie: »Uranerze bei Aue« (Karl-Marx-Stadt, Bezirk); »Uranerzbergbau bei Ronneburg« (Gera, Bezirk); »Uranvorkommen bei Königstein und Freital«

---

147 Autorenkollektiv (1969): Meyers Neues Lexikon, Bd. 9, S. 633.
148 Ebenda, S. 145.

(Dresden, Bezirk).[149] Insgesamt macht der Band 9 inhaltlich einen etwas offeneren und neutraleren Eindruck als seine Vorgängerbände aus den Jahren 1961–64. Dies ist auch daran deutlich zu erkennen, dass man nun die in den Bänden 1–8 zuweilen vorkommenden Legendierungsfloskeln wie »Erzbergbau« und »Bergbau auf Wismuterze« weglässt.

Der Lehrer und Leiter der Arbeitsgemeinschaft Heimatforschung des Kulturbundes Johannes Golle bringt in der Zeitschrift »Schneeberger Heimatbüchlein« 1969 einen sechsseitigen Artikel über die SDAG Wismut.[150] Nach einer kurzen Einleitung zum historischen Bergbau und der expliziten Erwähnung der Urangewinnung durch die Wismut beleuchtet er ausführlich die technologische Entwicklung des Schnellvortriebswesens. Dabei nennt er das Objekt 09 bei Schlema und das Bergwerk Schmirchau bei Gera. Interessant sind exakte bergbautechnische Details, wie z.B. die Teufenangabe von 1180 m des Schachtes Nr. 373 im Objekt 09, welche sonst kaum publiziert werden. Woher Golle als Lehrer diese unternehmensinternen Details hat, bleibt offen. Möglicherweise hat er sich im Rahmen von Gesprächen mit Wismutkumpels informiert. Eine Zensur dieser über den Inhalt bisheriger Publikationen hinaus gehenden innerbetrieblichen Fakten findet, wie man eindeutig sehen kann, nicht statt. Hierbei ist anzumerken, dass die mündliche Weitergabe von betriebsinternen Details laut der Arbeitsordnung des Bergbaubetriebs Aue eigentlich untersagt ist.[151] Derartige Auflagen zum Schutz von Betriebsinterna sind auch heute noch legitim.

Der 1969 im Fernsehen der DDR ausgestrahlte Vierteiler »Sankt Urban«[152] nach dem gleichnamigen Roman von Martin Viertel hat es leichter als der nun immer noch der Zensur unterliegende Film »Sonnensucher«. Wie im Roman agiert ein tadelloser Kommunist als Obersteiger. Zwar ist das Zusammenspiel zwischen ihm und dem sowjetischen Schachtleiter nicht immer frei von Friktionen, aber es fehlen die künstlerischen Überzeichnungen wie auch die berüchtigten Haudrauf-Szenen der Kneipenschlägereien. Die dargestellte Entwicklung von jungen Menschen, die ihren Weg in die sozialistische Zukunft gehen, entspricht weitestgehend dem seitens des Staates erwarteten Rollenbild. Dies kann ein Grund sein, warum der Film im Gegensatz zu den übrigen Wismutfilmen in der unmittelbaren Folgezeit mehrfach (1970, 1973) im Fernsehen gezeigt wird. Äußerst bemerkenswert am Film wie auch am Roman ist das unkonkret-subtile Andeuten von

149 Ebenda, S. 179, 265, 363.

150 Golle 1969: Aus der Geschichte unseres modernen Bergbaus. – Schneeberger Heimatbüchlein, H. 6, S. 21f.

151 Vgl. spätere Ausgabe einer Arbeitsordnung: SDAG Wismut, Bergbaubetrieb 9 – Aue (1981): Arbeitsordnung, S. 8, Pkt. 5.5 (Schweigepflicht).

152 Schiemann 1969: St. Urban. Fernsehfilm.

Hauptinformationen des Handlungsrahmens. So sucht man eine Erwähnung der Wismut im eigentlichen Film vergebens; sie beschränkt sich auf den im Abspann gezeigten Text: »Der Deutsche Fernsehfunk dankt der SDAG Wismut für die umfassende Unterstützung bei der Herstellung dieses Filmes.« Gefördert wird im Film auch nur »Erz«, Uran bleibt ungenannt. Doch bei der Szene des Erzprüfens mit dem Geigerzähler erkennt (und hört!) schon der nur durchschnittlich naturwissenschaftlich gebildete Zuschauer, um welches Erz es sich handeln muss. Hinweise auf konkrete Lagerstätten transportiert der Film nicht, es ist lediglich vom »sächsischen Erzgebirge« und von einem »Vogtlandobjekt« die Rede. Wie damals auch in anderen Romanen üblich, werden Ortsnamen pseudonymisiert – aus Johanngeorgenstadt wird »Bergstadt« und aus dem Frisch Glück Stolln wird »Sankt Urban«. Authentische Aufnahmen von Betriebsanlagen gibt der Film, zehn Jahre nach dem Ende des dortigen Bergbaus gedreht, kaum preis: Kippe und Förderturm hat man aufwendig in Antonsthal nachgebaut. Das Stollnmundloch besteht aus Pappmaché; selbst das gezeigte Panorama der »Bergstadt« ist nicht echt. Als einzige echte Zeitzeugen verstecken sich ein paar alte, schon etwas bewachsene Wismut-Halden in der Landschaft. Bezüglich der Verwendung des geförderten Erzes für Atomwaffen wird auch nur angedeutet, dass die Erzförderung ein Eile verlangender Wettlauf um Leben oder Tod ist. Natürlich liegt es im Bereich künstlerischer Freiheit, manche Klartextinformation mit Andeutungen und Informationsfragmenten zu übermitteln, die der Zuschauer erst im Kontext mit bereits vorhandenen Informationen »entschlüsseln« kann. Jedoch lässt die Vielschichtigkeit dieses Phänomens im Film »Sankt Urban« vermuten, dass hier die Absicht dahinterstand keine Angriffsfläche für eine Zensur zu bieten.

Das Lehrbuch »Geographie und Wirtschaftsentwicklung«, welches 1970 in Österreich erscheint, behandelt auch kurz den Uranbergbau der DDR. Dabei kann man eine gewisse Unklarheit in der Benennung aktueller Gewinnungsschwerpunkte feststellen:

> Bedeutend sind die Uranpecherz-Lager, die größten in ganz Europa. Sie liegen im Erzgebirge bei Johanngeorgenstadt südlich von Aue. Neue Abbaue befinden sich bei Saalfeld an der oberen Saale und Greiz an der Weißen Elster. Das Uranpecherz wird von der sowjetisch-deutschen »Wismutgesellschaft« abgebaut und in der sowjetischen Atomtechnik verwertet.[153]

Die unter »neue Abbaue« erwähnten Gruben bei Saalfeld (Dittrichshütte) haben schon 16 Jahre vor dieser Veröffentlichung ihre Tätigkeit eingestellt.

153 Scheidl 1970: Geographie und Wirtschaftsentwicklung, Bd. 2.

Mit der Bezeichnung Greiz ist die Lagerstätte Culmitzsch gemeint, deren Tagebaue 1967 geschlossen werden. An diesen Unstimmigkeiten kann man erkennen, dass die im Ausland öffentlich erlangbaren Informationen zu den 1970 aktuellen Gewinnungsschwerpunkten wie Schlema/Alberoda, Ronneburg und Königstein dünner gesät sind.

Ab 1957 ist die SDAG Wismut bestrebt, die bei der Urangewinnung angetroffenen Nebenerze mit wirtschaftlicher Bedeutung systematisch zu erfassen. In der Lagerstätte Schlema-Alberoda wird der Diplom-Mineraloge Ulrich Lipp mit dieser Aufgabe betraut. Im Frühjahr 1958 beginnt er, an seiner Dissertation über Nebenerze (Bi, Co, Ni, Ag) der westerzgebirgischen Lagerstätte Schlema-Alberoda zu arbeiten.[154] Dabei werden die Uranerze zwar genannt, jedoch aus den sehr detailliert dargestellten lagerstättenkundlichen Betrachtungen ausgeklammert. So dürfen in den Gangsaigerrissen die Uranerzflächen nicht eingezeichnet werden. Auch den Namen der Lagerstätte Schlema-Alberoda umschreibt er im Titel als »nördlichen Teil des Schneeberger Lagerstättenbezirkes«. Die umfangreichen Untersuchungen erstrecken sich über viele Jahre. Nach der Fertigstellung wird im März 1971 dieselbe Arbeit plötzlich zur Verschlusssache erklärt und nicht mehr zur Promotion (mit der Konsequenz einer Veröffentlichung!) zugelassen. Der Grund dafür liegt jedoch nicht in den Geheimhaltungsvorschriften speziell zum Uranbergbau, da deren Vorgaben in der Dissertation schon weitestgehend erfüllt sind. Ab 1970 werden sämtliche Angaben zu den Nebenerzen als Vertrauliche Verschlusssache eingestuft. Ein Pendant dazu scheint das allgemeine Publikationsverbot zum Tertiär zu sein, was offenbar wegen der energiestrategischen Bedeutung der Braunkohle für die DDR angeordnet wird.[155] Auch aus dem Zentralen Geologischen Institut in Berlin sind aus dieser Zeit Verschärfungen beim Geheimschutz bekannt. So wird ab 1969 ein postalischer Austausch von Fachliteratur mit dem nichtsozialistischen Ausland verboten.[156] Offenbar will sich die DDR ab diesem Zeitpunkt zu ihrer gesamten Rohstoffsituation bedeckt halten. Eine Aufweichung des Geheimschutzes erfolgt erst im Jahr 1988, als die Dissertation von Lipp, ebenso wie auch viele andere die Rohstofferkundung betreffende Dokumente, vom Status der »Vertraulichen Verschlusssache« zur »Dienstsache« zurückgestuft wird. Erst im Jahr 2003, sieben Jahre nach dem Tod von Ulrich Lipp, erfolgt die Veröffentlichung seiner Arbeit.[157]

---

154 Lipp 1970.
155 Vgl. Suhr/Goth 1995, S. 365.
156 Kaemmel 2013: Erinnerungen an Friedrich (Fritz) Stammberger, S. 99.
157 Lipp/Flach 2003.

Von Dr. Siegfried Sieber erscheint 1972 das Buch »Um Aue, Schwarzenberg und Johanngeorgenstadt«. Die heimatkundliche Buchreihe heißt nun nicht mehr »Werte der deutschen Heimat«, sondern »Werte unserer Heimat«. Wie schon im 1968 herausgegebenen Buch »Von Annaberg bis Oberwiesenthal« wird der Uranbergbau der Wismut an vielen Orten genannt. Das Register nennt allein 27 Fundstellen dafür. Unter der Beschreibung von Aue wird sogar der aktive Uranbergbau im außerhalb des behandelten Kartenblatts liegenden Alberoda erwähnt: »Das zu Aue gehörende Bauerndorf Alberoda zeigt allerdings gewaltige moderne Bergwerksanlagen, hochmechanisierte Schächte und ununterbrochen höher und breiter wachsende Halden, die das Stadtbild im Norden abschließen.«[158]

In einer heimatkundlichen Zeitschrift stellt Werner Unger 1972 die Geschichte der bergmännischen Wasserhaltungstechnik vor. Im letzten Absatz verweist er auf die Kreiselpumpen in den Schächten der SDAG Wismut, welche bis zu 1500 Liter Wasser pro Minute fördern können und vollautomatisch und ferngesteuert arbeiten.[159]

Vom Vorsitzenden der Zentralen Vorratskommission Prof. Dr. Friedrich Stammberger erscheint 1973 in der »Zeitschrift für den Erdkundeunterricht« der Artikel »Die nutzbaren Lagerstätten der DDR – ihre geologische und ökonomische Charakterisierung«. Bei den Erzlagerstätten berichtet er kurz über die Gewinnungsstandorte der Rohstoffe Zinn, Nickel, Eisen und Kupfer und ihre Entwicklungsmöglichkeiten. Obwohl der Uranbergbau die Umfänge aller anderen Erzgewinnungen übertrifft, erfolgt nur eine lakonische Nennung der SDAG Wismut, ohne das hierbei gewonnene Element explizit zu erwähnen:

> Nur ein Wort zu einem besonderen Rohstoff. Es ist bekannt, daß im Jahre 1972 die SDAG Wismut auf 25 Jahre erfolgreichen Bergbaus zurückblicken konnte. Ein bemerkenswertes Jubiläum, das uns unsere Feinde gewiß mißgönnt haben. Wünschen wir ihnen von Herzen, daß berechtigter Neid sie auch in den nächsten 25 Jahren nicht verlassen möge.[160]

Da Stammberger siebzehn Jahre vorher in einem ähnlichen Artikel noch relativ offen das Wort Uran in Bezug auf die Wismut verwendet, wirkt nun die kryptisch anmutende, unbestimmte Legendierung »besonderer Rohstoff« für Uran etwas befremdlich. Sein bissig-zynischer Kommentar bezüglich des Klassenfeindes ähnelt dagegen dem Duktus seines früheren Artikels.[161]

158 Sieber 1972, S. 24.
159 Unger 1972. – Der Heimatfreund, S. 27f.
160 Stammberger 1973, S. 63.
161 Stammberger 1956, S. 45.

Ein folgender Artikel eines anderen Autors in der 1973er Ausgabe der »Zeitschrift für den Erdkundeunterricht« befasst sich mit dem Strukturwandel nach dem Weggang der Wismut aus den ehemaligen Bergbaugebieten des Erzgebirges. Hier wird ebenso auf die Nennung des Urans als Zielrohstoff verzichtet. Demzufolge liegt die Vermutung einer »von oben« initiierten Nichterwähnung des Urans nahe, was doch ein bezeichnendes Licht auf den Zeitabschnitt der anfänglichen 1970er Jahre wirft.

Als der Wismutkumpel Herbert Jobst gegen Ende der 1950er Jahre die ersten beiden Bände seiner autobiographisch gefärbten Romantetralogie »Der dramatische Lebensweg des Adam Probst«[162] herausbringt, wird er sogar in zwei Artikeln der westdeutschen Zeitschrift »Spiegel« erwähnt. Anfang der 1960er Jahre sind es schon drei Bände, welche sein hartes Leben als Kriegshalbwaise des Ersten Weltkriegs, Findelkind, Lumpenproletarier und Soldat sowie Kriegsgefangener des Zweiten Weltkriegs nachzeichnen. Im Jahr 1973 erscheint als vierter Band »Der Glücksucher«. Darin schließt er mit der Entwicklung seines Romanhelden Adam Probst vom Wismutkumpel zum Schriftsteller die Romantetralogie ab. Sein persönliches Verhältnis zur Wismut wird im Nachwort eines späteren Erzählbandes treffend wiedergegeben: »Eine entscheidende Wende in seinem Leben war die Wismut, der sowjetische Bergbaubetrieb, bei dem er nach der Befreiung anheuerte, der ihn gleich einer Familie aufnahm und Nestwärme vermittelte.«[163] Jobst erwähnt in seinem Roman die Wismut und auch mehrfach die Förderung von Uranerz. Auf Ortsangaben verzichtet er komplett, jedoch lassen indirekte Hinweise (»Erzgebirgler«, »die Halden drüben im Tschechischen«) auf Johanngeorgenstadt als Haupthandlungsort seines Romans schließen. Bezüglich des Zwecks der Uranförderung deutet Jobst eine fundamentale Bedeutung für die Menschheit an, ohne den Fakt der Atomwaffen zu erwähnen:

> Ach ihr Knallschoten, wißt ihr überhaupt, was Uran bedeutet? [...] Erz bringt euch nicht nur schönes Geld, so nebenher als Prämie eingeramscht. Es ist Leben und Tod, Glück und Unglück, Reichtum und Armut, Fortschritt und Mittelalter. Kommt nur darauf an, wer den Zauber verarbeitet und wie er ihn verarbeitet.[164]

Jobst beschreibt in seinem Roman auch Tendenzen, die der Tätigkeit der Wismut entgegen gerichtet sind, wie rowdyhafte Provokationen und den nicht ganz aus der Luft gegriffenen Fall eines Sprengstoffanschlags auf

---

162 Der Findling (1957), Der Zögling (1959), Der Vagabund (1963), Der Glücksucher (1973).
163 Jobst 1983: Tapetenwechsel. 2. Aufl. 1986, S. 204, Nachwort von Günter Ebert.
164 Jobst 1973: Der Glücksucher. S. 16.

eine Trafostation der Wismut. Trotz seiner unbedingten Konformität zum Sozialismus plädiert Jobst an anderer Stelle aber auch für mehr Kunstfreiheit: »wir sprechen immer von einer neuen sozialistischen nationalen Kultur und latschen zumeist doch die ausgetretenen Wege. Experimentieren müsste man, viel mehr experimentieren.«[165]

Ende der 1960er Jahre deutet sich ein gewisser Rückgang der Publikationsdichte bezüglich der Wismut an. Von 1969 bis 1973 hält man sich bei Veröffentlichungen zum Thema Uranbergbau relativ bedeckt. Für diese fünf Jahre sind nur acht Publikationen zu finden. Die Ursachen dafür können vielschichtig sein. Angesichts der bereits mehr als zehn Jahre andauernden Veröffentlichungswelle zum Uran lässt möglicherweise das Interesse des Leserpublikums an den allgemeinen, zensurkonformen Informationen nach. Parallel dazu ist im wissenschaftlich-technischen Bereich eine Abkühlung der weltweiten Euphorie für Kernenergieanwendungen zu verzeichnen, da sich viele Projekte als unrealisierbar erweisen, wie beispielsweise die Kernspaltungsantriebe für Züge und Flugzeuge. Auch verschiedene außenpolitische Motive könnten dafür in Frage kommen. So beginnt 1969 der KSZE-Prozess, welcher 1975 mit der Schlussakte von Helsinki die Unverletzlichkeit der bestehenden Grenzen sowie die Nichteinmischung in die inneren Angelegenheiten der europäischen Staaten garantiert. Parallel dazu knüpft die DDR Kontakte zu Ländern des westlichen Machtblocks mit dem Ziel ihrer diplomatischen Anerkennung. Dieser Prozess führt 1972 zum Abschluss des Grundlagenvertrags mit der BRD und 1974 zur Aufnahme diplomatischer Beziehungen mit den USA. Möglicherweise will man auch im Interesse dieser Entwicklung eine besondere Betonung des Uranbergbaus der DDR vermeiden, welcher ja als Rohstoffquelle für das Kernwaffenpotenzial der UdSSR dient.

1974 bis 1978

In einer heimatkundlichen Zeitschrift wird 1974 in einem Artikel über den Schneeberger Bergbau auch kurz die Tätigkeit der Wismut AG angesprochen.[166]

Im selben Jahr erwähnt man die SDAG Wismut in zwei Bildbänden. Der erste Bildband »DDR - Farbige Impressionen aus der Deutschen Demokratischen Republik« nennt die Tätigkeit der Wismut im Raum Schneeberg. Dabei wird der Gewinnungsgegenstand als »Erz« legendiert:

---

165 Gespräch Herbert Jobst mit Fred Wander, in: www.eckhard-ullrich.de/jahrestage/1890-herbert-jobst -100, 23.11.2018.

166 Pflugbeil 1974. – *Der Heimatfreund*, Heft 6/74, S. 129f.

> Hier und in den Schächten der Umgegend arbeiten Kumpel der SDAG Wismut, schürfen mit modernen, automatischen Förderanlagen nach dem Erz, das Schneeberg und Aue nach dem Ende des zweiten Weltkrieges überall bekannt werden ließen. [...] In der brüderlichen Arbeitsgemeinschaft deutscher und sowjetischer Bergleute wurde und wird hier ein Stück Frieden gebaut.

Auch ist im Text ein Zitat aus dem Roman »Sankt Urban« von Martin Viertel eingeflochten. Darin umschreibt der Autor gekonnt die geopolitische Bedeutung der Wismut, ohne im Wortlaut die Wismut selbst, das Uran oder seine Verwendung für Kernwaffen zu nennen.[167] Der zweite Bildband »Mit der Sowjetunion für immer verbunden« enthält drei Fotos mit Bezug zur SDAG Wismut, darunter auch ein Foto von einer Grubenbefahrung mit dem damaligen Generaldirektor Semjon Nikolajewitsch Woloschtschuk.[168] (Abb. 22)

Das seit 1975 ausgegebene Jugendweihebuch »Der Sozialismus, deine Welt« enthält einen zweiseitigen Artikel vom ehemaligen Wismut-Funktionär Sepp Wenig mit dem Titel »Uran für den Frieden – Freundschaft für das Leben«. In diesem Artikel wird die technisch-technologische Qualifizierung der Bergleute und die Zusammenarbeit mit sowjetischen Wismutangehörigen in der Frühzeit der Wismut dargestellt. Das Uran als Ziel der bergmännischen Gewinnung erwähnt er ebenso wie dessen strategische Bedeutung: »deren Arbeit heute dazu beiträgt, die sozialistische Staatengemeinschaft zu stärken und ihre militärische Überlegenheit auch weiterhin zu sichern«.[169]

In der 1975 von der Kreisleitung der SED Annaberg herausgegebenen Broschüre »Drushba- Freundschaft« wird auch die SDAG Wismut in zwei Beiträgen erwähnt. Der zweiseitige Beitrag »Uran für den Frieden« reflektiert deren »für den Frieden in der Welt entscheidende politische Bedeutung.«[170]

Die Geographische Gesellschaft der DDR bringt 1975 unter der Federführung von Dr. Hans Prescher ein Buch über die Sächsische Schweiz heraus. Im Zusammenhang mit dem Landschaftsschutzgebiet Sächsische Schweiz konstatiert man gewisse Beeinträchtigungen durch die Industrie, wobei eine weitere Verbesserung des »landeskulturellen Zustandes« anzustreben sei. Inhaltlich übereinstimmend mit den eher zaghaften Anmerkungen zum mangelnden Umweltschutz der Betriebe wird auch der Bergbaubetrieb Königstein der Wismut in mehrfacher Hinsicht sehr

167 Autorenkollektiv 1974, S. 111.
168 Herausgeberkollektiv 1974, S. 275.
169 Wenig 1975, S. 193.

22 Befahrung bei der Wismut, 4. v. r.: Generaldirektor S.N. Woloschtschuk

vorsichtig beschrieben: »Darüberhinaus ist Königstein Sitz des VEB Bergbaubetrieb Königstein, der im Raum Leupoldishain Erzbergbau betreibt. Das gewonnene Gestein wird in einer weithin sichtbaren Seilbahn zum Verladebahnhof Pirna-Rottwerndorf transportiert und außerhalb des Bezirkes Dresden aufbereitet.«[171] Zuerst ist anzumerken, dass es sich bei der Bezeichnung »VEB Bergbaubetrieb Königstein« um eine ziemlich exotische Legendierung handelt. Es dürfte den Autoren wohl schwerlich entgangen sein, dass für die seit zwölf Jahren um Königstein andauernden Erkundungs- und Bergbauaktivitäten die Sowjetisch-Deutsche Aktiengesellschaft Wismut verantwortlich ist. Des Weiteren wird der Zweck der Urangewinnung durch die Bezeichnung »Erzbergbau« legendiert. Obwohl sogar im 1969 erschienenen Ergänzungsband von »Meyers Neues Lexikon« der Uranbergbau bei Königstein erwähnt ist, versucht man hier mit einer möglichst neutralen Umschreibung diesen Fakt zu kaschieren. In diesem Zusammenhang erscheint es erwähnenswert, dass der Autor zwölf Jahre vorher bei der Nennung einer kanadischen Publikation (Uran im russisch besetzten Sachsen und der Tschechoslowakei) gegen die damals herrschende politisch korrekte Sprachregelung verstößt. Ob er damals wegen seiner Ver-

170 Autorenkollektiv 1975, S. 40f.
171 Prescher 1975, S. 18.

öffentlichung gemaßregelt wird, ist nicht bekannt. Bezüglich seiner späteren, sehr vorsichtig formulierten Legendierung des Wismutbetriebes als VEB Bergbaubetrieb Königstein könnte man dies zumindest vermuten.

In der heimatkundlichen Zeitschrift »Der Heimatfreund« erscheinen 1975 insgesamt fünf Artikel mit Bezug zur SDAG Wismut, die nachfolgend analysiert werden.

Der Beitrag von Christian Teller über Johanngeorgenstadt enthält auf einer halben Seite die Entwicklung des Bergbaus der Wismut bis hin zum anschließenden Strukturwandel nach dem Ende des Bergbaus. Dabei geht er auch auf die Bedeutung des Uranbergbaus zur Brechung des Atombombenmonopols sowie auf den Abriss großer Teile der Altstadt ein.[172]

In zwei Artikeln von Werner Unger geht es um die Wiedernutzbarmachung von Abraumhalden des Erzbergbaus der Wismut. Er beschreibt dabei die Arbeiten zur Abflachung und Bepflanzung der Halden, welche durch den VEB Bergsicherung Schneeberg und der Forstverwaltung ab 1957 begonnen werden. Ausgangspunkt ist das Gebiet um Johanngeorgenstadt, wo der Wandel vom Bergbau- zum Urlauberort besonders eine Umgestaltung des »öden und unschönen Landschaftsbildes« verlangt: »Störender machen sich schon die hohen Terrakonikhalden bemerkbar, die von 1946 bis 1956 die SDAG Wismut auftürmte. Sie bedecken eine Fläche von rund 2000 Hektar, davon allein bei Johanngeorgenstadt über 300 Hektar.«[173] Interessanterweise beklagt man fünfzehn Jahre später, dass im Raum Johanngeorgenstadt und Schneeberg keine der für den Bergbau der Wismut charakteristischen Terrakonikhalden mehr existiert. Auch in den Gebieten um Schneeberg/Schlema, Schneckenstein und Annaberg werden bis in die 1970er Jahre Rekultivierungsarbeiten an den Wismuthalden durchgeführt. Im zweiten Artikel verweist man ausdrücklich auf die internationale Bedeutung der damaligen Arbeiten. Als in Vietnam die von amerikanischen Flugzeugen versprühten Entlaubungsmittel große Flächen entwaldet haben, helfen die Fachexperten für Haldenbepflanzung aus der DDR mit ihren Erfahrungen bei deren Wiederaufforstung.[174]

Ein Artikel von Manfred Pollmer beschäftigt sich mit einem außergewöhnlichen Auftragskunstwerk der SDAG Wismut. Das 16 × 12 Meter große, aus 384 Emaillekacheln bestehende Riesenwandbild »Atomkraft für den Frieden« vom Künstler Werner Petzold entsteht im VEB Schilderwerk Beutha. Ab Oktober 1974 ziert es die Fassade des Verwaltungsgebäudes vom Bergbaubetrieb Paitzdorf bei Ronneburg. Der Artikel nennt zum Bildinhalt:

172 Teller 1975, S. 33f.
173 Unger 1975a, S. 40f.
174 Unger 1975b, S. 52f.

»Das Bild zeigt in sinnbildlicher Form, wie die Kumpel der Wismut die Voraussetzungen für die friedliche Nutzung der Atomkraft als bedeutendste Energiequelle der Gegenwart und Zukunft schaffen.«[175] Das Bild verbindet die Arbeit der Wismut mit einer pathetischen Überbewertung der Atomenergieerzeugung, wie sie eigentlich für das Ende der fünfziger Jahre typisch ist. In dieser Sichtweise kann man schon ein gutes Stück Legendierung vermuten. Die wahre historische Bedeutung der Wismut für den Frieden besteht wohl eher in der Brechung des Atomwaffenmonopols. Eine solche realitätsnahe Darstellung wäre zugegebenermaßen ziemlich heikel und birgt das Risiko, als kriegsverherrlichend missverstanden zu werden. Vielleicht möchte man aber auch in den politischen Entspannungszeiten die Gedanken an das aufgezwungene atomare Wettrüsten hinter sich lassen und mit dem Thema des Bildes den Blick auf die zukünftige friedliche Verwendung des Urans lenken. Im Gegensatz zu manch anderen Fällen politischer Bilderstürmerei wird das Kunstwerk nach dem Abriss des Verwaltungsgebäudes geborgen und 2009 in der Nähe der Autobahnabfahrt Ronneburg wieder aufgebaut. Es gilt nun als das größte Standbild Deutschlands in freier Landschaft.

Auch im Jahr 1975 erscheint von Dr. Siegfried Sieber ein Artikel über den Bergbau in Aue, der schwerpunktmäßig den historischen Bergbau bis zum 19. Jahrhundert behandelt. Jedoch erwähnt er im Schlussteil noch den Uranbergbau der Wismut nördlich der Stadt: »Aue wurde der Mittelpunkt diese neuen Bergbaues, obwohl im unmittelbaren Stadtbereich infolge der geologischen Gestaltung Uran nicht zu erwarten ist.«[176]

Ebenfalls in der heimatkundlichen Zeitschrift »Der Heimatfreund« nennt 1977 Joachim Kunze die Wismut im Kontext mit der Schmalspurbahn Cranzahl-Oberwiesenthal: »Nach 1945 stieg auch auf dieser Kleinbahnstrecke infolge des Erzbergbaues durch die SDAG Wismut der Berufsverkehr stark an. 1947 wurden in 6 Schichtzügen täglich durchschnittlich 800 bis 1000 Bergarbeiter befördert.«[177] Der Begriff »Erzbergbau« weist auf die Nutzung einer unbestimmten Legendierung hin, da im Text kein weiterer Hinweis auf Uranbergbau zu finden ist.

Das 1977 von Rudolf Hohl herausgegebene populärwissenschaftliche Buch »Unsere Erde – Eine moderne Geologie« geht auf den Uranbergbau in den Ganglagerstätten des Erzgebirges ein: »Nach dem zweiten Weltkrieg wurden im Erzbergbau zunächst auf der Wismut-Kobalt-Nickel-Formation Uranerze gewonnen. Es hat sich aber gezeigt, dass die ältere Roteisen-Baryt-Formation viel reicher an Uranerzen ist.« Auch sedimentäre Uranlager-

175 Pollmer 1975, S. 97.
176 Sieber 1975, S. 131f.
177 Kunze 1977, S. 178f.

stätten der DDR wie: »in den terrestrischen, vielfach konglomeratischen Sandsteinen in Thüringen [Lagerstätte Culmitzsch]« werden genannt.[178]

Im Jahr 1977 erscheint in der DDR die 4. überarbeitete Auflage des reich bebilderten Buches »Die Eroberung der Tiefe«. Dabei handelt es sich um eine populärwissenschaftliche Darlegung, wie der Mensch sowohl auf der Suche nach Bodenschätzen als auch auf der Suche nach Erkenntnissen in das Innere seines Planeten vorgedrungen ist. Die einzelnen Fachdisziplinen (Bergbau, Bohrtechnik, Geophysik) werden von renommierten Autoren in einzelnen Aufsätzen behandelt. Ein zur Wismut äußerst affines Kapitel ist »Das Vordringen des Bergbaus in extreme Tiefen und der Anteil der Gebirgsmechanik an dieser Entwicklung« von Wolfgang Dreyer und Herbert Pforr. Man dürfte erwarten, dass der damals in der Lagerstätte Niederschlema-Alberoda bis auf die –1620 m Sohle vorangeschrittene Bergbau der SDAG Wismut mit all seinen gebirgsmechanischen Problemen thematisiert wird. Jedoch sucht man selbst in der tabellarischen Zusammenstellung von Teufenrekorden im internationalen Maßstab die SDAG Wismut vergeblich. Von der DDR wird nur die Kaligrube in Volkenroda mit 1100 m Teufe und die Steinkohlengrube Zwickau mit 1082 m Teufe genannt. Neben der Nichtnennung der Teufenrekorde der SDAG Wismut im DDR-Maßstab fällt außerdem auf, dass die Teufenrekorde in der ČSSR (1650 m in Přibram) nur mit einer Blei-Zink-Gewinnung erklärt werden, obwohl dort ab 1947 auch Uran gefördert wird. Dieser Beitrag stellt ein Musterbeispiel für die gelegentlich auftretende totale Ignorierung der Arbeitsergebnisse der Wismut dar.

Dr. Dietrich Zühlke beschreibt 1978 in der heimatkundlichen Buchreihe »Werte unserer Heimat« den Bereich »Zwischen Zwickauer Mulde und Geyerschem Wald«. In diesem Gebiet befindet sich die größte Uran-Ganglagerstätte Europas, nämlich Schlema-Alberoda. Weder geologisch noch wirtschaftsgeschichtlich wird auf den Uranbergbau näher eingegangen. Ohne Zusammenhang zum Uran als Gewinnungsziel nennt man nur beiläufig den Bergbau der SDAG Wismut: »Schließlich bilden die Objekte der SDAG Wismut und des VEB Zinnerz Ehrenfriedersdorf [...] Produktionsschwerpunkte des Bergbaus.«[179]

Der Unterschied zu den thematisch gleichartig gelagerten Werken von Sieber (1968 und 1972), worin Uranbergbau und Wismut an vielen Stellen noch in einem Satz genannt werden, ist geradezu augenfällig.

Auch 1978 erscheint die erste Auflage vom Tourist Wanderatlas Kurort Oberwiesenthal-Fichtelberggebiet. Darin wird auch die Tätigkeit der Wismut angesprochen:

---

178 Hohl 1977. S. 250.
179 Zühlke 1978, S. 24.

> Die jüngste, nach dem zweiten Weltkrieg einsetzende Bergbauphase dauerte ebenfalls nur wenige Jahre. Damals schürfte die SDAG Wismut wie an vielen anderen ehemaligen Bergbauorten im Erzgebirge nach Uranpechblende und Kobalt. Die SDAG Wismut hat nicht nur großen Anteil daran, daß die Sowjetunion für das sozialistische Lager damals rasch einen zuverlässigen Atomschild schaffen konnte, ihre Arbeit gab auch wichtige Grundlagen für die friedliche Nutzung der Atomenergie in Wissenschaft und Technik.[180]

In der Broschüre »650 Jahre Zobes« erwähnt man 1978 in verschiedenen Textstellen die Tätigkeit der Wismut AG bzw. der SDAG Wismut: »Arbeiter in Gummistiefeln, mit Hacke und Schaufel, ziehen metertiefe Gräben in Felder und Wälder. Und bald werden die ersten Schächte getäuft – die Wismut AG macht Zobes zu einem ihrer Förderzentren.«[181] Die Förderung von Uran wird explizit nicht genannt.

Mit fünfzehn Veröffentlichungen zur Wismut innerhalb von fünf Jahren ist von 1974 bis 1978 eine durchschnittliche Publikationsdichte zu verzeichnen.

1979 bis 1983

An der Karl-Marx-Universität Leipzig promoviert 1979 Volkmar Meinhold mit einem gesellschaftswissenschaftlichen Thema zur Wismut. Seine Dissertation trägt den Titel: »Zur Entwicklung der Zweiggruppe der Arbeiterklasse im Industriezweig Wismut in den Jahren 1949/50 bis 1954« und stellt einen der ersten Ansätze zur chronikalischen Beschreibung des Bergbaubetriebes Wismut dar. Zu dieser Zeit wirft die Behandlung des Themas offenbar keine ernsthaften Probleme bezüglich des Geheimschutzes mehr auf. Jedoch muss der Autor im Zuge seiner Arbeit feststellen, dass ein großer Teil der Wismut-Akten wegen enthaltener Betriebsinterna für seine Recherchen gesperrt und nicht einsehbar ist.[182] Insgesamt spiegelt seine Arbeit aber alle wesentlichen Informationsmerkmale des Themas wider, wie etwa die Gewinnung von Uran und dessen vorrangige Verwendung zur Brechung des Atomwaffenmonopols.

Anfang der 1980er Jahre beginnt man nun auch innerhalb der SDAG Wismut die eigene Betriebsgeschichte chronikalisch aufzuarbeiten. Eine Publikation zu diesem Thema ist die 1981 erschienene, 48-seitige Broschüre

---

180 Richter 1978, S. 4.
181 Röhn 1978, S. 16.
182 Meinhold 2017.

»SDAG Wismut Jugendbergbaubetrieb Königstein – Geschichte des Betriebes 1963–1970«.[183] Angefangen von der Entdeckung der Lagerstätte durch Bohrungen in kreidezeitlichen Sandsteinsedimenten im Jahr 1963, über die Teufe der ersten Schächte und den Schnellvortrieb des ersten Verbindungsquerschlags bis hin zum konventionellen Abbau 1966 und schließlich der chemischen Gewinnung durch die Erprobung der Laugungstechnologie wird die Betriebsgeschichte sehr spannend wiedergegeben. Zudem ist eine Vielzahl von anschaulichen Fotos (Bohrturm, Förderanlagen, Untertagebilder) enthalten. Natürlich finden sich auch gelegentlich einige ideologisch eingefärbte Passagen. Die Angabe von konkreten Örtlichkeiten, Schachtnummern und Sohlenteufen zeugt von einem doch recht offenen Umgang mit ortsbezeichnenden Fakten. Was natürlich nicht zur Sprache kommt, ist die konkrete Nennung des gewonnenen Rohstoffs. Dessen Umschreibung ist recht vielfältig: »Vorhandensein nutzbarer Mineralien in der Elbtalzone«, »industriell verwertbare Erzschichten« oder: »Gewinnung von Metall durch Erzauslaugung«.[184] Man muss hierbei berücksichtigen, dass diese Broschüre durch eine betriebliche Arbeitsgruppe[185] verfasst wird. Dabei halten sich die Autoren an die gültige Vorschrift für innerbetriebliches Schriftgut. Diese Verschlusssachennomenklatur verbietet die explizite Nennung von Uran im nichtvertraulichen Schriftverkehr, verbunden mit der Empfehlung, dessen Klarnamen durch »Erz« oder »Metall« zu ersetzen.[186] Die nicht zu leugnende Verbindung der SDAG Wismut zur Sowjetunion verpackt man in die Formulierung: »Insbesondere galt es, neue Lagerstätten zu erkunden, um die im Staatsvertrag zwischen der DDR und der UdSSR vereinbarten Lieferungen, auch auf lange Sicht, stabil zu gewährleisten.«[187] Zur Verwendung des für die Sowjetunion geförderten Rohstoffs werden in der Broschüre keine weiteren Angaben gemacht. Man will wohl auf Nummer sicher gehen, dass für Außenstehende auch keine indirekten Hinweise auf das Uran als Zielrohstoff ersichtlich sind. Insofern wird die diffizile Aufgabe, die Entwicklung eines Bergbaubetriebs zu beschreiben, ohne den dabei gewonnenen Rohstoff zu nennen, zufriedenstellend gelöst. (Abb. 23)

Im Zusammenhang mit dem Geheimschutz und der Veröffentlichung von Informationen erscheint eine innerbetriebliche Drucksache der SDAG

183 Woiwode/Kirsch 1981.
184 Ebenda, S. 2, 3, 34.
185 Kommission für die Erforschung und Propagierung der Betriebsgeschichte bei der Leitung der SED-Grundorganisation des Jugendbergbaubetriebes Königstein.
186 Vgl. Bommhardt 2015, S. 207, 208.
187 Woiwode/Kirsch 1981, S. 2.

Wismut aus dem Jahr 1981 erwähnenswert. Die Arbeitsordnung des Bergbaubetriebes 9 Aue, welche bis zur Wende 1990 Gültigkeit besitzt, nennt einige konkrete Auflagen für Betriebsangehörige:

> Ausgehend von der Bedeutung der SDAG Wismut ist jeder Betriebsangehörige verpflichtet, ein hohes Maß an Wachsamkeit und Staatendisziplin an den Tag zu legen. [...] Das Fotografieren von Betriebsanlagen ist verboten! In begründeten Ausnahmefällen bedarf das Fotografieren der schriftlichen Genehmigung durch den Bevollmächtigten des BD für SOG. [...] Jeder Werktätige ist verpflichtet, über alle im Zusammenhang mit der Erfüllung der Arbeitsaufgabe zur Kenntnis gelangten Tatsachen, Forschungsergebnisse oder sonstige Nachrichten zu schweigen. Diese Schweigepflicht erstreckt sich auch über die Dauer des Arbeitsrechtsverhältnisses hinaus. Veröffentlichungen von Informationen und Angaben innerhalb sowie außerhalb des BB 9 haben auf Grundlage der gesetzlichen und betrieblichen Bestimmungen zu erfolgen.[188]

Die darin formulierte Schweigepflicht ist auch heute noch für verschiedene Arbeitsverträge nicht unüblich. Andererseits wird in der Arbeitsordnung die Veröffentlichung von Informationen, insbesondere außerhalb des Bergbaubetriebes, nicht kategorisch untersagt. Ein konkreter Verweis auf die genauen betrieblichen und gesetzlichen Bestimmungen, welche bei einer Veröffentlichung zu beachten sind, fehlt allerdings.

Im Band 24 der »Beiträge zur Geschichte der Arbeiterbewegung« des Instituts für Marxismus-Leninismus beim ZK der SED erwähnt man 1982 mit einem Verweis auf eine FDJ-Publikation[189] den Jugendbergbaubetrieb Königstein der SDAG Wismut.

In der themenorientierten Kinderlexika-Reihe der DDR »Mein kleines Lexikon« findet sich im Gegensatz zu manch anderen Enzyklopädien für Erwachsene sogar ein eigener Artikel über die Wismut. Der 1982 erschienene Band »Bergbau, Erz und Kohle« erklärt von »Abraum« bis »Zinn« 46 Stichworte aus dem Montanwesen in kindgerechter Form. Der Artikel zur Wismut beginnt mit einer Einleitung zu den friedlichen Anwendungen der Kernenergie wie Kernkraftwerken und Atomeisbrechern. Erst danach geht man auf den Kernenergierohstoff Uran ein:

> Uranerze finden sich unter anderem in den Bezirken Gera, Karl-Marx-Stadt und Dresden. Abgebaut werden sie von den Kumpeln eines sowjetisch-

---

188 Wismut SDAG 1981, Arbeitsordnung. S. 7, 8; »Bevollmächtigter des BD für SOG« = Bev. des Betriebsdirektors für Sicherheit, Ordnung und Geheimhaltung.

189 Anonymus 1980.

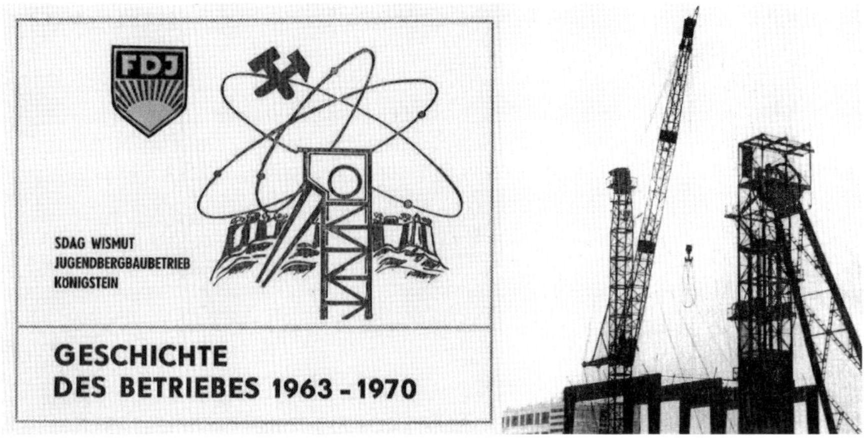

23 Titelbild und Foto vom Schacht Nr. 388 (Broschüre Königstein, Woiwode/Kirsch 1981)

> deutschen Bergbaubetriebes. Er erhielt den Namen Wismut. So heißt ein Metall, das gewissermaßen den Weg zum Uran weist, denn beide Metalle sind in der Tiefe meist Nachbarn. Großes haben die Wismutkumpel geleistet. Viele kamen aus anderen Berufen. Sie mußten also erst umlernen. Gemeinsam mit ihren sowjetischen Kollegen errichteten sie in wenigen Jahren viele moderne Uranerzbergwerke. Ihre Arbeit dient jedoch nicht nur der Erzeugung von Elektroenergie. Sie trägt auch dazu bei, den Frieden zu sichern. durch die ungezügelte Kraft des Urans können nämlich gewaltige Explosionen ausgelöst werden, die man auch militärisch einsetzen kann. Über solche Kernwaffen verfügt unter anderen die Sowjetunion. Mit ihnen wird sie jedoch kein anderes Land angreifen. Ziel ist und bleibt die Verteidigung des Friedens.[190]

Wird auch die Brechung des Kernwaffenmonopols als eigentliche Ursache der Entstehung der Wismut nicht explizit erwähnt, so lässt man doch die Erwähnung einer militärischen Verwendung nicht unter den Tisch fallen. Ob man diese, etwas abgeschwächte Erzählweise als kindgerechte Aufbereitung oder als ideologisch motivierte Auslegung wertet, ist eine Sache der Interpretation. Jedenfalls erweist sich auch der übrige Inhalt des Bandes eher erfrischend sachbezogen und nur wenig ideologielastig.

190 Kaden 1982, S. 59f.

Die 1983 publizierte Broschüre »Antifaschistisch-demokratischer Neuaufbau im Kreis Annaberg« von Harro Uhlmann behandelt den Zeitabschnitt von 1946–49. Auf zwei Seiten wird auf den »Uranerzbergbau« der »SAG Wismut« eingegangen. Der Autor unterstreicht deren Bedeutung für die »Brechung des US-amerikanischen Atombombenmonopols«. Es werden aber auch die Probleme bei der Beschaffung von Wohnraum und der Umschulung der Neuankömmlinge auf die meist ungewohnte Bergarbeit angesprochen. Ebenso wird die anfänglich geringe Akzeptanz der meist fremden Bergarbeiter bei der einheimischen Bevölkerung genannt. Die Zuweisung der Arbeitskräfte zum Bergbau beschreibt man folgendermaßen: »Obwohl die Bergarbeiter in großer Zahl aus allen Teilen des Landes anreisten, reichten die Arbeitskräfte für den sich schnell entwickelnden Bergbau nicht aus. Deshalb wurden über das Arbeitsamt alle Arbeitskräfte aus den Betrieben, die wegen Materialmangels nicht voll arbeiten konnten, für den Wismutbergbau angeworben.«[191] Das muss angesichts der zahlreichen Arbeitsverpflichtungen zum Uranbergbau als beschönigende Rechtfertigung bewertet werden.

Ein in Bezug auf die Wismut interessantes chronikalisches Dokument ist die 1983 erschienene »Postgeschichte von Johanngeorgenstadt«. Hier werden die Bergschäden thematisiert, die zum Abriss großer Teile der Altstadt führen:

> Von 1946 an, vor allem aber ab 1948, bis zur Erschöpfung der Lagerstätten um das Jahr 1956 baute die SDAG Wismut in 19 Schachtanlagen besonders Uranerze ab. [...] Als nach umfangreichen Sprengungen auf der obersten Sohle einige Häuser der Eibenstocker Straße Risse zeigten, wurde mit dem Abriß des gesamten nördlichen Teils der Altstadt einschließlich des Rathauses begonnen.[192]

Der Wanderatlas des Gebietes um die vogtländischen Talsperren Pöhl und Pirk nennt 1983 den Bergbau der SDAG Wismut als auch den Nachfolgebergbau auf Spat. Im Unterschied zum Heft Oberwiesenthal der Wanderatlas-Reihe aus den Jahren 1978 und 1986 bleibt die Urangewinnung unerwähnt und wird mit der Bezeichnung »Erzbergbau« legendiert: »Nach dem Zweiten Weltkrieg erlebte der Erzbergbau durch die Sowjetisch-Deutsche AG Wismut eine kurze Blütezeit bei Mechelgrün und Zobes. Stark gesteigert wurde in den letzten Jahren der Abbau von Flußspat bei Schönbrunn.«[193]

---

191 Uhlmann 1983, S. 15f.
192 Hofmann/Friedrich 1983, S. 9.
193 Weber 1983, S. 13.

Der Schriftsteller und ehemalige Wismutkumpel Herbert Jobst stellt 1983 im Alter von 68 Jahren unter dem Titel »Tapetenwechsel« einige Kurzgeschichten zusammen. Neben dem dominierenden Thema des Zweiten Weltkriegs sind auch zwei Geschichten beim Bergbau der Wismut angesiedelt. Mit zuweilen satirischen Anklängen beschreibt er, wie seine Protagonisten schwierigen Situationen ihrer Zeit begegnen müssen. Ihr unheroisches Handeln und ihr Scheitern verleiht den Erzählungen eine zuweilen unheimlich anmutende Authentizität. Die Erzählung »Jasmin« endet beispielsweise mit der Selbsttötung eines Steigers, der für den Unfalltod zweier Kumpel verantwortlich ist. Eine direkte Erwähnung der Wismut oder des Uranbergbaus fehlt darin. Jedoch die typische Schilderung: »oben am Förderturm signalisierte ein rotes, fünfzackiges Gestirn Planerfüllung«[194] lässt unzweifelhaft auf die Wismut schließen. Was der Autor mit dem Hinweis auf die Planerfüllung anprangern will, erschließt sich erst auf dem zweiten Blick, im Kontext mit dem Vorwurf des Grubenwehrführers: »Normal wäre gewesen, die Arbeit einzustellen [...] Aber um beim Schachtleiter zu glänzen, geht ihr über Leichen.«[195] Der Autor hat selbst als Steiger gearbeitet und weiß um dessen große Verantwortung. Möglicherweise reflektiert die Erzählung seine damals latente Angst vor einer unbedarft getroffenen, falschen Entscheidung, von der unter Umständen das Leben der anvertrauten Kumpel abhängen kann. Die zweite Wismut-Episode »Der Neue« ist seinem Roman »Der Glücksucher« entnommen und thematisiert eine ähnliche, aber vergleichsweise harmlose Versagenssituation eines Steigerneulings. Darin lässt er beim Abschied des Steigers von der Universität kritische, aber auch beruhigende Zwischentöne anklingen: »Sie gehen einen schweren Gang. Die Wismut betreibt Raubbau an Mensch und Natur [...] Meines Wissens wurde noch keinem Menschen bei der Wismut der Kopf abgebissen.«[196] Insgesamt trägt das Alterswerk des Autors Jobst einen eher pessimistischen Grundtenor und steht damit dem realsozialistischen Zeitgeist entgegen, welcher von Zweckoptimismus und kontrollierter Harmonie geprägt ist. Hinsichtlich der Zensurpraxis in der DDR erscheint es bemerkenswert, dass das Werk in dieser Form veröffentlicht wird.

Der Fünfjahreszeitraum von 1979–83 liegt mit neun Veröffentlichungen innerhalb von fünf Jahren unter dem Durchschnitt. Über die Gründe kann man nur Vermutungen äußern. Ein Motiv wäre der genau in diese Zeit fallende NATO-Doppelbeschluss. Aufgrund einer Modernisierung sowjetischer Mittelstreckenraketen (SS 20) werden in Westeuropa amerika-

194 Jobst 1983, S. 169.
195 Ebenda, S. 164.
196 Ebenda, S. 182.

nische Mittelstreckenwaffen (Pershing 2, Cruise Missile) stationiert. Die damit vor allem von den USA in Erwägung gezogene Option eines auf Europa begrenzten Atomkrieges (*flexible response*) stößt bei der westeuropäischen Zivilgesellschaft verständlicherweise auf wenig Zustimmung. Zwischen der Beschlussfassung 1979 und der Stationierung 1983 entsteht in Westeuropa eine Protestwelle der Friedensbewegung. Die Schnittmengen der westeuropäischen Friedensbewegung zu den vitalen Interessen der DDR sind im Hinblick auf die Konsequenzen eines begrenzten Atomkrieges unübersehbar. Nachdem 1983 trotz der Proteste eine Stationierung der Mittelstreckenwaffen erfolgt, endet auch der kurzzeitige Rückgang bei DDR-Veröffentlichungen zum Uranbergbau der Wismut.

1984 bis 1990

In diesem Zeitabschnitt ist ein plötzliches Ansteigen der Zahl von Publikationen zu verzeichnen, wobei darin auch die Nennung der Verwendung des Urans für Kernwaffen deutlich zunimmt.

Die 1984 erschienene, 64-seitige Broschüre »Wir und unser Werk – Geschichte des Bergbaubetriebs Willi Agatz der SDAG Wismut«[197] behandelt den Steinkohlebergbau im Döhlener Becken bei Freital. Entgegen der Nennung im Titel liegt der Schwerpunkt nicht auf den Aktivitäten der Wismut. So geht es erst auf den letzten beiden Seiten um die Lieferung von Erzkohle und die endgültige Übergabe des Betriebes an die SDAG Wismut im Jahr 1968. Die Lagerstättenteile und Schächte sowie auch bergbautechnische und geologische Details werden relativ umfänglich beschrieben. Ebenso sind auch einige Fotos enthalten. Obwohl es in dieser Zeit Usus ist, den Zielrohstoff der Wismut und seine Hauptverwendung zu nennen, taucht die Bezeichnung »Uran« in der Broschüre nicht auf.

Das »Lehrbuch für Mineralogie« (3. Auflage 1984) von Hans Jürgen Rösler, ein Standardwerk für Universitäten und Hochschulen der DDR, nennt das Vorkommen von Pechblende in Schneeberg und Aue. Des Weiteren erscheint unter den Abbildungen ein dem »Atlas der wichtigsten Mineralparagenesen im mikroskopischen Bild« von O. W. Oelsner (1961) entnommenes erzmikroskopisches Foto einer Pechblende aus Niederschlema.[198] Nun sind Aue und Niederschlema vor 1945 noch keine klassischen Uranfundpunkte gewesen. Somit wird, wenn auch nicht explizit genannt, die Tätigkeit der Wismut reflektiert.

---

197 Scholz 1984.
198 Rösler 1984, S. 411f.

Ebenfalls 1984 führen Blechschmidt & Walther im heimatkundlich geprägten Buch »Bergland-Mosaik« beim Abschnitt zu Johanngeorgenstadt auf Seite 36 aus:

> Ein zweites Mal geht vom Erzgebirge her das Berggeschrei über das Land. Und wieder klirrt das Gezäh, poltern die Hunte über die Schienenstöße, und vor den Mundlöchern wachsen die Halden. Doch jetzt gehören die Gruben denen, die in ihnen arbeiten! Diesmal bringen Tausende Uranpechblende ans Tageslicht, ein Erz, das den Frieden sichern hilft.

Über die Frohnauer Grube Markus Röhling erscheint 1984 ein Artikel in den Erzgebirgischen Heimatblättern, der Nachfolgezeitschrift von »Der Heimatfreund«.[199] Darin wird auch von der Neuauffahrung der »Wismut-Förderstrecke« (Markus Stolln, Wismut-Nr. 81) im Jahre 1948 berichtet.

In derselben Zeitschrift wird 1984 das von einer Fachgruppe des Kulturbundes aufgewältigte Bergwerk in Schönborn-Dreiwerden bei Mittweida vorgestellt. Dabei erwähnt man, dass die SDAG Wismut das ehemalige Silberbergwerk in den 1950er Jahren zu Untersuchungsarbeiten aufgewältigt hat. Ebenso wie im vorstehenden Artikel (Markus Röhling) fehlt eine konkrete Erwähnung des Zielrohstoffs Uran.[200]

In den Sächsischen Heimatblättern, Heft 4/1984 erwähnt Manfred Unger in seinem Artikel »Sachsen in der antifaschistisch-demokratischen Umwälzung, seine Stellung in der DDR am Beginn des sozialistischen Aufbaus (1945–1952)« kurz den Bergbau der Wismut: »Der Wismutbergbau, der sich ganz auf Sachsen, das Westerzgebirge um Aue/Johanngeorgenstadt konzentrierte, hatte im Herbst 1946 begonnen und erreichte nach 1950 seinen Höhepunkt.«[201] Die Bezeichnung »Wismutbergbau« lässt offen, ob damit der Bergbau der Wismut AG oder die Gewinnung von Wismut gemeint ist.

Die Kundschafterserie »Front ohne Gnade« (Regie: Rudi Kurz) wird 1984 im Fernsehen der DDR ausgestrahlt. Zwei Folgen handeln von der Vereitelung eines Sprengstoffanschlags auf ein Bergwerk der Wismut AG im Erzgebirge. Im Stil der typischen »Agentenfilme« ist die Handlung künstlerisch etwas überzeichnet; jedoch gab es in den Jahren 1947–51 tatsächlich einige solcher Sabotageakte.[202] Die Dialoge erklären die historische Situation sehr konkret und nennen als Zweck der Uranförderung der Wismut die Brechung des Atomwaffenmonopols. Auch das anfangs gespannte Verhältnis zwischen Russen und Deutschen wird nicht verschwiegen.

---

199 Arnold/Hoffmann 1984, S. 70f.
200 Riedl 1984, S. 97f.
201 Unger 1984, S. 184.
202 Vgl. den Abschnitt »1947 bis 1953« dieser Arbeit.

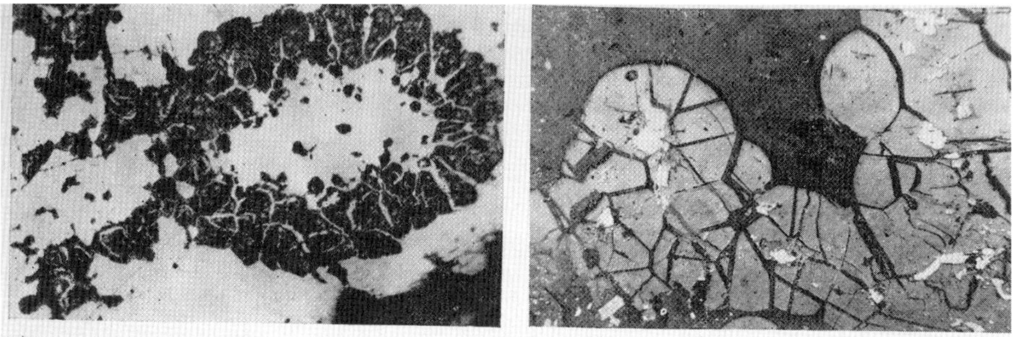

a) b)

Bild 10.38. Kollomorpher Uraninit (Uranpechblende) aus dem sächs. Erzgebirge [10]

a) Pechblende (dunkel, mit Schwundrissen) in Chloanthit. Johanngeorgenstadt (Erzgeb., DDR); Anschliff, Vergr. 250×, Ölimmersion

b) Pechblende (hellgrau), mit Schwundrissen und fleckigem Galenit (weiß) in Karbonaten (dunkelgrau). Niederschlema (Erzgeb., DDR); Anschliff, Vergr. 64×

24 Abbildungen aus dem »Lehrbuch der Mineralogie« (Rösler 1984)

Konrad Wolfs Film »Sonnensucher« gelangt nach dreizehnjährigem Aufführungsverbot erst 1972 in die Öffentlichkeit. Danach verschwindet er aber nicht in der Versenkung, wie man vielleicht erwarten würde. Im Jahr 1984 läuft er nochmals in den Kinos der DDR.[203]

Die SDAG Wismut selbst gibt 1984 unter dem Titel »Wir fördern Schätze zutage« eine Mappe mit zehn Bildpostkarten heraus. Die farbigen Grafiken vom Künstler Kurt Völtzke enthalten neben Motiven aus dem historischen Bergbau auch authentische Darstellungen des Ronneburger Uranbergbaus (Terrakonikhalden, Fördergerüste, Bergbautechnik untertage). Ein Bezug zum Gewinnungsrohstoff Uran fehlt. Doch auf den Umschlagseiten ist das Gedicht »Seilfahrt« von Martin Viertel abgedruckt, das den Verwendungszweck des geförderten Erzes vermuten lässt: »zerfiel das Monopol der Atomstrategen«.[204] (Abb. 25)

Ebenfalls 1984 veröffentlicht die Betriebsgewerkschaftsleitung des Bergbaubetriebes Schmirchau unter dem Titel »Wenn ich heimkomme« eine Broschüre mit 45 Kurzgeschichten und Gedichten. Unter den Autoren sind Hauer, Bauarbeiter und Schlosser des Bergbaubetriebs. Für die Zusammenstellung ist der bekannte Autor und ehemalige Wismut-Bergmann Martin Viertel verantwortlich, aus dessen Feder auch das Vorwort stammt. Es ist

203 Progress Filmverleih 1984, S. 6f.
204 SDAG Wismut 1984.

eine feinfühlige Wiedergabe von Begebenheiten aus dem Arbeitsalltag, in der auch Seitenblicke auf die übrige Welt nicht fehlen. Etwa die Hälfte der Geschichten und Gedichte thematisiert den Bergbau der Wismut. Neben dem Uranabbau werden auch einzelne technologische Details, wie z. B. die Laugung in Königstein erwähnt.

Die mit Sarkasmus und Satire gesättigten Ausführungen des systemkritischen Schriftstellers Erich Loest streifen auch die Wismut. Natürlich erscheinen sie erst 1984 im Buch »Geordnete Rückzüge« nach seiner Ausreise aus der DDR bei einem westdeutschen Verlag. Loest vermag es durchaus, zwischen den verschiedenen Zeitabschnitten der Wismut zu differenzieren:

> Heute wird im Erzgebirge nur noch an wenigen Stellen Uranerz abgebaut, und das in hochmodernen Gruben. Kein Klondike mehr. Halden über Halden blieben zurück und verschandelten den Wald. Wie scheußlich sah das aus am Schneckenstein, als die Wismut-AG abzog! Spitze Halden stachen in den Himmel, daneben klafften Krater, Schrott lag herum, Gelumpe – es war wie nach einem Atombombenangriff, hier hätte man einen utopischen Schockfilm drehen können. Unterdessen sind die Kegel abgeflacht…

Natürlich entspricht die Beschreibung dem damaligen Zustand. Aber der Vergleich mit einem Atombombenangriff birgt angesichts der Opfer von Hiroshima und Nagasaki doch eine gewisse Geschmacklosigkeit.

Die Geschichtskommission beim Sekretariat der Gebietsleitung der Wismut der Freien Deutschen Jugend (FDJ) bringt 1985 eine von Karl-Heinz Wieland erstellte Chronik der FDJ-Gebietsorganisation Wismut heraus. Auf Seite 3 heißt es: »In Johanngeorgenstadt, Oberschlema, Schneeberg, Annaberg und Marienberg beginnen sowjetische Spezialisten gemeinsam mit deutschen Bergarbeitern alte Schächte aufzufahren und Uranerz zu fördern.«

Ein populärwissenschaftlich verfasstes Geologiebuch »Die Botschaft der Steine« von Jochen Helms nennt 1985 in zwei Textstellen die Halden des Uranbergbaus der SDAG Wismut im Vogtland.

Für die Geologiefacharbeiter-Ausbildung in der DDR erscheint 1985 das Lehrbuch »Geologisches Arbeiten«. Unter dem Abschnitt »Radioaktive Elemente« wird erläutert:

> Uran und Thorium dienen der Herstellung von radioaktiven Präparaten, Kernbrennstoffen und Kernwaffen. Ihre Bedeutung für die Erhaltung des Friedens verlangt von den sozialistischen Staaten und jedem einzelnen eine hohe Verantwortung für diese Rohstoffe. […] Die Bauwürdigkeitsgrenzen liegen in Abhängigkeit von der Art der Lagerstätte zwischen 0,1 und 0,02%

25 Postkarte mit Wismut-Bergbaulandschaft bei Ronneburg

> Uran. […] In hydrothermalen Bildungen der Bi-Co-Ni-Ag-Formation treten zusammen mit hauptsächlich Quarz, Hämatit, Fluorit und Calcit Uranerze (vorwiegend Pechblende) auf. Typisches Beispiel dafür sind die Vererzungen im Erzgebirge. […] Marine Phosphorit- und Schwärzschieferablagerungen können überdurchschnittlich viel Uranerze führen. Auch die silurischen Alaun- und Kieselschiefer in Ostthüringen zeigen solche Vererzungen.

Interessant ist dabei die Reihenfolge der Aufzählung bei der Verwendung von Uran. Zuerst nennt man die nichtmilitärischen Anwendungen (radioaktive Präparate, Kernbrennstoffe) und erst danach die militärische Verwendung für Kernwaffen.

Das mit anschaulichen Blockbildern und Fotos reich illustrierte Buch »Geologische Streifzüge – Landschaft und Erdgeschichte zwischen Kap Arkona und Fichtelberg« von Otfried Wagenbreth und Walter Steiner gilt zweifellos als eines der besten Werke über die Geologie der DDR. Es erscheint 1985, als relativ offen über den Fakt des Uranbergbaus der Wismut publiziert wird. Dennoch deutet man im Überblick zum Erzgebirge nur sehr vorsichtig den Uranbergbau an: »Vor allem aber Erzgänge mit varistischen und jüngeren Erzen von Silber, Kobalt, Nickel, Wismut, Blei, Zink, Uran usw. haben Anlaß zu einem nun schon über 800 Jahre währenden historisch berühmten Bergbau gegeben.«[205] Jedoch die größte Uranlagerstätte der DDR, Ronneburg, bleibt unerwähnt, obwohl das Schiefergebirge des Elstertals mit den Orten Gera und Ronneburg sogar in einem Blockbild dargestellt ist. Ebenso sucht man die Lagerstätte Königstein im Abschnitt des Elbsandsteingebirges vergeblich. Interessant sind die Ausführungen zur damals in Abbau stehenden Urankohlelagerstätte Freital: »Von etwa 1800 bis zur Stilllegung 1966 hat der historische Steinkohlenbergbau von Freital beachtliche wirtschaftliche Bedeutung gehabt. Heute geben nur noch wenige Halden und Schachtgebäude Zeugnis davon in der Landschaft.«[206] Dem gegenüber sind die Schächte des Kalibergbaus bei Volkenroda und Bleicherode sowie die Schächte des Kupferschieferbergbaus instruktiv auf Blockbildern dargestellt und beschrieben. Bei dieser sehr selektiven Betrachtungsweise drängt sich geradezu der Gedanke auf, dass hierbei einige vom inhaltlichen Konzept des Buches durchaus nennenswerte Fakten zum Uranbergbau der SDAG Wismut absichtlich unterschlagen werden. Offenbar wollen die Autoren von vorn herein Zensurprobleme vermeiden, die sich vielleicht aus der Darstellung des geologischen Kontexts der Uranlagerstätten ergeben hätten.

Im 1985 erscheinenden Band 41 der Buchreihe »Werte unserer Heimat« von Dr. Dietrich Zühlke und Ernst Barth wird aus dem Gebiet Marienberg in drei Textstellen der Uranbergbau der Wismut nur sehr knapp erwähnt. Bemerkenswert ist dagegen die ausführliche Erörterung der Rauchschäden in den erzgebirgischen Wäldern durch tschechische Braunkohlekraftwerke in 12 (!) Textstellen. Ab Mitte der 1970er Jahre tritt gleichermaßen in den Mittelgebirgen der DDR und der BRD ein deutlich sichtbares Waldsterben auf. Dafür ist eine hohe Luftbelastung an Schwefeldioxid durch die Kohlekraftwerke verantwortlich. Diese mahnenden Anzeichen rufen in Westdeutschland eine Umweltbewegung hervor, in deren Folge 1980 die Partei »Die Grünen« entsteht. In den angrenzenden Ländern des Ostblocks, wie der DDR und der Tschechoslowakischen Republik, bildet Braunkohle für die Energiewirtschaft einen essenziellen Rohstoff. Letztlich ist die Verringerung des Schwefeldioxidausstoßes ein technologisches Problem, welches heute gelöst zu sein scheint. Damals besitzt dieses Thema für die DDR eine nicht unerhebliche politische Brisanz. Deshalb erscheint es bemerkenswert, dass darüber in einer DDR-Publikation so ungewöhnlich offen berichtet werden darf.

Die »Einheit«, Zeitschrift für Theorie und Praxis des wissenschaftlichen Sozialismus, lobt 1985 das »Kollektiv der Uranbergarbeiter« der SDAG

205 Wagenbreth/Steiner 1985, S. 136.
206 Ebenda, S. 162.

Wismut in den höchsten Tönen: »So entstanden solche hervorragenden Ergebnisse wissenschaftlich-technischer Arbeit wie die chemische Laugung des Erzes in Bergbaubetrieben, die Beseitigung der Ursachen für Selbstentzündungen von Lagerstätten und damit von Grubenbränden.« Bei der Wismut ist man tatsächlich nicht zaghaft, auch technologisches Neuland zu betreten. In der Lagerstätte Ronneburg bereitet ab 1953 die Selbstentzündung von sulfid- und kohlenstoffreichen Gesteinen große Probleme. Zuerst versucht man, die Abbaue mit Lehmsuspension zu verschlämmen. Das unterbindet zwar die Sauerstoffzufuhr, wirkt sich aber hemmend auf die weitere Abbauführung aus. Später, beginnend ab 1964, stellt man auf Abbauverfahren mit selbsthärtendem Versatz (eine Art Beton aus Braunkohlenfilterasche) um, was auch für die Standsicherheit große Vorteile bringt. Die Würdigung dieser nun schon seit zwanzig Jahren praktizierten Technologie scheint eigentlich nicht mehr zeitgemäß zu sein. Jedoch bewirkt diese Neuerung einen nunmehr sicheren Zugriff auf die tieferen Vorräte der größten Uranlagerstätte der DDR, von dem man selbst in den achtziger Jahren noch sehr profitiert. Auch in der Lagerstätte Königstein ist 1984 die komplette Umstellung von konventioneller Gewinnung auf das seit 1970 erprobte Laugungsverfahren ein bedeutender technologischer Qualitätssprung. Also werden hier, unbenommen der sonst üblichen affektierten Lobhudelei, die Technologien der Wismut nicht ganz unbegründet gewürdigt.

Die beiden Bergbauhistoriker Otfried Wagenbreth und Eberhard Wächtler geben 1985 das Buch »Technische Denkmale in der Deutschen Demokratischen Republik« heraus. Darin wird bezüglich des Sächsischen Erzbergbaus auch kurz auf die Urangewinnung verwiesen: »Uran, zunächst für Farben, heute für die Kernenergie«[207] Im weiteren Inhalt will man offenbar nicht näher auf den Uranbergbau oder die Wismut eingehen. Bei Johanngeorgenstadt wird die starke Umgestaltung von Stadtbild und Landschaft in den letzten Jahrzehnten konstatiert, aber als Ursache lediglich »Bergbau« angegeben. Mit dem Malakoffturm des Marienschachtes bei Freital bildet man sogar eine noch aktiv durch die SDAG Wismut genutzte Anlage ab. Man vermeidet es jedoch, explizit darauf hinzuweisen.[208]

1986 erscheint in der heimatkundlichen Zeitschrift »Erzgebirgische Heimatblätter« ein Artikel über den 1985 verstorbenen Felix Kube, der als ehemaliger Obersteiger der Wismut bei der Kulturbund-Arbeitsgruppe

---

207 Wagenbreth/Wächtler 1985, S. 49.
208 Ebenda, S. 258, Bildunterschrift: »Bild 2.30. Der 1886 erbaute Marienschacht im Freitaler Steinkohlenrevier«.

26 Schacht Getreue Nachbarschaft um 1950

des Markus Röhling Stollns aktiv war. Neben verschiedenen Angaben zu seiner Tätigkeit bei der Wismut im Raum Annaberg werden auch mehrere seiner exzellenten Grafiken dargestellt, darunter auch eine Zeichnung vom Förderturm des Schachtes Getreue Nachbarschaft (Wismut-Nr. 136) um 1950.[209] (Abb. 26)

Im Artikel »Naturräume der sächsischen Bezirke« des Hefts 5/1986 der Sächsischen Heimatblätter wird an zwei Stellen kurz der Uranbergbau erwähnt:

> Mit Ausnahme des Schneeberger Raumes (Silber-Kobalt-Nickel-Formation und später Uran) sowie der Umgebung von Johanngeorgenstadt und des Schneckensteins lieferte das Untergrundstockwerk überwiegend nur Eisen- und Zinnerze, gleichfalls ein eigenständiger Zug des Westerzgebirges. [...] Als bedeutendste Reviere, zuletzt auch für Uranerze, seien Marienberg, Annaberg-Buchholz und Geyer-Ehrenfriedersdorf (z. Z. noch Zinnerzbergbau) hervorgehoben.[210]

---

209 Riedel 1986, S. 156f.
210 Bernhardt 1986, S. 209f.

Im Gegensatz zum aktuellen Zinnbergbau bei Ehrenfriedersdorf gibt der Artikel keinen Hinweis auf die aktuelle Urangewinnung bei Schlema-Alberoda und Pöhla-Tellerhäuser. Angesichts des Themas der sächsischen Naturräume wäre eine Nennung der ausgedehnten Haldenlandschaft im Raum Schlema durchaus angebracht.

Das für bergmännische Facharbeiterberufe 1986 in der 4. Auflage herausgebrachte Lehrbuch »Geologisches Grundwissen« kann man als Beispiel für die Nichterwähnung des Uranbergbaus der Wismut anführen. Auf zehn Seiten wird die aktuelle Lagerstättensituation der DDR reflektiert. Einige Bergbauzweige (Braunkohle, Kalisalz, Erdgas, Kupfer) sind mit Verhältnis- und Zahlenwerten ihrer Produktionsumfänge, teilweise auch mit Vorratsdaten hinterlegt. Ferner wird die bisher nur erkundete Kupferschieferlagerstätte in der Niederlausitz erwähnt und lagemäßig in einer Karte zur Verbreitung des Kupferschiefers in der DDR dargestellt. Weniger bedeutende Lagerstätten (Zinn, Nickel, Schwer- und Flussspat) erfahren zumindest eine Nennung. Die im internationalen Vergleich durchaus wichtigen Uranlagerstätten der DDR hingegen bleiben unerwähnt. Unter dem Kapitel »Einteilung der Lagerstätten nach ihrer Entstehung« zeigt man drei schematische Schnitte der Uran-Infiltrationslagerstätten, von denen zwei den von der Wismut bebauten Lagerstätten Königstein und Freital entsprechen. Im Text dazu heißt es jedoch: »Diesen Lagerstättentyp gibt es z. B. in Kanada, in den USA und Südafrika.«[211] In Anbetracht des enthaltenen Informationsspektrums ist von einer gezielten Nichterwähnung des Uranbergbaus der DDR auszugehen. Ein Vermerk im Impressum zeigt, wer für diese unstreitig selektive Darstellung verantwortlich sein könnte: »Als berufsbildende Literatur für die Ausbildung der Lehrlinge zum Facharbeiter und für Werktätige, die zum Facharbeiter ausgebildet werden, für verbindlich erklärt. – Karl-Marx-Stadt, den 29.4.1985 – Todt, Stellvertreter des Generaldirektors der SDAG Wismut.«

Vom bekannten Wismut-Schriftsteller Martin Viertel erscheint 1986 der Roman »Bollerbock«, der sich retrospektiv vergleichend mit der Anfangszeit der Wismut und mit dem aktuellen Geschehen in einem thüringischen Bergbaubetrieb beschäftigt. In Bezug auf die Vermeidung früherer Reizworte steht er seinem Vorgängerwerk »Sankt Urban« in nichts nach. Fast jeder Leser weiß, dass mit der Handlung der Uranbergbau der Wismut gemeint ist, obwohl im gesamten Roman weder die Begriffe »Wismut« noch »Uran« auftauchen. Stattdessen schreibt er: »Das Erz stand stark und schwarz in den Gängen.«[212] Wenn doch einmal die konkrete Nennung der Wismut

---

211 Autorenkollektiv 1986, S. 133.
212 Viertel 1986, S. 23.

notwendig ist, wird sie als »Industriezweig« umschrieben.[213] Da inzwischen die Verwendung der früheren Reizworte eindeutig keiner staatlichen Restriktion mehr unterliegt, muss man eine ironische Marotte des Autors dahinter vermuten. Er kokettiert offenbar mit seiner schriftstellerischen Fähigkeit, allgemein verständlich über etwas zu schreiben, ohne es beim Namen zu nennen. Andererseits übt er deutliche Kritik an der Engstirnigkeit im sozialistischen Zeitgeist:

> Wie jedoch das Leben so spielt, trinkt solch ein Arbeitsheld mal einen Schluck zuviel, steigt auf sein Garagendach und ruft die Weltrevolution aus, schon muß sein Bild von der Wand genommen werden. Lacht mal einer, wo er besser im Rhythmus in die Hände geklatscht hätte, schon wird er in die Ecke gestellt. Da sind wir einfach nicht souverän genug.[214]

Die Frage, ob er damit auf das Schicksal des Romans »Rummelplatz« seines Schriftstellerkollegen Werner Bräunig anspielt, muss offen bleiben.

Der 1986 veröffentlichte Band 44 »Plauen und das mittlere Vogtland« aus der Reihe »Werte unserer Heimat« von Horst Fröhlich bringt auch Hinweise auf die Wismut: »Die Halden von Zobes und Mechelgrün, die auf den Uranerzbergbau der SDAG Wismut in der Zeit nach 1945 hindeuten, kennzeichnen etwa den Verlauf der Thoßfeller Störung.«

In der 1986 als 2. bearbeitete Auflage veröffentlichten Broschüre »Wanderatlas Kurort Oberwiesenthal-Fichtelberggebiet« wird in vier Textstellen der ehemalige Uranbergbau der Wismut erwähnt. So im Abschnitt »Zur Geschichte Oberwiesenthals«: »Auch der Uranbergbau durch die SDAG Wismut war Anlaß für den wenige Jahre sehr lebhaften Bergbau kurz nach dem Zweiten Weltkrieg.« Ähnlich bei der Beschreibung von Annaberg-Buchholz: »Der Bergbau auf Uran nach dem Zweiten Weltkrieg war für die Stadt die intensivste, wenn auch kürzeste Bergbauphase. Seit 1956 sind auch diese neuen großen Schachtanlagen geschlossen, die Halden in und am Rand des Stadtgebietes weitgehend rekultiviert.«[215] Interessant ist, dass gegenüber der ersten Auflage von 1978 der Zweck des Uranbergbaus (dort: »rasch einen zuverlässigen Atomschild schaffen«) nicht mehr erwähnt wird.

Zur 800-Jahr-Feier der alten Bergstadt erscheint 1986 das bekannte Standardwerk »Der Freiberger Bergbau – Technische Denkmale und Geschichte«.[216] Obwohl Freiberg nicht als typischer Wismut-Standort bekannt ist, wird in mehreren Textstellen darauf verwiesen, z. B.: »1946

---

213 Ebenda, S. 32, 206.
214 Ebenda, S. 58.
215 Richter/Fuchs 1986, S. 13, 44. Anm.: Der Uranabbau endete in Annaberg erst 1958.
216 Wagenbreth/Wächtler 1986.

sozusagen als Feigenblatt, dass man ihm keine öffentliche Verbreitung der Schrift unterstellen kann. An die Adresse des Ministeriums für Staatssicherheit geht offenbar der deeskalierende Hinweis auf Seite 60: »Andererseits darf die vorliegende Arbeit keinesfalls so verstanden werden, als sei damit eine Herabwürdigung sowjetisch-deutscher Zusammenarbeit oder gar der Sowjetunion beabsichtigt.« Trotzdem lässt eine rechtliche Stellungnahme des Ministeriums für Staatssicherheit nicht lange auf sich warten. Sie unterstellt der Schrift »eine einseitig orientierte, mit den staatlichen Interessen kollidierende Umweltschutzdiskussion auszulösen« und verfügt ihre Einziehung »wenn sie in den Besitz der DVP [Deutsche Volkspolizei] gelangt«.[223] Differenziert betrachtet werden in dieser Stellungnahme keine Durchsuchungsmaßnahmen zum Auffinden dieser Schrift beim Verfasser oder beim Herausgeber angeordnet. Auch halten sich die staatlichen Repressalien gegen Beleites in Grenzen. Strafrechtlich geht man nicht gegen ihn vor. Er wird lediglich zu »Disziplinierungsgesprächen« geladen, die abzüglich der ideologischen Komponente mit den heutigen polizeilich-präventiven Gefährderansprachen vergleichbar sind. Ein Problem der Schrift ist, dass sie die Analyse eines Laien aus teilweise unscharfen, wenig belastbaren Daten darstellt. Neben durchaus ernsthaften Sachverhalten enthält sie auch pauschale, fatalistische Behauptungen wie Waldsterben durch Strahlensmog, strahlungsbedingte Impotenz bei Bergarbeitern und Haarausfall vor allem unter der weiblichen (!) Bevölkerung durch die Strahlung. Mit solchen Angaben befeuert die Regenbogenpresse schließlich zur Wendezeit die Strahlenhysterie in den ehemaligen Wismut-Bergbaugebieten von Thüringen und Sachsen. Unbenommen davon gebührt Michael Beleites doch ein absoluter Respekt für seine mutige Veröffentlichung. Natürlich fühlt er sich unter dem schützenden Dach der Kirche relativ sicher vor offenen Repressionsmaßnahmen, da er die in den Disziplinierungsgesprächen geäußerten Verbote zu weiteren Publikationen oder Vorträgen stets ignoriert. Als die naturwissenschaftliche Schülerzeitschrift der Universität Jena »Impuls 68« im Heft 3/1989 das Uran zum Thema macht, steuert er einen Beitrag zur Geschichte des Urans und zur Umweltproblematik des Uranbergbaus[224] bei – sogar mit eigenen Fotos von Betriebsanlagen der Wismut! Obwohl der Beitrag unter seinem Namen veröffentlicht wird, gelingt es ihm mit der routinemäßig erteilten staatlichen Druckgenehmigung quasi die »Ersatz«-Vorzensur erfolgreich zu unterlaufen. Die Staatssicherheit wird erst aufmerksam, als schon ein Drittel der Auflage ausgeliefert ist. Nur die

---

223 Beleites 1992, S. 14.
224 Beleites 1989, S. 4–11.

- zeitweilige Impotenz bei Bergarbeitern (die sich erst am Urlaubsende abschwächt),
- Haarausfall bei Bergarbeitern; in der Umgebung von Aue und Schwarzenberg wird auch bei der übrigen Bevölkerung (besonders bei Frauen) häufiger Haarausfall festgestellt,
- Zahnfleischrückgang bei Bergarbeitern,
- Fehlgeburten und
- angeborene geistige und körperliche Behinderungen bei Kindern von Bergarbeitern (unter Bergarbeitern wird der Rat weitergegeben, nach zehn Jahren Uranbergbau möglichst keine Kinder mehr zu zeugen).
- Außerdem klagen im Geraer Gebiet, in Schlema und im Umfeld der Schlammabsetzanlage und des Aufbereitungsbetriebes Crossen, so in Crossen, Oberrothenbach und Königswalde, sehr viele Menschen über ständige Müdigkeit, die sie an anderen Orten nicht verspüren. Oberrothenbach, der Ort.

27 Vermutete Strahlenschäden durch den Uranbergbau in der Publikation »Pechblende« (1989)

restlichen 2000 Exemplare der DDR-weit vertriebenen Schülerzeitschrift können noch vor der Auslieferung eingezogen werden. Diese Einziehung stellt offenbar die letzte Zensurmaßnahme der DDR gegen eine Publikation zur Wismut dar. Auch hier ist der Zensurgrund wegen der kritischen Anmerkungen zum mangelhaften Umweltschutz eindeutig im Bereich der Propaganda und weniger im Geheimschutz zu suchen. Für Beleites bleibt sein Verstoß gegen das ihm erteilte Publikationsverbot weitestgehend folgenlos. Daran lässt sich deutlich erkennen, dass die Staatsmacht ihre Fähigkeit zu einem konsequenten repressiven Vorgehen bereits verloren hat. (Abb. 27)

Hat die Wismut AG in der Bergbaugeschichte von Freiberg lediglich den Charakter einer unbedeutenden Episode, so wird sie auch im Band 47 der heimatkundlichen Buchreihe »Werte unserer Heimat« nur kurz angesprochen. Zur Himmelsfürst Fundgrube bei Brand-Erbisdorf heißt es: »Nach 1945 wurden ihre Erzgänge wieder abgebaut, zuerst von der SAG Wismut und von 1951 bis zur Stilllegung 1969 von dem VEB Bleierzgruben bzw. Bergbau- und Hüttenkombinat Albert Funk.«[225] Eine Urangewinnung wird nicht erwähnt. Im allgemeinen Teil des Buchs nennt man lediglich das Vorkommen von Uranpechblende in zwei Gangformationen.

Gegen Ende der 1980er Jahre wird in verschiedenen Schriften der alte Slogan (Joseph Wenig, 1975) »Uran für den Frieden« wieder aufgegriffen. In der 1988 herausgegebenen Broschüre »Dokumente zur Geschichte der IG

225 Freyer 1988, S. 158.

Wismut« ist zu lesen, dass: »Gewerkschafter daran mitwirkten, die Hauptaufgabe der SDAG Wismut in den 50er/60er Jahren zu erfüllen, nämlich ›URAN für den Frieden, zur Brechung des Atombombenmonopols der USA‹ (E. Honecker) zu gewinnen.« Somit wird mit der Wiederholung des alten Slogans durch den damaligen DDR-Staatsratsvorsitzenden Honecker die Nennung des eigentlichen Zwecks der Urangewinnung für weitere Veröffentlichungen legitimiert.

Das Geschichtslehrbuch für die 9. Klasse von 1988 umreißt den Uranbergbau der Wismut kurz und prägnant: »Schon 1945 hatte im Erzgebirge die SAG »Wismut« ihre Tätigkeit aufgenommen. Zeitweise arbeiteten hier über 100000 Menschen im Uranbergbau. Sie leisteten so einen Beitrag, damit die sozialistische Sowjetunion das US-amerikanische Atomwaffenmonopol brechen konnte.«[226]

1988 erscheint im Tourist-Verlag die 13. Auflage der Wanderkarte »Westerzgebirge«, welche das Gebiet Schneeberg – Johanngeorgenstadt – Annaberg abdeckt. Neben unzähligen Wismutschächten der vierziger und fünfziger Jahre befinden sich zu diesem Zeitpunkt mit Schlema-Alberoda und Pöhla-Tellerhäuser auch noch zwei aktive Bergwerke der Wismut in diesem Gebiet. Auf der Kartenrückseite sind verschiedene Texte mit einer heimatkundlichen Beschreibung abgedruckt. Unter der Rubrik »Historischer Überblick« wird darin der Bergbau der SDAG Wismut nur sehr dürftig angerissen:

> Die jüngste Bergbauperiode dauerte von 1946 bis etwa 1958. Dieser Zeit verdanken einige neue Siedlungen ihre Entstehung, z. B. die Siedlung des Friedens in Schneeberg für über 5000 Einwohner und eine gleichnamige Siedlung in Raschau am Zusammenfluss des Pöhlwassers mit der Mittweida. Für die aufgegebene Altstadt von Johanngeorgenstadt baute man zur gleichen Zeit am Schimmelfelsen eine moderne Neustadt.[227]

Man erwähnt mit dem Wohnungsbau nur einen sekundären Aspekt des Bergbaus. Essenzielle Informationen wie der Name des Bergbauunternehmens und dessen Zielrohstoff werden dabei unterschlagen. Auch das Enddatum der Bergbauperiode »um 1958« ist nicht korrekt, da auf dem Kartenblatt die Gewinnung von Uranerz ohne Unterbrechung bis zum 28. Juni 1991 andauert.[228] Der Text auf der Kartenrückseite spiegelt somit eine ziemlich defizitäre Informationspreisgabe wider, welche für den Zeitabschnitt der Publikation um 1988 eher untypisch ist. Dies könnte durch die besonderen

226 Autorenkollektiv 1988, S. 251.

227 Queissner/Lipfert 1988. Text auf Kartenrückseite.

228 Letzte Uranerzförderung aus der Lagerstätte Pöhla-Tellerhäuser. Vgl. Hiller/Schuppan 2012, S. 100.

Geheimhaltungspraktiken bei Landkartendarstellungen begründet sein. Dazu muss man wissen, dass in der DDR exakte topografische Karten erheblichen Restriktionen unterliegen. Man kann solche Karten nicht öffentlich erwerben. Sie stehen in einer unverfälschten Version (Ausgabe Staat oder Ausgabe Sicherheit) nur der Nationalen Volksarmee und dem Ministerium des Innern zur Verfügung. Diese Kartenart ist als »Vertrauliche Verschlusssache« eingestuft. Für den zivilen Bedarf existiert eine stark generalisierte Version (Ausgabe Volkswirtschaft), in der sicherheitsrelevante Objekte entfernt oder verändert dargestellt werden. Auch diese Version ist nicht öffentlich zugänglich, sondern wird als »Vertrauliche Dienstsache« eingestuft. Alle käuflich zu erwerbenden Verlagskartenwerke, wie die eingangs erwähnte Wanderkarte, weisen gegenüber der Ausgabe Volkswirtschaft nicht nur eine größere Generalisierung auf, sondern es sind auch gezielt weitere Objekte weggelassen worden. Da im betreffenden Kartenblatt die übertägigen Betriebsanlagen des Wismut-Bergbaus fehlen, hat man sich offensichtlich auch im Rückseitentext zu dieser Bergbauperiode bedeckt gehalten. Das Wegretuschieren der Betriebsanlagen ist unschwer im Karteninhalt zu erkennen. (Abb. 28) Südlich von Hartenstein, wo der Schacht Nr. 371 als tiefstes Bergwerk Europas Uran aus der Lagerstätte Schlema-Alberoda fördert, befinden sich umfangreiche Betriebsanlagen, Halden bedecken ganze Berghänge. All das ist in der Topografischen Karte der DDR »Ausgabe Sicherheit« detailliert dargestellt, wie man im oberen Kartenausschnitt der Abbildung 27 sehen kann. Neben dem Bergbausymbol befindet sich sogar der Schriftzug »Uran«. Die Wanderkarte dagegen zeigt hier ein idyllisches Waldgebiet mit vereinzelten Waldwegen, das vom Kohlungbach durchflossen wird (siehe Abb. 28, unterer Kartenausschnitt). Nun wäre einzuwenden, dass möglicherweise in der 13. Auflage dieser Wanderkarte das Kartenbild schon einige Jahre alt ist und nicht aktualisiert wird. Allerdings kann man diesen Einwand schnell entkräften, da der Schacht Nr. 371 zum Zeitpunkt der 1. Auflage der Wanderkarte um 1977 schon 21 Jahre lang existiert. Offensichtlich hat man bei der Herstellung der Wanderkarte den Schacht Nr. 371 mit seinen Übertageanlagen und Halden komplett wegretuschiert. Somit kann man für das Kartenwesen der DDR eine überdimensional hohe Geheimschutzpraxis konstatieren. Natürlich gibt es auch in der damaligen Bundesrepublik sogenannte »Kartenerlasse«, welche zivile amtliche und private Kartenhersteller in der Darstellung militärischer Anlagen und sonstiger Schutzbereiche beschränken. Diese Beschränkungen werden 1994 mit einem neuen Kartenerlass zum Großteil aufgehoben.[229]

---

229 Vgl. UNVERHAU 2002, S. 174.

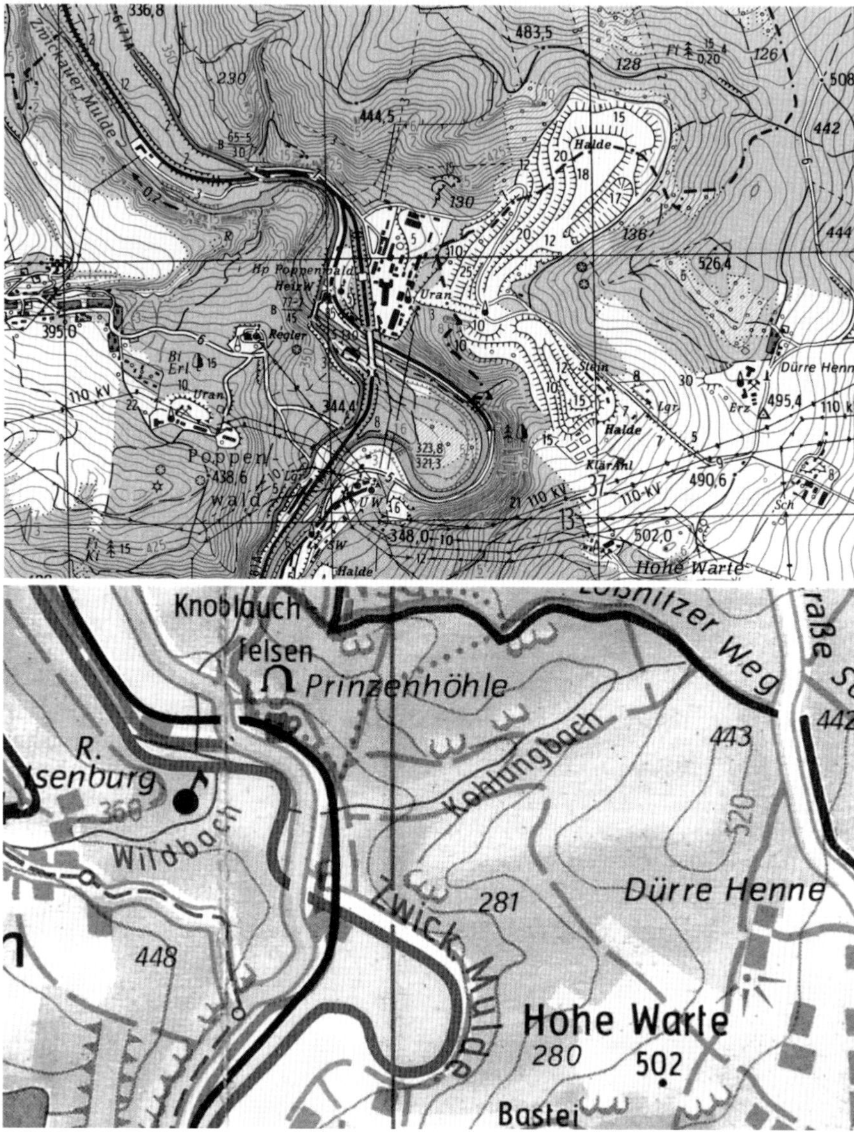

28 Vergleich zwischen der Topographischen Karte »Ausgabe Sicherheit« (oben) und der Wanderkarte Westerzgebirge (unten)

Eine herausragende Position hinsichtlich seines Umfangs und auch des Informationsgehalts nimmt der 1988 erschienene Band 1 »Zur Geschichte der Gebietsparteiorganisation der Wismut der SED« ein.[230] Dieser Band 1 behandelt nur die Jahre 1947–49. Weitere Bände sind geplant, können aber wegen der Wende nicht mehr erscheinen. Auf 87 Seiten wird die Geschichte der Anfangsjahre der Wismut wiedergegeben und aus Sicht der SED-Partei kommentiert. Natürlich glorifiziert man darin die Rolle der Partei als Vorbild für das klassenbewusste Handeln der Werktätigen. Die Erwähnung der Urangewinnung für die Entwicklung sowjetischer Kernwaffen erfolgt obligatorisch. Bildmaterial von Schächten ist ebenfalls reichlich eingebracht. Doch nun sind auch kritische Akzente zu beobachten: Man merkt zum »Wildwuchs« der propagierten Rekordschichten als Vorläufer der Schnellvortriebe an: »Doch die Mehrzahl der Leistungen mit 1000 oder mehr Prozent Normerfüllung [...] waren nur im Zusammentreffen mehrerer günstiger Wirkfaktoren [...] wiederholbar. [...] Es gab auch Manipulationen«[231] Auch werden verschiedene Randprobleme des Bergbaus (Wohnungs- und Versorgungssituation) thematisiert. Interessant ist die gegenüber neueren Veröffentlichungen konträre Benennung mancher Maßnahmen: »Die Mehrzahl der Arbeitskräfte wurde zeitweilig durch Arbeitsverpflichtungen (meist 6 Monate bis 1 Jahr) auf der Grundlage des Alliierten Kontrollratsgesetzes Nr. 3 vom 17. Januar 1946 zugeführt.«[232] Die von neueren Historikern[233] als Repression gegeißelte »Zwangsverpflichtung« oder »Zwangsvermittlung« von Arbeitskräften zum Uranbergbau bezeichnet man konform zum entsprechenden Kontrollratsgesetz als »Arbeitsverpflichtung«. Allein an diesem Beispiel kann man sehr deutlich den Einfluss der Sprache auf die Meinungsbildung nachvollziehen. Wie mögen wohl zukünftige Historiker die ebenfalls einen gewissen Zwang beinhaltenden »Arbeitszuweisungen« der Hartz IV-Reform nennen? (Abb. 29)

Die Autorin Angela Krauß reflektiert in der 1988 erschienenen Erzählung »Kleine Landschaft« ihre Eindrücke und Kindheitserinnerungen von der Gegend bei Schlema.[234] Die ausgesprochen melancholischen Schilderungen streifen auch den Wismutbergbau. Laute Kipperfahrzeuge und wachsende Steinhalden zeichnen ein eher graues Bild ohne jegliche Euphorie. Erinnerungen an kindliche Fragen werden wieder wach: »Uran strahlt. Leuchtet Uran?« Den Erinnerungen stellt sie ihre gegenwärtigen Wahrnehmungen vom Wismutgelände gegenüber, die nicht weniger grau erscheinen: »ein paar Baracken, Masten, ein gebleichtes Transparent, alles winzig klein«. Das düstere Stimmungsbild der Erzählung soll offenbar die wirtschaftliche und politische Stagnation in der DDR während der späten

230 Gebietsparteileitung 1988.
231 Ebenda, Seite 51.
232 Ebenda, Seite 12.
233 Vgl. Karlsch/Zeman 2003, S. 165f.
234 Krauss 1988.

29 Titelseite und Foto aus der SED-Publikation 1988

1970er und frühen 1980er Jahre charakterisieren. Natürlich ist das kein Loblied auf den real existierenden Sozialismus. Jedoch die Veröffentlichung in einem DDR-Verlag zeigt deutlich, dass auch dieser kritisch anmutenden künstlerischen Perspektive eine Druckgenehmigung nicht verwehrt wird.

In der Broschüre »Erzgebirge 1989 – Ein Jahrbuch für sozialistische Heimatkunde und Heimatgeschichte« veröffentlicht der Heimatforscher Frank Teller einen fünfseitigen Artikel über das Johanngeorgenstädter Bergbauunternehmen »Vereinigt Feld im Fastenberg«. Es wird 1838 durch Konsolidierung aus kleineren Grubenfeldern gegründet und fördert hauptsächlich Wismut-, Uran- und Silbererze. Obwohl gegen Ende des 19. Jahrhunderts viele Gruben im Erzgebirge schließen müssen, gelingt es dem Unternehmen mit umfangreichen Modernisierungen die Weltwirtschaftskrise und schließlich auch den Zusammenbruch des Dritten Reichs zu überstehen. Im Nachsatz führt Teller zur Übernahme des Betriebes durch die Wismut aus:

> Als die Sowjetunion dringend Uranerze benötigte, um das Atomwaffenmonopol der USA brechen zu können, waren die Anlagen von »Vereinigt Feld« voll zugänglich und sofort arbeitsfähig. Während an anderen Orten erst Aufschlußarbeiten nötig waren, konnte hier der Abbau der Uranerze

durch die 1946 gegründete SAG Wismut reibungslos beginnen. Der Frisch-Glück-Kunstschacht wurde zum Schacht Nr. 1 der SAG Wismut. Bei seiner Rekonstruktion 1947 wurde er auf viertrümige Förderung umgerüstet. Im nördlichen der beiden neuen Maschinenräume befindet sich heute der Ausstellungsraum des Schaubergwerkes »Frisch Glück«. Wie in keinem anderen Lehrbergwerk ist hier die Nutzung der Wasserkraft im sächsischen Bergbau darstellbar. Es ist aber auch ein Denkmal des konsequenten Friedenskampfes der Sowjetunion.[235]

Der letzte Satz des Zitats erscheint allerdings, unbenommen seiner historischen Gültigkeit, in einer zum übrigen Text unpassenden Weise ziemlich phrasenhaft formuliert.

In der Broschüre »Die industrielle Entwicklung im Bezirk Gera« nennt die Autorin Jutta Kloss im Jahr 1989 nur kurz: »die SDAG Wismut, die den Bezirk Gera entscheidend mitgeprägt hat«. Im Quellenverzeichnis wird außerdem ein Dokument zur Betriebsgeschichte vom »Bergbaubetrieb Schmirchau« erwähnt.

Die folgenden Werke erscheinen im Jahr 1990, also gegen Ende der DDR bzw. kurz nach der Wiedervereinigung. Jedoch ist zu bemerken, dass die Manuskriptlegung meist zu einem früheren Zeitpunkt erfolgte, als grundlegende politische Strukturveränderungen noch nicht eingetreten waren. Somit kann man eine Konformität der darin genannten Daten mit den Zensurbestimmungen der DDR von 1989 annehmen.

Das zur Wendezeit 1990 von Wagenbreth & Wächtler herausgegebene Buch »Bergbau im Erzgebirge« enthält ebenfalls Bezüge zur Urangewinnung der AG/SDAG Wismut in mehr als dreißig Textstellen. Allgemein wird dazu ausgeführt:

Eine kurze, aber historisch bemerkenswerte Epoche erlebte der erzgebirgische Bergbau durch die intensive Förderung von Uranerzen nach 1945, teils in den alten Bergrevieren, teils auch abseits von diesen aus neuen, tiefen Schächten. Einige von diesen fördern zur Zeit noch.« [...] »Völlig neue Maßstäbe und Phänomene in technischer, bergwirtschaftlicher und siedlungsgeschichtlicher Hinsicht brachte der Uranbergbau der SAG (später SDAG) Wismut ab 1946 ins Erzgebirge.[236]

Des Weiteren wird in den Unterabschnitten zu den Bergrevieren Schneeberg, Johanngeorgenstadt, Schwarzenberg, Annaberg, Marienberg sowie

235 Teller 1989, S. 36.
236 Wagenbreth & Wächtler 1990, S. 26, 39.

Bärenhecke-Johnsbach auf die Tätigkeit der Wismut eingegangen. Am ausführlichsten beschreiben die Mitautoren Frank und Christian Teller den Bergbau der Wismut im Revier Johanngeorgenstadt. Vereinzelt werden hier sogar technische Daten zu Schächten mitgeteilt: »Der 350 m tiefe Schacht 52 hatte ein 42 m hohes Stahlfördergerüst.«[237] Zu Johanngeorgenstadt und Schneeberg wird der Abtrag der typischen Spitzhalden (Terrakonikhalden) kritisch angemerkt. Nach dem Verschwinden der Spitzhalden, welche für einige Jahrzehnte das Landschaftsbild prägen, habe die Bergbaulandschaft viel von ihrem ursprünglichen Aussehen verloren. Dieser »Rekultivierungsexzess«, flankiert von örtlicher Schottergewinnung, setzt sich auch nach der Wende ungebremst fort. Als positives Beispiel ist zu erwähnen, dass die Doppelterrakonikhalde des Schachtes Nr. 116 in Annaberg-Buchholz auch nach ihrer Sanierung durch die Wismut GmbH im Jahr 2008 in ihrer ursprünglichen Form erhalten bleibt.

Auf die zur Wendezeit erscheinenden Horrormeldungen in der BRD-Presse reagiert im Jahr 1990 die SDAG Wismut mit der 47-seitigen Broschüre »Uranerzbergbau contra Umwelt«. Darin geht es hauptsächlich um eine Richtigstellung gewisser fachlicher Fakten zum Umweltschutz des Betriebes. Trotz aller Unzulänglichkeiten, die im gesamten Bergbau- und Industriesektor der DDR festzustellen sind, gibt es sehr wohl Maßnahmen zur Senkung der Umweltbelastung. Dass diese gewissen ökonomischen Beschränkungen unterliegen, ist unstreitig einzuräumen. Die Wismut beruft sich dabei auf eine Basisaussage der internationalen Strahlenschutzstandards, das ALARA-Prinzip (*as low as reasonably achievable* = »so niedrig, wie vernünftigerweise erreichbar«). Inwieweit die Vernunft in jedem Einzelfall reicht, ist somit relativ und diskutierbar. Jedenfalls erkennt die Wismut damit die Zeichen der Zeit und nimmt schon einmal den Umweltschutz und die Sanierung als Kernpunkte der weiteren Tätigkeit des Unternehmens in den Fokus. Wenig beleuchtet wird in der Broschüre die Hauptverwendung des Urans als Rohstoff zur Brechung des Atomwaffenmonopols. Die lakonische Erwähnung des Verwendungszwecks beschränkt sich auf den Halbsatz: »bereits im Herbst 1946 die ersten Gewinnungs- und Foerderarbeiten fuer das Kernforschungsprogramm der UdSSR aufzunehmen.«[238] Im Hinblick auf die Zukunft der Kernenergie wird in der Broschüre auch das gesamte Spektrum der Umweltschäden durch andere Energiequellen diskutiert. So erwähnt man, dass die ökologischen Schäden durch die Kohleverbrennung in Europa jährlich das sieben- bis achtfache der Schäden durch den Reaktor-

237 Ebenda, S. 302.
238 SDAG Wismut 1990, S. 5.

unfall von Tschernobyl betragen. Auch nennt man in der Broschüre, jenseits aller heute sehr emotional geführten Diskussionen um den Klimawandel, den wachsenden Kohlendioxidanteil der Atmosphäre durch Verbrennen von fossilen Energieträgern. Selbst die Umweltschäden, welche aus der massenhaften Herstellung von Reinstsilizium für die Fotovoltaik resultieren, werden in der Broschüre diskutiert – ein Fakt, den die heutige Berichterstattung fast völlig ausblendet.

In der 1990 erscheinenden heimatkundlichen Broschüre des Mittleren Erzgebirges von E. Opitz wird die Tätigkeit der Wismut sehr ausführlich abgehandelt:

> Ein strategisch notwendiger Ausgleich des amerikanischen Atomwaffenpotentials durch die Sowjetunion machte eine Erkundung und Förderung von Uranerzen in alten Revieren des Erzgebirges erforderlich. So erfolgte in den Jahren zwischen 1946 und 1955 zunächst durch die sowjetische Bergbaugesellschaft WISMUT, später durch die DSAG [SDAG] WISMUT die Aufgewältigung alter Schächte in den Revieren Annaberg, Schneeberg, Aue und Johanngeorgenstadt. In den Gruben und auf den Halden fand man die schwarze Uranpechblende. Der in dieser Zeit betriebene Bergbau brachte für den gesamten Bezirk Karl-Marx-Stadt einen neuen industriellen Aufschwung.[239]

In den Erzgebirgischen Heimatblättern ist 1990, als in dieser Zeitschrift bereits typische Wendethemen wie »Umweltbelastungen durch den Bergbau« (Staub- und Arsenproblem der Halden des Ehrenfriedersdorfer Zinnbergbaus) und »Historischer Bergbau und territoriale Strahlenbelastung« (allerdings ohne ausdrückliche Nennung der SDAG Wismut) aufgegriffen werden, kein Anstieg der Publikationen zur Wismut feststellbar. In einem Artikel über die Breitenbrunner Grube St. Christoph nennt man lediglich: »1948/50 ging auch im ›St. Christoph‹ der Bergbau auf Uran um. Als ›Sonnensucher‹ kamen aus allen Teilen unseres Landes die Menschen und fanden Arbeit und Brot.«[240]

Im Anschluss daran erscheint die Betrachtung interessant, wie sich das Thema Wismut in den Erzgebirgischen Heimatblättern während der frühen Nachwendezeit entwickelt. Im Vorfeld sei bemerkt, dass inklusive der Vorgängerzeitschrift »Der Heimatfreund« von 1972 bis 1987 insgesamt zwölf Artikel mit Erwähnungen der Wismut existieren. Der Umfang dieser Erwähnungen schwankte von einer kurzen Textstelle bis zu einer halben

239 Opitz 1990.
240 Barthel 1990, S. 83f.

Seite. Das erscheint ob der langen Zeitspanne nicht viel, jedoch nimmt der historische Bergbau auch nur einen Bruchteil des breit gefächerten heimatkundlichen Spektrums der Zeitschrift ein. Nun müsste man in der frühen Nachwendezeit einen steilen Anstieg der Publikationen zur Wismut erwarten, da inzwischen die Zensur obsolet geworden ist und bezüglich der Wismut ein großer Informationsbedarf seitens der Bevölkerung besteht. Doch erst im Heft 1/1991 erfolgt eine mehrseitige Buchbesprechung des im westdeutschen Bode-Verlag erscheinenden Wismut-Buches »Seilfahrt«. Dabei wird bemerkt, dass in vielen Leserbriefen der Wunsch nach Themen bezüglich der SDAG Wismut geäußert wird. In der Stellungnahme der Redaktion heißt es: »In der Tat, der Bergbau der SDAG Wismut war in den letzten Jahren mit einigen wenigen Beiträgen als Ausnahme ein Tabuthema für unsere Zeitschrift. Heute stehen wir vor der Schwierigkeit, daß wir dazu noch keine Autoren für fundierte Beiträge zu diesem Kapitel jüngster sächsischer Bergbaugeschichte haben.«[241] Aufgrund der vielen Wismut-Veteranen und inzwischen auch arbeitslos gewordenen Wismutkumpel scheint die Behauptung des Autorenmangels doch etwas fragwürdig. Betrachtet man die Entwicklung der nächsten Jahre, so bleiben Beiträge zur Wismut weiterhin aus. Genau fünf Jahre nach der o.g. Buchvorstellung erscheint ein fünfseitiger Artikel zu Sanierungsarbeiten der Wismut GmbH in den Erzgebirgischen Heimatblättern.[242] Ein Jahr später folgt ein fünfseitiger Artikel über den Schacht 238 bei Wolkenstein.[243] Erst in diesem Artikel werden in einer dem gewachsenen Informationsbedarf angemessenen Bandbreite ausführlich bergbautechnisch-technologische und zeitgeschichtliche Details mitgeteilt. Damit ist festzustellen, dass bezüglich der reinen Publikationsanzahl in den letzten acht Jahren der DDR-Zeit genauso viele Artikel über die Wismut erscheinen, wie in den acht Jahren seit der Wende. Natürlich hat der Informationsumfang zugenommen und die Wismut wird darin nicht nur als kurze, abschließende Bemerkung zum historischen Bergbau behandelt. Insofern ist als Ergebnis der Wende ein deutlicher Qualitätssprung bezüglich des Informationsinhaltes zu konstatieren. Jedoch die pauschal angeführte Behauptung, dass es sich zuerst um ein Tabuthema handelt und zur Wende plötzlich keine Autoren mehr vorhanden sind, kann aufgrund der vorstehenden Fakten nicht aufrechterhalten werden.

241 Anonymus 1991, S. 19f.
242 Schuppan 1996, S. 2f.
243 Küchler 1997, S. 14f.

Innerbetrieblicher Sprachgebrauch bei der AG/SDAG Wismut

Der bisher erörterte Informationsgehalt von öffentlichen Publikationen wird oft mit den Regeln und Gepflogenheiten des innerbetrieblichen Sprachgebrauchs bei der AG/SDAG Wismut verwechselt. Deshalb erscheint es angebracht, diesen Teil der innerbetrieblichen Geheimhaltung kurz zu beleuchten. Im Unternehmen Wismut wird meist Klartext geredet, aber nicht geschrieben. Das betrifft vor allem die Benennung des Hauptprodukts Uran. Schon am Anfang der Bergarbeiten bezeichnet man im Schriftverkehr zwischen den Erkundungseinheiten und Moskau das Uran als »Rohstoff A9«.[244] Allerdings erweist sich dieser Deckname für eine weitere Verwendung ziemlich kryptisch und deutungsoffen. Als unverfängliche und vor allem plausible Legendierung bieten sich Kobalt- und Wismuterze an, die neben dem Uran teilweise noch bis 1945 in den Gruben von Johanngeorgenstadt und Schneeberg gewonnen werden. Die Verwendung einer unverfänglichen Tarnbezeichnung der Uranerze für die Sowjetunion ist in den Staaten des Ostblocks obligatorisch. So wird vom sowjetischen Innenministerium in einem Schreiben vom 24.8.1946 vorgeschlagen, den Rohstoff A9 (Uran) aus Bulgarien weiterhin als »Kupfererze«, aus der Tschechoslowakei als »Rot-Erze« und aus Sachsen weiterhin als »Kobalt- und Wismuterze« zu bezeichnen.[245] In Sachsen nennt man das Bergbauunternehmen nach der anfänglichen Bezeichnung »Sächsische Bergbauverwaltung« ab Juli 1947 schließlich »Staatliche Aktiengesellschaft der Buntmetallindustrie WISMUT«.[246] Überwiegend wird jedoch in internen und externen Dokumenten die umgangssprachliche Kurzform »Wismut AG« verwendet.[247] Aus diesem Eigennamen ergibt sich neben einer Legende für die Öffentlichkeit auch die Möglichkeit der internen Verwendung als

244 Boch/Karlsch 2011, S. 30–49 (Februar 1946 bis Februar 1947).

245 Kruglow/Wannikow 1946: Bericht über die Verladung und den Transport des in Sachsen, in der Tschechoslowakei und in Bulgarien geförderten Uranerzes. GARF, Fonds R-9401, Kat. 2, Akte 150 Bl. 14–16; Boch/Karlsch 2011, S. 42f.

246 Handelsregister Amtsgericht Aue, Eintrag vom 2.7.1947.

247 Eine ebenfalls genutzte Bezeichnung lautet »SSAG Wismut« (Sowjetische Staatliche Aktiengesellschaft Wismut). Dagegen wird die Bezeichnung »SAG Wismut« (Sowjetische Aktiengesellschaft Wismut) erst nach 1953 zur Abgrenzung gegenüber der nunmehr zweistaatlichen SDAG Wismut geprägt und ist zeitgenössisch, unbenommen ihrer damaligen Verwendung für »echte« SAG-Betriebe, für die Wismut nicht nachweisbar.

Decknamen. Dadurch richtet sich der Fokus schließlich auf das Wismut, so dass die anfängliche geplante Legende einer ebenfalls stattfindenden Kobaltförderung nicht so deutlich in die öffentliche Wahrnehmung gelangt.

Auch in den ersten internen Berichten der Wismut AG vermeidet man die Bezeichnung »Uran« und nennt den Zielrohstoff »Wismut« oder »uns interessierendes Metall«. Mit der lakonischen Angabe »kg Metall« wird die Quantität des Uranmetalls im geförderten Erz oder in den berechneten Vorräten bezeichnet. Natürlich fallen diese konkreten Mengenangaben unter die Geheimhaltung und sind selbst in den Bergbauobjekten nur wenigen Personen bekannt. Zur Steuerung der Gewinnungsarbeiten erscheint es jedoch notwendig, auch bis in untere Leitungsebenen mit Mengenangaben des gewonnenen Rohstoffs zu rechnen. Natürlich möchte man die offenen Angaben in Kilogramm keiner so großen Gruppe zugänglich machen. Man hilft sich mit einem Trick aus der radiometrischen Messtechnik. Der Urangehalt wird in Messanordnungen für definierte Erzvolumina (Erzkiste, Hunt) radiometrisch bestimmt. Primär misst man dabei den Ladungsträgerfluss der durch das Geiger-Müller-Zählrohr erzeugten elektrischen Impulse, also die Stromstärke. So kommt es zur an sich paradoxen Situation, dass innerbetrieblich die Uranmenge in der Einheit für die Stromstärke angegeben wird. Bis 1990 sind die Mikroampere, umgangssprachlich »Micken« genannt, nicht nur ein wichtiges Maß für die Erfüllung des Erzplans, sondern auch für die Höhe der Erzprämie bei den Bergarbeitern.

Die mineralogische Beschaffenheit der Uranerze ist ebenso Gegenstand der anfangs ausschließlich auf Russisch verfassten geologischen Berichterstattung. Bezeichnungen wie »uranowaja ruda« (Uranerz) sucht man darin vergeblich. Auch »uranowaja smoljanaja obmanka« (Uranpechblende) kürzt man nur als »smolka« ab. Bei den Begriffen »tschjorn« (Schwärze) und »sljuda« (Glimmer) wissen wiederum nur Eingeweihte, dass damit Uranschwärze und Uranglimmer gemeint sind.[248] Manche Uranminerale sind schon allein durch ihre holperige Rücktranskription aus dem Kyrillischen komplett verschlüsselt; wer würde bei »Schtrekengerit« noch an das Uranmineral Schröckingerit denken? Die Richtlinien der strikten Nichtnennung des Urans auch im vertraulichen Schriftverkehr einzuhalten, ist nicht immer einfach. Beim Zitieren von allgemein bekannter Literatur muss man wohl oder übel das »Uran« im Titel stehen lassen, sonst hätte man damit dem

248 Uranschwärze: ein sekundär umgelagertes, feinkörnig-schwarzes Uranoxid, welches nicht mehr so kompakt wie die Pechblende ausgebildet ist und meist einen gewissen Anteil von feinkörnigen Fremdmineralen (bei der Nebengesteinsalteration entstandene Tonminerale etc.) enthält. Uranglimmer: sekundäre, farbige Uranmineralien mit einer ausgeprägten blättrigen Spaltbarkeit.

сульфидов имеется халькопирит. Жила по характеру рудной минерализации является комплексной. Помимо интересующего нас металла химанализами установлено промышленное содержание висмута П в виде охр и сульфидов, и наличие никель-кобальта. Причем содержание висмута П в весовом отношении нередко превосходит содержание висмута I. Для концентрации второго сорта, при содержании висмута I от 0.7 до I.3%, количество висмута П по отдельным партиям руды достигает 5.5%. Для жилы, прослеженной в гнейсах это соотношение возрастает в пользу висмута П. Вторичными про-

... Der Gang erweist sich wegen des Charakters seiner Erzmineralisation ziemlich komplex. Außer dem uns interessierenden Metall wurden in chemischen Analysen industrielle Gehalte von Wismut II in Form von Ocker und Sulfiden sowie die Anwesenheit von Nickel und Kobalt festgestellt. Außerdem übertrifft der Gehalt an Wismut II im Gewichtsverhältnis nicht selten den Gehalt an Wismut I. Bei den Erzen der zweiten Sorte, deren Gehalte an Wismut I von 0,7 bis 1,3 % betragen, erreichen die Gehalte an Wismut II in einzelnen Erzpartien bis zu 5,5 %. In diesem Gang, der sich innerhalb von Gneisen erstreckt, wächst somit das Verhältnis zugunsten von Wismut II. ...

30 Nennung von Wismut I (Uran) und Wismut II (Wismut) in einem geologischen Bericht der Wismut AG von 1950

unbefugten Leser die Decodierung gleich im selben Dokument präsentiert.[249] Verzwickt wird es auch, wenn das »richtige« Wismut hinzutritt. In geologischen Berichten und auch bei Elementanalysen kann man dies ja nicht einfach ignorieren. Hier hilft man sich ganz pragmatisch. Das Uran nennt man als Hauptprodukt »Wismut I«, das eigentliche Wismut muss sich mit der Bezeichnung »Wismut II« begnügen.[250] (Abb. 30)

Die Legendierung des Urans in internen, geheim eingestuften Berichten wird erst nach 1954 aufgegeben. Anfangs geschieht das noch ziemlich zaghaft. So enthält ein 1955 verfasstes Arbeitsprojekt neben der Legendierung »Wismutvererzung« auch die unlegendierte Bezeichnung »Nasturan«.[251] Außerhalb des russischen Berichtsmaterials lässt sich ebenfalls im deutschsprachigen Schriftgut des Unternehmens die Verwendung des Begriffs »Uran« nachweisen. In einem 1957 von der Abteilung für Technische Information herausgegebenen Tagungsband der 1. Geologischen Betriebskonferenz, wird offen und unlegendiert das Uran als Gewinnungsziel genannt.[252]

249 Wismut AG 1948a.
250 Vgl. Wismut AG 1950, S.340.
251 SDAG Wismut 1955, S. 38f.
252 SDAG Wismut 1957.

In einer Verschlusssachenanweisung aus dem Jahre 1983 wird die Umschreibung des Begriffs »Uran« nur noch für nichtvertrauliches Schriftgut gefordert:

> Punkt 7.0 Es ist verboten, im nichtvertraulichen Schriftverkehr (einschließlich NfD und VD) die Begriffe »Uran« »(Uran-)« oder »Uranerz« » (Uranerz-)« o.ä. zu verwenden. Anstelle von »Uran« »(Uran-)« ist der Begriff »Metall« »(Metall-)« und anstelle von »Uranerz« der Begriff »Erz« » (Erz-)« zu verwenden. Erforderliche Ausnahmen sind mit dem Leiter der 1. Abteilung der Generaldirektion abzustimmen.[253]

Das als »Vertrauliche Dienstsache« erstellte Dokument enthält bezüglich des mehrmals in seinem Text erscheinenden Wortes »Uran« ein interessantes Paradoxon, da der Sinngehalt der ersten beiden Sätze auch die Nennung des zu verbietenden Wortes im eigentlichen Verbotstext (nur VD-klassifiziert) untersagt. Glücklicherweise gibt es unter Punkt 7.0 noch einen relativierenden 3. Satz und den Leiter der 1. Abteilung der Generaldirektion für die Genehmigung solcher Ausnahmefälle.

Nicht immer wird dieser dritte Satz gelesen und außerdem deuten waschechte Geheimniskrämer jedes im Betrieb außerhalb der Verschlussabteilung geschriebene Wort als »nichtvertraulichen Schriftverkehr«. Als man 1987 beim Bergbaubetrieb 9 (Aue/Schlema) einen Vortrag des Leiters vom Kernforschungszentrum Rossendorf Prof. Dr. Flach mit dem Thema »Uran-wozu?« organisiert, kommt plötzlich solch ein Geheimniskrämer wegen der ausgehängten Plakate in arge Bedrängnis:

> Die Reißzwecken steckten noch nicht richtig im Holz, als der Leiter der Verschlußstelle [...] Sturm lief: »ein Plakat mit dem Wort Uran in unserem Wismutbetrieb! Das ist verboten, das widerspricht den Instruktionen« [...] Als er merkte das wir [...] nicht daran dachten, unsere Plakate abzunehmen, klebte er auf der im Vorraum des Betriebes ausgehängten Ankündigung das Wort Uran zu, so daß nun jeder lesen konnte, daß Prof. Dr. Flach einen Vortrag zum Thema » – wozu?« hält. Das war sogar dem Parteisekretär des Betriebes zuviel und unser eifriger Sicherheitsexperte durfte das verschandelte Plakat wieder in Ordnung bringen.[254]

---

253 SDAG Wismut 1983: Zentrale VS-Bereichsnomenklatur über Informationen, die Staatsgeheimnisse darstellen und andere Informationen, die in der SDAG Wismut als VVS oder GVS zu behandeln sind. Vertrauliche Dienstsache, abgestuft zur Dienstsache 1988, in Bommhardt 2015, S. 207ff.

254 Beyer 1995, S. 309.

Dieser Vorfall verdeutlicht, dass der Standardtext einer Weisung nicht allen Situationen der Lebenswirklichkeit gerecht werden kann. Das Augenmaß, zwischen der Regel und der Ausnahme zu unterscheiden, hat dem Leiter der Verschlussstelle offenbar gefehlt. Trotzdem muss man im Allgemeinen bei der Bewertung der strengen innerbetrieblichen Vorschriften zur Geheimhaltung akzeptieren, dass sich eine unternehmensinterne Sprachregelung grundsätzlich nicht auf die Freiheit einer journalistischen Berichterstattung berufen kann. Insofern ist es wichtig, diese beiden Aspekte klar zu trennen.

Auswertung

Anzahl der Veröffentlichungen

Für eine statistische Auswertung werden aus den bisher chronologisch vorgestellten Publikationen nur die in der SBZ/DDR öffentlich erhältlichen Druckerzeugnisse und Filme mit Bezug zum Uranbergbau der Wismut ausgewählt. Als Auswahlkriterien gelten dabei folgende Informationsmerkmale, von denen mindestens eines enthalten sein muss: Die Nennung der AG/SDAG Wismut als Bergbauunternehmen, die Nennung von Uranbergbau oder Uranlagerstätten auf dem Gebiet der DDR oder die bildliche Darstellung von Betriebsanlagen (Schächte, Halden, Untertagefotos) der AG/SDAG Wismut. Unter diesen Kriterien können somit insgesamt 133 relevante Veröffentlichungen (VÖ) ermittelt werden. Wie in Tabelle 1 aufgeführt, handelt es sich dabei überwiegend um Bücher und Zeitschriften. Einschränkend ist zu erwähnen, dass Tageszeitungen wegen des hohen Rechercheaufwandes keine Berücksichtigung finden. Um diese Mediengruppe zumindest ansatzweise zu betrachten, wird im Abschnitt »Leitmedium *Neues Deutschland* und die AG/SDAG Wismut« eine Schlagwortrecherche im Archiv der SED-Tageszeitung *Neues Deutschland* vorgestellt.

Tabelle 1: Gliederung nach Medien

Medienarten	*Anzahl Veröffentlichungen*
Bücher, Lehrbücher	51
Zeitschriften	42
Broschüren	22
Filme	11
Plakate	4
Postkarten	3

Tabelle 2: Gliederung nach Themen

Themengebiete	*Anzahl Veröffentlichungen*
Heimatkunde	43
Naturwissenschaft und Technik	35
Gesellschaftswissenschaft und Politik	23
Schöngeistige Literatur	9
Dokumentarfilm	7
Spielfilm	4
Lexika, Enzyklopädien	4

Die Tabelle 2 zeigt die Gliederung der VÖ nach Themengebieten. Hier dominieren heimatkundliche Veröffentlichungen, gefolgt von Technik und Naturwissenschaft.

Der Umfang der Erwähnung von Uranbergbau und AG/SDAG Wismut in diesen Medien zeigt deutliche Abstufungen. Bei 66% der Publikationen erfolgt eine Erwähnung lediglich in Textstellen und/oder in bildlichen Darstellungen. Eigene Artikel oder Abschnitte enthalten 24% der Publikationen. Nur in 10% der Fälle ist das Gesamtwerk thematisch der Wismut oder dem Uranbergbau gewidmet.

Bei einer zeitlichen Reichweite der Untersuchung von 1947 (Gründung der Wismut AG) bis 1990 (Ende der DDR) ergibt sich aus der ermittelten Gesamtanzahl von 133 VÖ ein Gesamtdurchschnitt von ca. drei VÖ pro Jahr. Natürlich gibt es auch Jahre, für die im Rahmen dieser Untersuchung keine entsprechende VÖ gefunden werden kann. Insgesamt stehen sich 38 Jahre mit mindestens einer VÖ und sechs Jahre ohne VÖ entgegen. Die chronologische Verteilung der Publikationen zeigt das Diagramm 1. Eine stetige Entwicklung der jährlichen VÖ-Anzahl über den gesamten Betrachtungszeitraum lässt sich daraus nicht ableiten. Auch ist kein gravierendes Ungleichgewicht bei der Betrachtung beider Hälften des Untersuchungszeitraumes erkennbar. In der ersten Hälfte (bis 1968) sind insgesamt 66 und in der zweiten Hälfte 67 Publikationen zu verzeichnen. Im Diagramm 1 fallen vor allem die vier Jahresspitzen von 1957, 1975 und 1984/85 mit 7–9 VÖ pro Jahr ins Auge.

Neben den Jahren mit VÖ ist auch die zeitliche Position der Jahre ohne VÖ von Interesse. Bezogen auf den Gesamtzeitraum lässt sich ebenfalls kein streng stetiger Trend erkennen. In der ersten Hälfte (bis 1968) gibt es zwei Jahre ohne VÖ, in der zweiten Hälfte sind es vier Jahre. Bezüglich der Länge dieser Intervalle sind nur ein- und zweijährige Publikations-

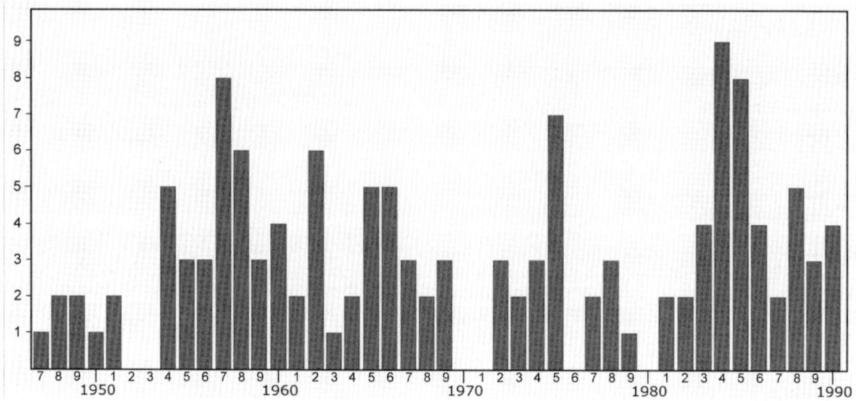

Diagramm 1: Jährliche Anzahl der recherchierten DDR-Publikationen zum Uranbergbau der AG/SDAG Wismut

pausen feststellbar. Bemerkenswert ist auch die große Schwankungsbreite der VÖ-Anzahl innerhalb kurzer Zeiträume. Aufgrund dieser kurzskaligen Schwankungen lassen sich aus dem Diagramm 1 mittelfristige Trends nur begrenzt erkennen.

Für die Modellierung mittelfristiger Trends ist deshalb eine gewisse Glättung der Kurve über einen bezüglich dieser Schwankungen angemessenen Zeitraum erforderlich. Dazu eignet sich ein gleitendes Dreijahresmittel, wobei für jedes Jahr jeweils auch die Daten des Vor- und Folgejahres berücksichtigt werden. Um die Verschiebung einzelner Jahresspitzen zu vermeiden, werden die drei Einzelwerte gewichtet. So geht der zentrale Wert mit 50% und die Randwerte mit jeweils 25% in die Bildung des gewichteten Mittelwerts ein. Im Diagramm 2 ist dies als Trendlinie dargestellt. Sie lässt einige charakteristische Hoch- und Tiefbereiche deutlich hervortreten, welche zusammen mit punktuellen chronologischen Daten die Grundlage für die Untergliederung des Abschnitts 4 bilden. Der Jahresdurchschnitt dieser sieben Zeitabschnitte zeigt durchaus differenzierte Werte, die unter der Kurve in Diagramm 2 angegeben sind. Neben den auch aus der jährlichen Publikationsanzahl (Diagramm 1) bekannten Peaks zeichnen sich drei Zeitabschnitte ab, welche deutlich unter dem Gesamtdurchschnitt von drei VÖ/Jahr liegen. Während der erste Zeitabschnitt von 1947–53 noch plausibel durch das Geheimhaltungsgebot der »Stalinzeit« erklärt werden kann, sind für die zwei weiteren Zeitabschnitte von 1969–73 und 1979–83 abgesehen von Vermutungen noch keine konkreten Gründe nachweisbar. Möglicherweise findet man bei einer tieferen Recherche noch die eine oder andere Publikation für diese Zeitabschnitte. Allerdings tauchen dann, wie

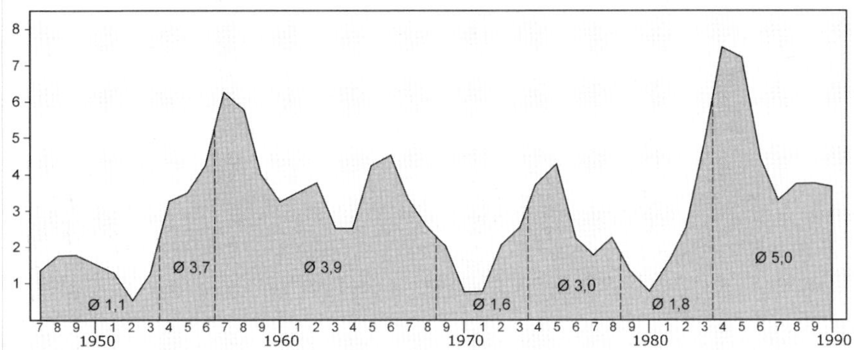

Diagramm 2: Gleitendes, gewichtetes Dreijahresmittel der recherchierten DDR-Publikationen zum Uranbergbau der AG/SDAG Wismut

schon im Laufe der bisherigen Suche festgestellt werden kann, in ähnlichem Maße ebenso Veröffentlichungen anderer Zeitabschnitte auf. Somit ist zu erwarten, dass sich auch bei Fortführung der Recherchen immer noch ein tendenzieller Rückgang der Publikationen für die oben genannten Zeiträume abzeichnen wird.

Nun kann man aus diesen statistischen Daten erst einmal ableiten, dass zum Uranbergbau der Wismut keine längerfristigen, kompletten Erwähnungsverbote durch Zensur oder Selbstzensur feststellbar sind. Jedoch lassen die deutlichen, mittelfristigen Schwankungen in der Anzahl der Veröffentlichungen gewisse politische Einflüsse auf die Publikationskultur vermuten. Auch sind aus den bisherigen Daten noch keine Rückschlüsse auf die Qualität der publizierten Informationen erkennbar. Für die Bewertung der analysierten Daten ist zu berücksichtigen, dass im Rahmen dieser Arbeit natürlich kein Anspruch auf eine lückenlose Sichtung aller DDR-Publikationen erhoben werden kann. Auch die einzelnen Medienarten (Lehrbücher, Periodika) sind nur stichprobenartig gesichtet. Dieser Fakt ändert nichts an der erörterten Grundaussage, nämlich dass in der DDR durchaus eine mediale Erwähnung des Uranbergbaus festzustellen ist. Jedoch können unentdeckt gebliebene Publikationen bei der Analyse von Schwankungen in der chronologischen Publikationsdichte durchaus zu falschen Interpretationen führen. Diese Unvollkommenheit zeigt natürlich auch neue Ansatzpunkte für die Medienwissenschaft auf. So wäre beispielsweise eine systematische Auswertung bestimmter Mediengruppen (Zeitungen, Zeitschriften, Lehrbücher) zielführend, um eine homogenere Datenbasis zu schaffen.

Informationstiefe der Veröffentlichungen

Neben der reinen Anzahl von Publikationen ist auch deren Qualität bzw. Informationstiefe für eine Bewertung relevant. Dazu werden für die statistische Auswertung der Informationstiefe nachfolgend fünf charakteristische Informationsmerkmale definiert. Diese umfassen neben der wortwörtlichen Nennung auch indirekte Hinweise, aus denen sich eindeutig die sinngemäße Erfassung des definierten Informationsmerkmals ergibt. Das Diagramm 3 zeigt chronologisch geordnet die Häufigkeit der folgenden Informationsmerkmale:

- »**Wismut**« als Betriebsbezeichnung – es erfolgt die Nennung dieses Namens, mit oder ohne Zusätze wie »AG«, »SAG« oder »SDAG«
- »**Urangewinnung**« – als Ziel der Erzgewinnung wird Uran erwähnt (auch als indirekter Hinweis bei Synonymen wie »Pechblende« oder anderen Umschreibungen)
- »**Lagerstätten, Ortsnennung**« – es werden konkrete Ortschaften als Gewinnungsorte genannt
- **Fotos von Bergbauanlagen** – Fotos, Zeichnungen und Skizzen von Bergbauanlagen über- und untertage
- »**Verwendung des geförderten Urans für Atomwaffen**« – die Nennung dieses Verwendungszwecks für das geförderte Uran der Wismut

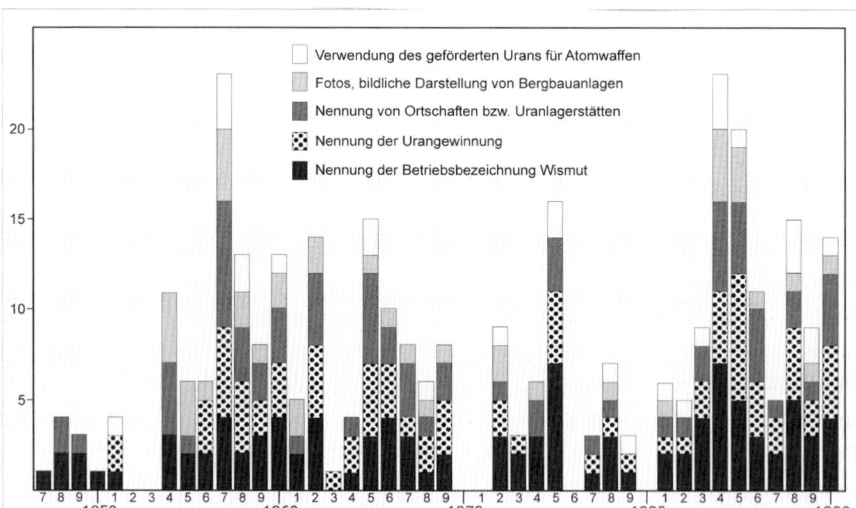

Diagramm 3: Jährliche Anzahl ausgewählter Informationsmerkmale in DDR-Publikationen zum Uranbergbau der AG/SDAG Wismut

In der Summe aller Veröffentlichungen sind diese Informationsmerkmale insgesamt 328-mal enthalten. Das entspricht einem Durchschnitt von 2,5 Merkmalen pro Veröffentlichung. Am häufigsten erscheint die Nennung der Wismut als Bergbauunternehmen (104), mit etwas Abstand gefolgt von der Nennung der Urangewinnung (79) und den Ortsnennungen der Lagerstätten (75). Bildliche Darstellungen von Betriebsanlagen sind nur in 42 Publikationen vorhanden. Die Nennung der Urangewinnung der Wismut zur Kernwaffenproduktion taucht nur in 28 Veröffentlichungen auf.

Chronologisch betrachtet ist die Betriebsbezeichnung Wismut im Wesentlichen durchgängig vorhanden und zeichnet in ihrer relativen Häufigkeit etwa die Publikationskurve nach. Das Merkmal der Urangewinnung ist, abgesehen von zwei frühen »Ausreißern« im Jahr 1951, erst ab 1956 fast regelmäßig vorhanden, wobei größere Werte (5–7 pro Jahr) nur 1957 und 1985 erreicht werden. Das Merkmal der Lagerstätten- bzw. Ortsbezeichnungen des Bergbaus der Wismut oder des Uranbergbaus ist chronologisch etwa ähnlich verteilt wie das Merkmal der Urangewinnung. Bildliche Wiedergaben von Betriebsanlagen der Wismut in Fotos, grafischen Darstellungen und Filmsequenzen setzen erst 1954 ein. Häufungen dieses Merkmals sind von 1954–62 und 1984/85 zu erkennen. Unter dem Gesichtspunkt der Propaganda stellt die Nennung der Verwendung des geförderten Urans für Atomwaffen ein besonders sensibles Informationsmerkmal dar. Es ist deshalb nicht verwunderlich, wenn man bei diesem durchaus erhebliche Unterschiede zu den vorgenannten Merkmalen konstatieren kann. Abgesehen von einer singulären Nennung im Jahr 1951 setzt die Nennung des wahren Grundes der Uranförderung erst 1957 ein. Dabei erreicht ihre Anzahl maximal drei pro Jahr. Es ergeben sich jedoch deutliche Unterschiede zwischen den Zeitabschnitten von 1957–71 und 1972–90. Während im ersten Zeitabschnitt die Pausen zwischen den Nennungen des Merkmals »Verwendung für Atomwaffen« größer sind, werden selbige nach 1972 kürzer und erreichen nur maximal zwei Jahre.

Neben der Analyse der Häufigkeit einzelner Informationsmerkmale ist aus den Daten auch die chronologische Entwicklung der Jahressummen aller Merkmale interessant. Man müsste annehmen, dass trotz des unstetigen Verlaufs der Veröffentlichungsanzahl wenigstens die Summe der Informationsmerkmale mit der Zeit ansteigt. Das ist aber nicht generell der Fall, wie man unschwer an einem Vergleich der Diagramme 1 und 3 feststellen kann. Die Peaks beider Diagramme sind weitestgehend deckungsgleich und fallen bei 1957, 1975, 1984 und 1985 exakt zusammen. Weitere kleinere Hochlagen bei 1958, 1962 und 1965 sind ebenfalls in beiden Diagrammen identisch. Das deutet in groben Zügen ein über den Zeitverlauf relativ ausgewogenes Verhältnis zwischen den beiden Größen »Summe der Informationsmerkmale«

und »Publikationsanzahl« an. Unterschiede zwischen den publikationsarmen und publikationsreichen Jahren sind vorhanden, sie zeigen aber keine lineare Korrelation. So liegt in den publikationsreichen Jahren das Verhältnis nur bei 2–3 Merkmalen/Publikation. Dagegen werden in den mittleren Bereichen der Publikationsanzahl (1960, 1972, 1988 und 1990) Durchschnittswerte von 3–4 Merkmalen/Publikation erreicht. Niedrige Werte über einen längeren Zeitraum sind in den publikationsarmen Jahren von 1947–53 auszumachen. Hier bewegen sich die Durchschnittswerte zwischen 1–2 Merkmalen/Publikation. Diese geringe Informationsdichte lässt sich mit der anfangs äußerst sparsamen Informationspreisgabe schlüssig erklären.

Informationsdefizitäre Phänomene

Die Vorabschnitte im Kapitel »Auswertung« beschreiben den Rahmen, in dem sich die Publikationen über die Wismut bewegen oder bewegen dürfen. Damit scheint der Rahmen jenseits der Zensur ja relativ weit gesteckt zu sein. Mögliche Beschränkungen sind nur insoweit ableitbar, als dass die Chronologie der Veröffentlichungen temporäre Bereiche mit unterdurchschnittlicher Publikationsdichte ausweist. Konkrete Hinweise auf eine Zensur gibt es nur sehr wenige (Film »Sonnensucher«, Roman »Rummelplatz«, Zeitschrift »Impuls 68«). Im direkten Vergleich zu zeitgleich erlaubten Veröffentlichungen scheint der Anlass der Zensur nicht im Geheimschutz, also der bloßen Erwähnung des Uranbergbaus zu liegen. Um trotzdem Hinweise auf mögliche Informationsbeschränkungen zu gewinnen, muss man in den Publikationen nach charakteristischen Auffälligkeiten hinsichtlich der Weglassung oder Veränderung von Informationen suchen. Dabei bieten sich folgende, teilweise schon während der chronologischen Abhandlung angesprochene Phänomene an: Zuerst die Nichterwähnung des Uranbergbaus der Wismut in Publikationen, welche aufgrund ihres Themas eigentlich davon berichten müssten. Zweitens die umfangreiche Gruppe der Teilerwähnung oder Fragmentierung, in denen ein Teil der beiden Grundinformationen (Wismut und Uranbergbau) fehlt. Drittens schließlich die Fälle, in denen der Uranbergbau als Bergbau auf Erz, Buntmetall oder Wismut legendiert wird. In den folgenden Abschnitten sollen Nichterwähnung, Fragmentierung und Legendierung als sogenannte »Informationsdefizitäre Phänomene« analysiert werden.

Nichterwähnung in thematisch tangierenden Veröffentlichungen

Unstreitig ist natürlich die fast vollständige Nichterwähnung der damals als geheim eingestuften Informationsmerkmale (Urangewinnung, Verwendung für Atomwaffen) von 1947 bis etwa 1955 zu konstatieren. Vereinzelt gibt es aber auch später noch Publikationen, die das Themenfeld von Bergbau und Geologie in der DDR anscheinend umfassend behandeln, in denen jedoch kein Hinweis auf die Wismut oder einen Uranbergbau enthalten ist.[255] Dies lässt vermuten, dass hier eine Zensur oder Selbstzensur korrigierend Einfluss genommen hat. Jedoch ist eine abschließende Bewertung hinsichtlich des Grundes der Nichtnennung oft problematisch. Ob es sich dabei um vorsätzliches Verschweigen handelt oder einfach nur mangels belastbarer Quellen die Information weggelassen wird, kann in den meisten Fällen nicht mehr eindeutig recherchiert werden. Zudem bewegt sich die Zahl der dafür in Frage kommenden Publikationen zahlenmäßig in einem Bereich, der statistisch nicht repräsentativ ist. Aus dem Grund wird in dieser Arbeit auf deren statistische Analyse verzichtet. Für weiterführende Forschungen können diese Betrachtungen aber durchaus einen interessanten Ansatzpunkt darstellen.

Fragmentierung von Informationen

In der chronologischen Vorstellung der Publikationen fällt auf, dass bei einem großen Teil der Veröffentlichungen immer nur eines der beiden Informationsmerkmale, also entweder das Unternehmen Wismut oder der Uranbergbau, genannt wird. Dieser Fakt lässt sich mit dem vorherigen Auswertungsschema der Informationstiefe (Diagramm 3) nicht ausreichend beleuchten, da hierbei nur die Jahressummen der einzelnen Informationsmerkmale[256] dargestellt werden. Deshalb ist nachfolgend die Häufigkeit der getrennten Erwähnungen des Unternehmens Wismut sowie des Uranbergbaus der DDR (ODER-Kategorie) gegenüber einer Erwähnung beider Informationsmerkmale (UND-Kategorie) zu untersuchen. Im Gesamtzeitraum von 1947–90 bildet die ODER-Kategorie in 75 VÖ gegenüber der UND-Kategorie in 54 VÖ doch einen beachtlichen Anteil von 58%, was für eine ausgeprägte Fragmentierung essenzieller Informationsmerkmale

255 Hastedt 1961. – Zentralverwaltung für Statistik der DDR (1955–1990) – Dreyer/Pforr 1977 – Wagenbreth/Steiner 1985 – Autorenkollektiv 1986.

256 Informationsmerkmale: 1. Unternehmen AG/SDAG Wismut, 2. Urangewinnung, 3. Uranlagerstätten, 4. Fotos von Betriebsanlagen, 5. Hauptverwendungszweck für Atomwaffen.

spricht. Um zeitliche Unterschiede in der Häufigkeit des Auftretens dieser beiden Kategorien darzustellen, werden sie im Diagramm 4 noch einmal chronologisch gegenübergestellt. Wie zu erwarten, bilden die absoluten Werte beider Kategorien in etwa den Verlauf der allgemeinen Häufigkeitskurve der Publikationsanzahl (Diagramm 2) ab. Interessanter erscheint die zeitliche Entwicklung der Verhältnisse beider Kategorien. Bis auf einen Rückschritt in den siebziger Jahren ist ab Mitte der achtziger Jahre wieder ein stetiges Ansteigen des Verhältnisses UND/ODER festzustellen. Dieses Ergebnis zeigt, dass bezüglich der Transparenz und Informationsbreite im Laufe der Zeit eine positive Entwicklung stattgefunden hat. Ob solche fragmentierten Informationen den Zusammenhang zwischen dem Betrieb Wismut und dem Uranbergbau bewusst unterdrücken sollen, kann man nicht in jedem Fall unterstellen. Es kommt immer auf das Thema der Veröffentlichung an, ob ein Zusammenhang zwischen Wismut und Uranbergbau nennenswert erscheint oder nicht. Im Schulatlas besteht beispielsweise neben der Darstellung des Uranbergbaus als Legendensymbol gar keine Möglichkeit, den Namen des Betriebes aufzuführen. Auch ist bei Nennungen des Uranbergbaus mit Übersichtscharakter die Erwähnung der Wismut nicht unbedingt erforderlich. Jedoch scheint bei einem großen Teil der Veröffentlichungen durchaus das Gegenteil der Fall zu sein. So wäre im populärwissenschaftlichen Artikel »Uranerzlagerstätten in der DDR«[257] eine explizite Erwähnung der Wismut wünschenswert gewesen. Andererseits wird in der Betriebschronik des Bergbaubetriebes Königstein der SDAG Wismut[258] die fehlende Erwähnung des gewonnenen Rohstoffs natürlich ebenso als mangelnde Transparenz empfunden. In diesen Fällen kann man das Weglassen eines wesentlichen Teils der Information als partielle Informationsbeschränkung bewerten. Interessant daran ist, dass nicht nur der Uranbergbau als »geheimschutzrelevantere« Information weggelassen wird, sondern auch bei Nennung des Uranbergbaus die Erwähnung der Wismut als Uranproduzent fehlen kann. In gewisser Weise bietet man so dem Informationskonsumenten zwar einzelne Informationen, jedoch keine Verknüpfung beider Themen an. Sollte damit der Bedeutungszusammenhang »SDAG Wismut – Uran« verwischt werden? Natürlich funktioniert das bei all denen nicht, die den Zusammenhang bereits hinreichend aus anderen Quellen kennen. Also bei Menschen aus den Bergbaugebieten und gebildeten Personen, die ihr Wissen aus breit gestreuten Quellen beziehen. Doch aus der Wahrnehmungspsychologie ist bekannt, dass bei fragmentierten

257 Vgl. Pfeiffer 1965.
258 Woiwode/Kirsch 1981.

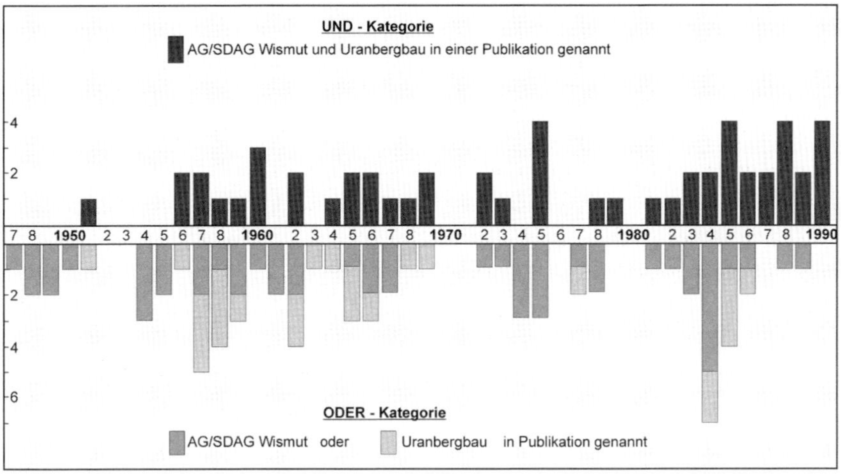

Diagramm 4: Fragmentierung der Informationsmerkmale »Bergbauunternehmen Wismut« und »Urangewinnung« in DDR-Publikationen

Informationen gewisse Bedeutungskategorien nicht erkannt werden, wenn die Fragmentierungsursache nicht ersichtlich ist. Eine stetige Wiederholung festigt derartige Wahrnehmungsmuster, so dass schließlich an sich augenfällige Sinnzusammenhänge nicht mehr bewusst verknüpft werden.[259] Als Motiv dieser Fragmentierung wäre denkbar, dass man mit der alleinigen Nennung der Wismut deren Arbeitserfolge präsentieren will, ohne sie mit der militärstrategischen bedeutsamen Urangewinnung und den moralisch umstrittenen Kernwaffen in Verbindung zu bringen. Andererseits kann man mit der alleinigen Erwähnung des eigenen Uranbergbaus diesen als Basis der damaligen Fortschrittstechnologie hervorheben, ohne den Namen des konkreten Bergbauunternehmens preiszugeben. Wie man unschwer erkennen kann, sind die Möglichkeiten der Fragmentierung vielfältig nutzbar.

Legendierung

Als besonderes Phänomen der Informationsbeschränkung ist die Legendierung von Fakten anzuführen. Der Begriff »Legendierung« leitet sich von dem Wort »Legende« ab, das außer der Bezeichnung für eine literarische Gattung soviel wie »Erläuterung« oder »Erklärung« bedeutet. Etwas

259 Vgl. Mausfeld 2018, S. 26.

spezieller wird damit im Sprachgebrauch von Polizei und Nachrichtendiensten die ganz oder teilweise unwahre Begründung von Handlungen bezeichnet. Eine Legende muss genügend glaubhaft und vor allem in sich schlüssig sein, um das Gegenüber bezüglich der eigenen Absichten täuschen zu können. In diesem Sinn eignet sich diese Begrifflichkeit auch für ähnliche Täuschungspraktiken in der allgemeinen Kommunikation. Mittels einer Legendierung sollen gewisse, aus verschiedenen Gründen nicht zu nennende Fakten umschrieben werden, um deren wahre Bedeutung zu verschleiern. Dabei ist es unwesentlich, ob der zu verbergende Fakt durch die Verwendung eines Oberbegriffs offenbleibt, oder ob ein gänzlich anderer, unzutreffender Fakt täuschend vorgeschoben wird. Im ersten Fall handelt es sich um eine unbestimmte Legendierung, da sich der betreffende Fakt noch in der mit dem Oberbegriff bezeichneten Begriffsmenge versteckt. Im zweiten Fall, der bestimmten Legendierung, wird eine Falschaussage getroffen, um vom zu verbergenden Fakt abzulenken. Die Unterscheidung der beiden Fälle einer Legendierung ist insofern von Bedeutung, dass man den Vorwurf einer unwahren Information oder härter gesagt einer Lüge, konkret nur im zweiten Fall erheben kann. Bei der Bewertung von Legendierungen in Veröffentlichungen wäre natürlich auch im Einzelfall der Vorsatz zu prüfen. Manchen Autoren, die eine Legendierung verwenden, ist der wahre Sachverhalt gar nicht bewusst. In diesem Fall kann man ihnen natürlich keinen Vorwurf einer vorsätzlichen Falschinformation machen.

Tatsächlich werden beide Arten der Legendierung auch in der Informationspolitik der SBZ/DDR bezüglich des militärstrategisch geheimhaltungswürdigen Uranbergbaus hinreichend genutzt. Legendierungen können vor allem in der Anfangszeit der Berichterstattung über die Wismut sehr oft beobachtet werden, wirken aber in verschiedenen Ausprägungen vereinzelt noch länger nach. Hauptsächlich geht es dabei um die Vermeidung der genauen Bezeichnung des Gewinnungsprodukts Uran. Die unbestimmten Legendierungen wie »Bergbau« oder »Erzbergbau« anstatt »Uranbergbau« klingen vergleichsweise neutral und lassen viele Deutungsmöglichkeiten offen. Vor allem im Kontext des Wiederaufbaus nach dem Krieg implizieren die Begriffe »Bergbau« und »Erzbergbau« die Versorgung der Volkswirtschaft mit dringend benötigten Rohstoffen. Auch die überwiegend im innerbetrieblichen Schriftverkehr genutzte Bezeichnung »Metall« für die Menge des Urananteils im Erz ist eine solche unbestimmte Legendierung. Der eher selten verwendete Begriff »bunte Metalle«[260] stellt ebenfalls eine unbestimmte Legendierung dar. Für den Begriff »Buntmetall« existiert

260 Registrierung der AG Wismut im Handelsregister beim Amtsgericht Aue, 2.7.1947.

keine einheitliche Definition. Deshalb kann man im weitesten Sinne auch Uran als unedles Nichteisenmetall dazu zählen. Vereinzelte Beispiele einer unbestimmten Legendierung lassen sich noch bis Mitte der achtziger Jahre in verschiedenen Umschreibungsformen wie »sehr wertvolle Erze« oder »industriell verwertbare Erzschichten« finden.[261] Die unbestimmte Legendierung ist somit als relativ zeitlos nutzbar zu charakterisieren, da sie keine direkten Widersprüche zum Zielrohstoff Uran aufwirft. Sie wird hauptsächlich von Autoren verwendet, die eher vorsichtig agieren und nichts falsch machen wollen.

Dagegen handelt es sich bei der Vortäuschung einer Wismut- und Kobaltgewinnung um eine bestimmte Legendierung, welche man schon am Anfang des damals noch streng geheim zu haltenden Uranbergbaus verwendet.[262] In diesem Sinn transportiert vor allem auch der Name des Unternehmens »Wismut AG« indirekt eine solche bestimmte Legendierung. Obwohl es sich dabei um eine reine Betriebsbezeichnung handelt, löst sie im Zusammenhang mit dem Begriff »Erzbergbau« unbewusste Assoziationen zu einer Gewinnung von Wismuterz aus. Dabei ist auch die Häufigkeit einer Begriffsnennung ausschlaggebend. Häufige Wiederholungen festigen dieses Gedankengebilde und erzeugen dann automatisch entsprechende Assoziationen, welche man schließlich bezüglich ihres Wahrheitsgehaltes gar nicht mehr aktiv hinterfragt.

Natürlich sickern mit einer gewissen Verzögerung auch Informationen zum wahren Gewinnungsgegenstand bei der Bevölkerung durch. Hinweise auf einen Uranbergbau gelangen, ausgehend von den Kenntnissen der Wismutkumpel, durch Hörensagen und durch die westlichen Rundfunksender schließlich auch in breitere Schichten der DDR-Bevölkerung. Schon ab 1949 wird es schwer, die Legende einer alleinigen Wismutgewinnung aufrechtzuerhalten. Bezeichnend für diesen Zustand ist die Aussage des ostdeutschen Rundfunkkommentators Herbert Geßner vom August 1949: »Im Übrigen erscheint mir unser Versuch zu verbergen, dass in Aue Uran gefördert wird, reichlich naiv. Das weiß in der Zone jedes Schulkind.«[263] Nachdem auch vereinzelte DDR-Publikationen (z. B. Sieber 1951) den Uranabbau benennen, sollte man denken, dass ein sukzessives Umschwenken auf die Nennung des Urans als Gewinnungsziel erfolgt. Damit wären auch die Legendierungen obsolet. Doch genau das geschieht nicht. Stattdessen beharrt man selbst bei inoffiziellen Darstellungen auf dem Abbau von

261 Autorenkollektiv Ortschronik 1967, S. 3.
262 Kruglow/Wannikow 1946; in Boch/Karlsch 2011, S. 42f.
263 Karlsch/Zeman 2003, S. 224.

Wismut, wie das Gründungsdokument der zweistaatlichen SDAG Wismut aus dem Jahr 1953 beweist.[264] Schließlich taucht ab 1956 in verschiedenen Publikationen[265] tatsächlich die Erwähnung des Uranbergbaus auf. Fast zeitgleich entwickelt sich aber auch eine neue Form der Legendierung. Diese ist zwar nur in einer geringen Zahl von Veröffentlichungen anzutreffen, vermag sich aber trotzdem hartnäckig bis Mitte der sechziger Jahre zu halten. Es ist die »gemischte Legendierung«, in der man die Urangewinnung nicht mehr verschweigt, aber zusätzlich die Gewinnung von anderen Rohstoffen (meist Wismut) erwähnt.[266] Erste in diese Richtung gehende Andeutungen sind schon sehr früh nachweisbar. So stellt die 1948 gegenüber westlichen Journalisten getroffene Aussage des sächsischen Ministerpräsidenten Max Seydewitz, dass die sowjetische Wismut AG im Erzgebirge außer Uran noch Zink, Wismut, Wolfram und anderes Erz gewinnt, eine Vermischung von bestimmter Legendierung und wahren Fakten dar. Diese »Mischung« von wahren mit unzutreffenden Informationen ist geeignet, die wahren Fakten zu relativieren und ihrem Anteil eine geringere Bedeutung beizumessen. Gegen Ende der fünfziger Jahre erreicht der Wahrheitsgehalt dieser gemischten Legendierung noch eine weitere Dimension. In dieser Zeit rücken die Begleitkomponenten des Urans langsam in den Fokus der SDAG Wismut, darunter auch das Element Wismut. Die DDR-Volkswirtschaft soll damit nun auch von den geologischen und bergbaulichen Kompetenzen der Wismut profitieren. Jedoch kommt es neben unbedeutenden Abbauversuchen in den Lagerstätten Schneeberg, Annaberg und Zobes nur in Schlema-Alberoda von 1958–73 zu einer erwähnenswerten Gewinnung von Erzen mit ca. 100 t Wismutmetall. Zum Vergleich werden im selben Zeitraum von der SDAG Wismut ca. 50 000 t Uran gewonnen, also die 500-fache Menge. Dem ist noch zu hinzuzufügen, dass die Menge der ebenfalls durch die SDAG Wismut geförderten, aber kaum genannten Begleitkomponenten wie Nickel und Kobalt durchaus größer ist als die des Wismuts. Somit muss man eine weitgehende Unkenntnis der Autoren solcher »gemischten Legendierungen« bezüglich des Rohstoffspektrums und des Umfangs der Nebenerzgewinnung annehmen. Die Kombinationen der zuweilen in Publikationen angeführten Daten aus wahren Fakten und Legendierungen können teilweise sehr konfus wirken. So findet man 1962 und 1964 im »Meyers Neues Lexikon« mehrere derartige Einträge: »um R.[Ronneburg] Uranerzbergbau« und »Bergbau auf

264 Vgl. Amtsgericht Chemnitz, Akte SAG/SDAG Wismut, Altregister/VEB-Register Nr. 580.

265 Vgl. Stammberger 1956. – Der Augenzeuge 1956/43. – Watznauer 1957. – Autorenkollektiv 1958. – Sieber 1958.

266 Vgl. Neef 1956. – Autorenkollektiv 1960.

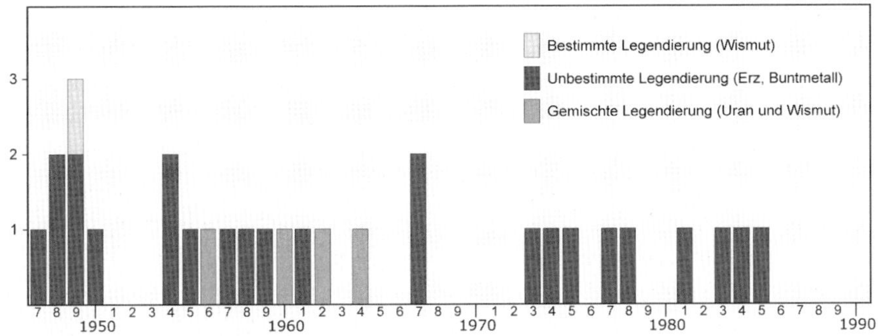

Diagramm 5: Legendierungen des Zielrohstoffs »Uran« in DDR-Publikationen

Wismuterze« bei Gera (gänzlich unzutreffend) sowie: »Wismut-, Uranerze um Aue und Johanngeorgenstadt.«[267] Die wenigsten Autoren, welche eine solche gemischte Legendierung publizieren, scheinen diese vorsätzlich wider besseres Wissen zu verwenden. Vielmehr sind sie Opfer eigener, unbewusster Assoziationen. Diese werden natürlich durch gewisse Impulse von offizieller Seite verstärkt. Offensichtlich hat die gemischte Legendierung ihren Zweck erfüllt, um die wahren Relationen der Uranförderung zu verwischen. Ob das in dieser Form so konzipiert ist oder unbeabsichtigt geschieht, bleibt offen. Jedenfalls greift man von offizieller Seite bei derartigen Falschdarstellungen nicht korrigierend ein. Letztlich sind nach 1964 keine ernsthaften Versuche einer solchen gemischten Legendierung mehr nachzuweisen. Obwohl die SDAG Wismut später in größerem Umfang sogenannte Nebenerze erkundet (Zinn und Wolfram in Pöhla, Seltene Erden in Delitzsch), wird darüber nur wenig berichtet. Dies ist anscheinend darin begründet, dass man seit Anfang der siebziger Jahre aus rohstoffstrategischen Gründen den Mantel der Geheimhaltung auch über die Angaben der Nebenerze ausbreitet.[268]

Neben dem Fakt der Gewinnung von Uran sind, wenn auch in weitaus geringerem Maß, bestimmte andere Fakten in Publikationen legendiert worden. So ist die Verwendung für Kernwaffen unbestritten die Hauptverwendung des durch die Wismut geförderten Urans. Seit der praktischen Verwertung des Urans als Energieträger im zivilen Bereich (Kernkraftwerke, Atomeisbrecher) tauchen auch dahingehende Legendierungen bezüglich des Hauptzwecks der Uranförderung auf. Obwohl die friedliche Nutzung von Uran zur Erzeugung von Elektroenergie heute aus ökologischer Sicht

267 Meyers Neues Lexikon. Bd. 7 (1964), S. 68; Bd. 3 (1962), S. 590; Bd. 4 (1962), S. 691.
268 Vgl. Lipp 2003, S. 8.

umstritten ist, sieht man sie damals als Inbegriff des technisch-technologischen Fortschritts. Dabei kommen sowohl bestimmte: »Rohstoffe für die Gewinnung der Atomenergie« als auch unbestimmte Legendierungen: »Rohmaterial für die sowjetische Kernphysik« zum Einsatz.[269] Ebenso sind gemischte Legendierungen nachweisbar, die aufgrund der Reihenfolge ihrer Nennung den ursächlichen Hauptzweck der Uranverwendung relativieren: »Uran und Thorium dienen der Herstellung von radioaktiven Präparaten, Kernbrennstoffen und Kernwaffen«.[270]

Eine etwas exotische und nur singulär auftretende Form der bestimmten Legendierung ist die unzutreffende Betriebsbezeichnung »VEB Bergbaubetrieb Königstein«.[271] Der Bergbaubetrieb Königstein der SDAG Wismut ist definitiv kein volkseigener Betrieb der DDR, da er einen Betriebsteil der Sowjetisch-Deutschen Aktiengesellschaft Wismut darstellt. Das dürfte auch dem Autor nicht verborgen geblieben sein, deshalb kann man seine Ausdrucksweise als vorsätzliche bestimmte Legendierung werten.

Leitmedium *Neues Deutschland* und die AG/SDAG Wismut

Um die im Abschnitt »Anzahl der Veröffentlichungen« aufgeworfene Frage nach einer flächendeckenden Auswertung eines Mediums wenigstens anzureißen, wird nachfolgend eine Schlagwortrecherche zur AG/SDAG Wismut im Onlinearchiv der Tageszeitung *Neues Deutschland* vorgestellt. Diese Zeitung ist damals die zweitauflagenstärkste Tageszeitung der SBZ/DDR. Als Zentralorgan der führenden Partei SED gilt sie als Sprachrohr der Partei- und Staatsführung. Damit ist sie vollkommen frei von klassischer Zensur, weil sie ja von der zensierenden Staatsmacht selbst verfasst wird. Vorsätzliche Beschränkung, Filterung und Interpretation von Informationen als auch Selbstzensur sind hier quasi »hausgemacht«. Insofern liefert die Zeitung aus der Sicht der Herrschenden ein Idealbild der zu publizierenden Informationslage. Natürlich ist auch dieses Idealbild nicht frei von gewissen Zwängen. Es sollte zur Realität nicht allzu große Diskrepanzen aufweisen, um ein Mindestmaß an Glaubwürdigkeit zu garantieren. Unbenommen davon dürfte die Häufigkeit von Erwähnungen der AG/SDAG Wismut im *Neuen Deutschland* die Intention von Partei- und Staatsführung direkt

269 Pietzsch 1962, S. 1.
270 Autorenkollektiv 1985, S. 295.
271 Prescher 1975, S. 18.

widerspiegeln, wie intensiv die Wismut im öffentlichen Diskussionsraum wahrgenommen werden soll. Im Folgeschluss daraus wäre ein Vergleich mit der Häufigkeit der allgemeinen, im obigen Abschnitt »Anzahl der Veröffentlichungen« diskutierten Veröffentlichungen zur Wismut interessant. In einem total durch den Staat kontrollierten Veröffentlichungswesen müssten demzufolge beide Häufigkeitskurven weitestgehend kohärent sein. Inwieweit beide Kurven übereinstimmen, oder aber auch abweichen, werden die nachfolgend vorgestellten Ergebnisse zeigen.

Das Onlinearchiv der immer noch bestehenden Tageszeitung *Neues Deutschland* ist mit einer Recherchefunktion ausgestattet, in der man innerhalb eines definierten Zeitraumes eine Schlagwortsuche durchführen kann. Als Ergebnis wird eine Anzahl von Artikeln gezeigt, in denen das Schlagwort auftaucht. Wegen der variablen Benennung des Unternehmens werden folgende Bezeichnungen als Schlagwort genutzt: »AG Wismut«, »Wismut AG«, »SAG Wismut« und »SDAG Wismut«. Damit dürfte der überwiegende Teil der Unternehmensnennungen erfasst werden. Andererseits kann man damit mögliche Fehltreffer vermeiden, die das Element Wismut und die reichhaltig vertretenen »Wismut-Sportclubs« bezeichnen.

Im Zeitraum von 1947 bis 1990 konnten so 1339 Artikel gefunden werden, in denen das Unternehmen AG/SDAG Wismut erwähnt wird. Das erscheint zuerst einmal als eine sehr große Zahl. Diese relativiert sich natürlich, wenn man bedenkt, dass es sich hierbei um eine Tageszeitung mit sehr vielen Artikeln handelt. So sind die Jahre ganz ohne Treffer selten. Nur 1947 und 1948 konnte kein entsprechender Artikel gefunden werden. Sonst bewegen sich die Zahlen zwischen drei Artikeln (1949) und 62 Artikeln (1976) pro Jahr. Insgesamt streuen die Daten in aufeinanderfolgenden Jahren vor allem im Zeitraum von 1966 bis 1977 sehr stark. Um die chronologische Verlaufskurve hinsichtlich mittelfristiger Trends besser interpretieren zu können, wird sie mittels des in Abschnitt »Anzahl der Veröffentlichungen« vorgestellten Rechenverfahrens als gleitendes, gewichtetes Dreijahresmittel geglättet. Die so gewonnene Kurve bildet drei Hochbereiche mit daran angrenzenden Tiefbereichen ab. Insofern ähnelt sie im Groben der allgemeinen Publikationskurve des Diagramms 2, die ebenfalls aus drei Hochbereichen und dazwischenliegenden Tiefbereichen besteht. Um einen direkten Vergleich mit der allgemeinen Publikationskurve herleiten zu können, werden beide Kurven durch Skalierung[272] angepasst und im Diagramm 6 dargestellt. Dabei wird sichtbar, dass die drei Hochbereiche beider Kurven in weiten

272 Als Skalierungsfaktor wird das Verhältnis der Durchschnittswerte beider Kurven verwendet.

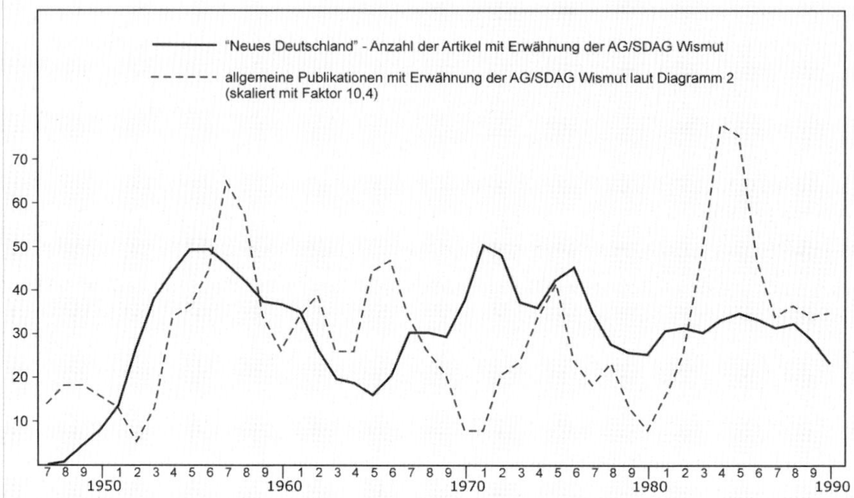

Diagramm 6: Artikel mit Erwähnung der AG/SDAG Wismut in der SED-Tageszeitung *Neues Deutschland* im Vergleich zu den übrigen Publikationen (Kurve aus Diagramm 2), beides gewichtete Dreijahresmittel, skaliert

Teilen zwar ähnlich sind, aber beide Kurven zeitweise auch gegenläufige Tendenzen aufweisen. Für die Interpretation der Kurven muss man den unterschiedlichen Charakter der untersuchten Medien betrachten. Während im *Neuen Deutschland* der Propagandaanteil sehr hoch und der faktische Informationsgehalt gering ist, liegt in der allgemeinen Kurve eine etwa umgekehrte Mischung beider Anteile vor.

Die niedrigen Werte des *Neuen Deutschlands* in den Anfangsjahren bis etwa 1951 entstammen der Intention, die Wismut vorsichtshalber erst einmal komplett auszublenden. Natürlich werden anfangs auch viele Artikel, welche die Wismut betreffen, mit der Bezeichnung »Erzbergbau« legendiert und tauchen somit im vorgenannten Auswerteschema nicht auf.

Das steile Ansteigen der ND-Kurve bis zum Peak von 1955/56 kann man gut mit zwei Einflussfaktoren in Verbindung bringen. Einerseits sinkt die Bedeutung des anfangs fast absoluten Geheimschutzes, andererseits möchte man nicht darauf verzichten, die Produktionserfolge der Wismut propagandistisch zu verwerten. Für die Bevölkerung ist es damals eine schwere Zeit, als nach dem Krieg die eigene Wirtschaft wieder aufgebaut werden muss. Gleichzeitig hat die SBZ/DDR umfangreiche Reparationsleistungen für die UdSSR zu erbringen. Jahrelang führt die harte Arbeit nur äußerst schleppend zu einer spürbaren Verbesserung der Lebensqualität. Um der daraus resultierenden Resignation zu begegnen, ist eine propagandistische

Präsentation von Arbeitserfolgen notwendig. Die Bevölkerung soll sehen, dass es »vorwärtsgeht«. Dazu eignen sich die Produktionsergebnisse der Wismut (Schnellvortriebe, Prozente der Planübererfüllung) besonders gut. So suggeriert die schnelle Entwicklung des Bergbaus eine stabile Grundlage für den Aufbau der allgemeinen Wirtschaft.

Eine einschneidende Divergenz beider Kurven ist um die Mitte der sechziger Jahre zu beobachten. Als nach den Ereignissen des 17. Juni 1953 die DDR ökonomisch etwas entlastet wird und eine spürbare Verbesserung der Lebensverhältnisse eintritt, schwindet auch die Notwendigkeit einer intensiven Motivationspropaganda. Deshalb geht die Anzahl der Wismut-Artikel im *Neuen Deutschland* (ND-Kurve) ab 1956 bis 1965 rapide zurück. Es beginnt die Zeit des »Neuen ökonomischen Systems der Planung und Leitung« (NÖS), das mittels Dezentralisierung und Leistungsanreizen zu mehr wirtschaftlicher Effizienz führen soll. Unter gewissen Einschränkungen kann man das NÖS durchaus als »kleines Wirtschaftswunder der DDR« bezeichnen. Dessen Erfolge ließen die DDR-Staatsführung unter Walter Ulbricht auch bezüglich der SDAG Wismut gegenüber der UdSSR selbstbewusster auftreten.[273] Auch dieser Fakt kann ein Grund sein, weshalb das alte Propagandazugpferd SDAG Wismut immer weniger im *Neuen Deutschland* bemüht wird. Die allgemeine Publikationskurve, welche weniger Propaganda, dafür aber mehr Informationen zur Wismut widerspiegelt, verbleibt bis etwa 1966 auf hohem Niveau. Demzufolge ist trotz des Rückgangs der Propaganda festzustellen, dass bei der Publikation rationaler Informationen zur Wismut die seit 1957 bemerkbare Liberalisierung anhält.

Jedoch geht die allgemeine Publikationskurve schließlich Ende der sechziger Jahre spürbar zurück. Die Ursachen für diesen Rückgang sind offenbar im Wechsel der Machtverhältnisse in der DDR zu suchen. So erfährt das NÖS-Programm unter den eigenen Parteiideologen und vor allem unter den neu erstarkten Hardlinern der UdSSR wie Breschnew eine steigende Ablehnung. Mit der Schwächung der Machtposition von Walter Ulbricht und dem Aufstieg von Erich Honecker wird das NÖS gegen Ende der 1960er Jahre gestoppt. Dies ist insofern makaber, da es sich beim NÖS eigentlich um ein sowjetisches Wirtschaftskonzept aus den 1920er Jahren handelt, welches man dort aus ähnlichen Gründen nach wenigen Jahren wieder abschafft. Erst in China kann seit den 1990er Jahren ein ähnliches Wirtschaftsmodell nachhaltig zum Erfolg geführt werden. Vom Ende des NÖS bis zur Machtübernahme Honeckers ist eine deutliche Umkehr beider Publikationskurven zu beobachten. So nehmen die Artikel zur Wismut mit

273 Vgl. Karlsch 2007, S. 146–153.

Propagandacharakter im *Neuen Deutschland* von 1966 bis 1971 wieder zu, während die Kurve der allgemeinen Publikationen in dieser Zeit bis auf ein Minimum sinkt. Bezüglich der allgemeinen, rationalen Informationen zur Wismut ist damit kurzzeitig eine Rückkehr zur alten Geheimniskrämerei festzustellen. Vor allem der Anteil wissenschaftlicher Literatur (Geologie) mit Bezug zur Wismut sinkt in den siebziger Jahren sehr stark. Die eingangs im Kapitel »Der Zeitabschnitt 1969 bis 1973« geäußerte Vermutung, dass die KSZE-Verhandlungen der Grund für den Rückgang der allgemeinen Publikationen zur Wismut sind, muss man angesichts dieser Daten verneinen. Offenbar liegt der Rückgang in gewissen Unsicherheiten begründet, die sich aus einem innerparteilichen Machtwechsel ergeben. Als Autor möchte man nichts falsch machen, bis sich die neuen Machthaber (Honecker) zu dieser speziellen Informationspolitik positioniert haben. Nach der Freigabe des bis dato zensierten Films »Sonnensucher« um 1972 steigt auch die Kurve der allgemeinen Publikationen über die Wismut wieder an.

Ab diesem Zeitpunkt ist ein in den Grundzügen kohärenter Verlauf beider Kurven zu beobachten, wobei die ND-Kurve insgesamt geringere Ausschläge nach oben und unten zeigt. Dies könnte seine Ursache in der schwindenden propagandistischen Bedeutung der SDAG Wismut haben. Der in beiden Kurven feststellbare Tiefpunkt um 1980 stimmt chronologisch mit dem Beschluss zur Stationierung von atomar bestückten Mittelstreckenwaffen in Westeuropa (NATO-Doppelbeschluss von 1979) überein und scheint diesen Erklärungsversuch zu bestätigen. Das steile Ansteigen der allgemeinen Publikationen zur Wismut seit 1984 bildet sich in der ND-Kurve fast nicht ab. Hier ist deutlich zu erkennen, dass die Liberalisierung bei den allgemeinen Publikationen von der Partei- und Staatsführung zwar geduldet wird, aber kein gesteigertes Interesse an der SDAG Wismut zur Nutzung für die eigene Propaganda mehr besteht.

Insgesamt kann man eine überwiegende Kohärenz beider Kurven, also einen Gleichklang zwischen den von Staat und Partei verordneten und den allgemein publizierten Informationen zur Wismut feststellen. Unbenommen davon zeigt sich durchaus in einigen Abschnitten, in denen die Kurve der allgemeinen Publikationen zumeist über der propagandalastigen ND-Kurve liegt (1956–67, 1983–90), ein Nachlassen der staatlichen Einflussnahme auf die Publikation von Daten zur SDAG Wismut.

Um den Propagandacharakter des *Neuen Deutschlands* zu veranschaulichen, soll ein Beispiel genannt werden, bei dem das Zentralorgan der SED bezüglich der Nennung des Zielrohstoffes der SDAG Wismut deutlich hinter den allgemeinen Publikationen zurückbleibt. Anfang 1957 stellt man in DDR-Regierungskreisen fest, dass der Mangel an freien Informationen über die Kostenteilung zwischen der DDR und der UdSSR in der Uranindustrie bei der deutschen Bevölkerung eine »ungesunde Stimmung« verursacht. Im Rahmen der damaligen Preisverhandlungen lässt man den DDR-Finanzminister Rumpf bei der sowjetischen Seite anfragen, ob dazu Informationen veröffentlicht werden dürfen. Die sowjetische Seite stimmt dem zu, wenn darin der beiderseitige Vorteil betont wird.[274] So veröffentlicht *Neues Deutschland* am 15.3.1957 einige unverfängliche Auszüge aus dem Protokoll der Preisverhandlungen. Wie sparsam man es in solchen öffentlichen Verlautbarungen mit der Transparenz hält, wird im Text des sehr kurzen Artikels deutlich. Das Wort Uran sucht man darin vergeblich, stattdessen ist die Rede von: »Lieferungen der SDAG Wismut an die UdSSR [...] zu Lieferpreisen, die die Selbstkosten der Produktion der SDAG Wismut einschließlich eines geplanten Gewinnes decken. Sie werden durch Gegenlieferungen von Waren abgedeckt.«

Auch später erfolgen trotz einer großen Zahl von Artikeln zur SDAG Wismut im *Neuen Deutschland* nur äußerst vereinzelte Nennungen des Gewinnungsziels Uran, so in den Jahren 1959, 1960, 1963, 1964 (3x), 1968, 1971 und 1972. Erst im Jahr 1990 wendet sich das Blatt. Laut der Datenbank des ND-Archivs erscheinen hier nur dreizehn Artikel zur SDAG Wismut (im Jahresmaßstab seit 1947 der fünftletzte Platz nach den Jahren 1966, 1949, 1948 und 1947). Jedoch wird nun, unter dem Eindruck der Wende, sogar in sechs von dreizehn Artikeln die Gewinnung von Uran erwähnt. Im gesamten Untersuchungszeitraum ist in 1339 ND-Artikeln zur Wismut der Informationskontext zum Uranbergbau nur in sechzehn Fällen enthalten. Das entspricht einem Anteil von etwa 1,2%. Demgegenüber wird bei den allgemeinen Publikationen zu Wismut und Uranbergbau dieser Zusammenhang in 42% der Fälle abgebildet. Anhand dieser Zahlen kann man unschwer feststellen, dass sich das Zentralorgan der SED hinsichtlich der Informationsbreite und Transparenz über die gesamte Betrachtungszeit ein weitaus höheres Maß an informationeller Selbstbeschränkung auferlegt hat als staatlicherseits in den allgemeinen Publikationen geduldet wird.

274 Boch/Karlsch 2011, S. 249.

Analyse sonstiger Einflussfaktoren

Neben der informationsbeschränkenden Zensur sind noch weitere Faktoren zu prüfen, die möglicherweise einen Einfluss auf die Publikationsanzahl haben könnten. Wie schon im obigen Abschnitt »Propaganda und Zensur in DDR-Veröffentlichungen« erwähnt, erscheint es denkbar, dass im Hinblick auf gewisse Mangelsituationen auch die Verfügbarkeit von Papier einen solchen Einflussfaktor darstellt. Um dies zu beurteilen, werden die Papierproduktion und der Auflagenumfang polygrafischer Erzeugnisse (Bücher, Broschüren, Zeitschriften und Zeitungen) analysiert. Anhand der Daten aus den Statistischen Jahrbüchern der DDR kann für all diese Kategorien ein langsames, aber stetiges Anwachsen festgestellt werden.[275] Die Rohdaten zeigen vereinzelt geringe Abweichungen der Jahresreihen in den verschiedenen Jahrbüchern, welche aus korrigierenden Rückrechnungen aufgrund von Änderungen bei den Kategorisierungskriterien resultieren. Eine größere Abweichung ergibt sich bei den Zeitschriften zwischen 1960–64. Diese wird in den Statistischen Jahrbüchern explizit damit erklärt, dass ab 1968 Presseerzeugnisse mit dem Charakter von Mitteilungsblättern nicht mehr in der Zeitschriftenstatistik erfasst werden und eine Rückrechnung aufgrund fehlender Daten nur bis 1965 möglich ist. Demnach ist der in diesem Zeitraum nichtstetige Verlauf der Zeitschriftenkurve für die Gesamtbetrachtung nicht relevant. Insgesamt kann man sowohl bei der Papierproduktion als auch bei den polygrafischen Erzeugnissen keine Korrelation mit der durchaus kontrastreichen Entwicklung der Anzahl von Publikationen mit einer Erwähnung der Wismut oder des Uranbergbaus feststellen.

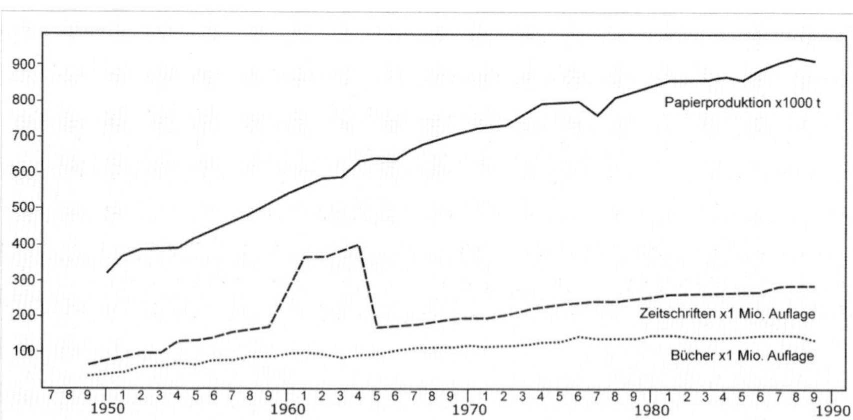

Diagramm 7: Entwicklung der Produktion von Papier und Druckerzeugnissen in der DDR

Zusammenfassung

In der vorstehenden Arbeit werden neben einigen thematisch tangierenden Arbeiten insgesamt 133 Publikationen aus der SBZ/DDR mit Bezug zum Uranbergbau der AG/SDAG Wismut erörtert. Der das Bergbauunternehmen Wismut oder alternativ dazu die Urangewinnung der DDR betreffende Inhaltsumfang reicht von kurzen Textstellen, mehrseitigen Artikeln, Broschüren bis hin zu einem 87-seitigen Buch. Somit entspricht die eingangs zitierte Aussage, dass es in der DDR »praktisch überhaupt keine Veröffentlichung zum Uranbergbau, geschweige denn zur Wismut«[276] gab, offensichtlich nicht den Tatsachen. Auch eine weitere eingangs genannte Aussage[277], dass lange Zeit nichts über die Wismut publiziert werden durfte, muss deutlich relativiert werden. Bereits vier Jahre nach Gründung der AG Wismut erscheint in einer naturwissenschaftlichen Zeitschrift ein Aufsatz mit Hinweisen auf den neuen Uranbergbau. Natürlich ist hierbei anzumerken, dass die Publikationsanzahl und die Qualität der Informationen über den Uranbergbau der Wismut nicht unseren heutigen Erwartungen an eine transparente Informationspolitik entsprechen.

In der SBZ/DDR steht die Urangewinnung von Anfang an unter der Prämisse eines strategisch relevanten Kernwaffenrohstoffs. Deshalb sind gewisse Beschränkungen im Umgang mit diesbezüglichen Informationen durchaus nachvollziehbar. Das Dilemma der geringen Informationstiefe in den Publikationen zur Urangewinnung bringt der Geologe Dr. Pfeiffer sehr treffend auf den Punkt: »Zwangsläufig blieben alle Details geheim, die Aufschluss über militärische Potenzen geben können.«[278] Im Grunde genommen spiegelt also die Informationspolitik in der SBZ/DDR bezüglich des Uranbergbaus der AG/SDAG Wismut überwiegend eine (teilweise deutlich übertriebene) Reaktion auf bestehende Sachzwänge wider. Die in Diagramm 3 dargestellte Auswertung der charakteristischen Merkmale zur Informationstiefe zeigt, dass die publizierten Daten über den Uranbergbau oft ziemlich dürftig sind und anfangs nur schrittweise in Veröffentlichungen preisgegeben werden. Dabei spielt auch unabhängig vom Geheimhaltungszweck die Propaganda eine Rolle. Wegen der unangenehmen Begleiterscheinungen des

275 Zentralverwaltung 1955–1960.
276 Beleites 1992, S. 46.
277 Vgl. Boch/Karlsch 2011, S. 11.
278 Pfeiffer 1965, S. 2.

Bergbaus (Gesundheits- und Umweltschutz, Kosten) tendiert die staatliche Propaganda vom anfänglichen verschämten Verschweigen des Uranbergbaus bis hin zu seiner Glorifizierung als »Uran für den Frieden«.

In den Anfangsjahren bis 1950 kann man durchaus deutliche Einschränkungen bei den publizierten Informationen feststellen. Obwohl der neue Bergbau wegen seiner immensen Umfänge bis über die betroffenen Gebiete hinaus öffentlichkeitswirksam ist, wird aus Geheimschutzgründen die Nennung des Zielrohstoffs strikt vermieden. Gegenüber der unbestimmten Legendierung als »Erzbergbau« scheint die bestimmte Legendierung als Gewinnung von Wismut in Publikationen seltener vertreten zu sein. Sie wird eher subtil durch den Namen des Bergbauunternehmens transportiert. Doch schon 1951 tauchen, wenn auch sehr spärlich, mehr oder weniger direkte Hinweise in Veröffentlichungen auf, dass der neue Bergbau in Wirklichkeit dem Uran gilt.

Nach dem Tod Stalins ist ab 1954 ein Anstieg an publizierten Daten feststellbar, wobei man sich hinsichtlich des Zielrohstoffs immer noch etwas bedeckt hält. Ein generelles Veröffentlichungsverbot scheint nicht mehr zu existieren, jedoch ist noch ein starkes Nachwirken des Geheimschutzdenkens aus den Anfangsjahren vorhanden. Erst ab 1956 wird dieses Phänomen mit einzelnen Erwähnungen des geförderten Zielrohstoffs langsam durchbrochen.[279]

Besonders 1957 kann man eine große Zahl an Publikationen feststellen. Dieses Niveau setzt sich, ab Mitte der 1960er Jahre leicht rückläufig, bis etwa 1968 fort. Innerhalb von zwölf Jahren erscheinen 47 Publikationen mit Bezug zur Wismut und dem Uranbergbau. Der Zielrohstoff Uran wird nun häufiger genannt, jedoch nur vereinzelt auch dessen Hauptverwendung für Kernwaffen. Manchmal stellt man die friedliche Nutzung zur Erzeugung von Kernenergie und die technische Verwendung radioaktiver Isotope in den Vordergrund, was so nicht der Wahrheit entspricht. Ein moralischer Vorteil der Sowjetunion ist in diesem Fall nicht wegzudiskutieren. Sie hat im Gegensatz zu den Vereinigten Staaten erstens bisher keine Kernwaffen im Krieg eingesetzt, zweitens diese erst unter Zugzwang entwickelt und drittens noch vor den USA die Atomenergie für friedliche Zwecke zur Stromerzeugung genutzt. Unter dem Eindruck von Hiroshima und Nagasaki ist es durchaus nachvollziehbar, dass man glaubt, sich mit der Behauptung einer überwiegend friedlichen Nutzung des Urans die Hände in Unschuld waschen zu können. Flankiert wird diese Informationswelle durch eine weltweite Euphorie bei den zukünftigen Nutzungsmöglichkeiten der Kernenergie.

279 Neef 1956, S. 82. – Stammberger 1956, S. 45.

Gegen Ende der 1960er Jahre klingt diese Publikationswelle langsam ab.

Die relativ geringe Anzahl von acht Veröffentlichungen innerhalb von fünf Jahren markiert einen Tiefpunkt in der ersten Hälfte der 1970er Jahre. Ein Grund dafür mag eine merkliche Abkühlung der Atomeuphorie sein. Die Vision, mit den Kräften der Kernenergie einen Großteil der Probleme der Menschheit zu lösen, erweist sich nun doch als Utopie. Außenpolitische Gründe für den Publikationsrückgang, wie die KSZE-Verhandlungen und die sich rasch entwickelnde diplomatische Anerkennung der DDR können nur als Vermutung geäußert werden. Eher dürften sich darin innenpolitische Motive, wie der Machtübergang von Ulbricht an Honecker und die damit verbundenen Rückschritte bei der Liberalisierung in der Informationspolitik abbilden. Ein zensierender Rückfall in alte Legendierungsmuster (Gewinnung von Wismut statt Uran) ist jedoch nicht feststellbar.

Ab Mitte der 1970er Jahre steigt die Publikationsanzahl mit fünfzehn Veröffentlichungen innerhalb von fünf Jahren wieder auf das Durchschnittsniveau an. Bemerkenswert ist ein Wechsel bei der Art der Erwähnung der »Verwendung des geförderten Urans für Atomwaffen«. Nach einer bisher nur beiläufigen Nennung in einem geringen Teil der Publikationen wird nun die militärische Nutzung als »Uran für den Frieden« öffentlichkeitswirksam z. B. in einem Jugendweihebuch propagiert.

Ein leichter Rückgang der Veröffentlichungen ist ab 1979 festzustellen. Innerhalb von fünf Jahren können nur neun Veröffentlichungen gefunden werden. Aufgrund der zeitlichen Übereinstimmung mit dem NATO-Doppelbeschluss zur Stationierung von Mittelstreckenwaffen in Westeuropa erscheint dies als mögliches außenpolitisches Motiv, was aber nicht mit belastbaren Daten belegt werden kann.

Ein deutlicher Umbruch in der Informationspolitik ist erst ab 1984 zu verzeichnen. Nun schnellt die Zahl der Veröffentlichungen über die Wismut in die Höhe und erreicht Werte, welche sogar das Dreijahresmittel der ersten Informationswelle von 1957 übertreffen. Innerhalb von sieben Jahren bis zum Ende der DDR sind 35 Publikationen zu verzeichnen, wobei ein eindeutiger Schwerpunkt in den Jahren 1984/85 erkennbar ist. Die Lockerung in der Informationspolitik geht auch mit anderen Zugeständnissen an die Zivilgesellschaft der DDR einher. Als Indiz dafür kann man den signifikanten Anstieg bei Genehmigungen von Ausreiseanträgen ab 1984 werten. Also scheint die politische Unzufriedenheit ein Grund zu sein, weshalb sich die Staatsführung der DDR zu derartigen Zugeständnissen genötigt sieht. Allerdings darf man diesen Aspekt im Zusammenhang mit den ebenfalls gestiegenen Zahlen der Veröffentlichungen zur Wismut nicht überbewerten. Denn in dieser Zeit finden auch seitens der staatlichen DDR-Institutionen umfangreiche Forschungen zur Geschichte der AG/SDAG Wismut statt.

Die Partei (SED), ihre Jugendorganisation (FDJ) und die Gewerkschaft (FDGB) bringen Publikationen heraus, welche sich vor allem der Anfangszeit der Wismut widmen. Trotz des teilweise immens großen Umfangs der Arbeiten[280] findet man darin kaum belastbare bergbautechnologische oder lagerstättenkundliche Fakten.[281] Im Mittelpunkt steht die Organisation der ideologischen Arbeit von Parteien und Massenorganisationen. Unverkennbar dagegen ist die Intention dieser Veröffentlichungen. Damit soll die wegen früherer Geheimhaltungsnormen vernachlässigte eigene Geschichtsschreibung nun endlich chronikalisch aufgearbeitet und dokumentiert werden. Von der Reihe »Zur Geschichte der Gebietsparteiorganisation der Wismut der SED« erscheint 1988 nur der Band 1 der Jahre 1947–49. Mit der Auflösung der Gebietsparteileitung Wismut der SED wird zur Wende auch die Veröffentlichung weiterer Bände obsolet.

Ein großer Teil der untersuchten Veröffentlichungen enthält keine direkten oder indirekten Wertungen zur Tätigkeit der Wismut. Das ist zum einen dem politisch neutralen Informationscharakter der entsprechenden Medien geschuldet (Postkarten, Atlanten, Lexika, geologische Fachliteratur). Zum anderen wird in vielen Veröffentlichungen die Wismut nur beiläufig genannt, weil die Autoren wegen der Gefahr einer möglichen Zensur lieber auf ausführliche Informationen verzichten. Ein ebenfalls großer Teil der Veröffentlichungen bringt, wie zu erwarten ist, entweder einen gewissen positiven Grundtenor oder offen wohlwollende Wertungen zum Ausdruck. Jedoch darf man nicht völlig ausblenden, dass in einigen Veröffentlichungen auch kritische Wertungen enthalten sind. Ob das ein ideologisch unkorrektes Literaturzitat aus dem nichtsozialistischen Ausland, eine satirisch-kritische Anmerkung zur Verschwendung von Arbeitsmitteln, der Vorwurf des Vorrangs der Planerfüllung vor dem Arbeitsschutz oder einfach nur eine wenig euphorische Darstellung des realen Sozialismus ist, all das wird ohne Probleme veröffentlicht.[282] Selbst parteinahe Publikationen äußern z. B. kritische Anmerkungen bezüglich der praktischen Wiederholbarkeit mancher Schnellvortriebsleistungen.[283] Die umweltschutzkritische Schrift »Pechblende«[284] erregt zwar den Unwillen der Staatssicherheit, kann sich jedoch durch ihre zweckgebundene Publikation zum innerkirchlichen Dienstgebrauch der Zensur weitestgehend entziehen. Auch das Pendant der »Pechblende« in der Jenaer Schülerzeitschrift »Impuls 68« kann zumindest

280 Gebietsparteileitung 1988.
281 Viele Akten, welche diese Details betreffen, sind für die damaligen Bearbeiter der Publikationen noch gesperrt. Meinhold 2017: Persönliche Mitteilung vom 12.9.2017.
282 Prescher 1963, S. 299f. – Lufer 1962, S. 10. – Jobst 1983, S. 164. – Krauss 1988.
283 Gebietsparteileitung 1988, S. 51.
284 Beleites 1988.

anfänglich, bis zur Stornierung der restlichen Auflage, erfolgreich die Zensur unterlaufen. Allerdings muss man hinzufügen, dass es sich insgesamt bei den Publikationen mit kritischen Wertungen um Einzelfälle handelt, welche gegenüber der großen Masse der Veröffentlichungen statistisch nicht relevant sind. Jedoch scheinen sich diese Einzelfälle, bei denen offensichtlich auch keine Zensur einschreitet, besonders in den sechziger und achtziger Jahren zu häufen. Dieser Fakt deckt sich weitestgehend mit den Erkenntnissen aus dem Abschnitt »Leitmedium *Neues Deutschland* und die AG/SDAG Wismut« nach denen in den Zeiträumen von 1956–67 und 1983–90 ein Nachlassen der staatlichen Einflussnahme auf die Publikation von Daten zur SDAG Wismut festzustellen ist.

Bis auf wenige sichere Belege[285] lassen die bisherigen Betrachtungen den Verdacht einer Zensur meist nur indirekt anhand von in gewissen Zeitabschnitten fehlenden oder weniger zahlreich erscheinenden faktischen Veröffentlichungen vermuten. Es kann jedoch daraus im Umkehrschluss nicht gefolgert werden, in welchem tatsächlichen Umfang eingereichte Veröffentlichungen der Zensur zum Opfer gefallen sind. Sicherlich erweist sich das brisante Thema des Uranbergbaus der Wismut in der DDR besonders anfällig für die Selbstzensur. Vermutlich haben hierbei manche Autoren den Informationsgehalt ihrer Texte aus Angst vor Restriktionen beschränkt, oder sehen schon im Vorfeld von einer Veröffentlichung zu diesem Thema ab. Man muss sich also bewusst sein, dass noch ein gewisses Dunkelfeld besteht, welches mangels belastbarer Daten auch im Rahmen dieser Arbeit nicht umfassend erhellt werden kann.

Jedoch erscheint es möglich, aus der Art der publizierten Daten gewisse Zensurarten und auch den damit verfolgten Zweck abzuleiten. Damit kommen wir zur allgemeinen Betrachtung, was ein Staat mit Beschränkungen von Informationen erreichen will. Eine zunächst legitime Art der Zensur wäre der Schutz der Bevölkerung, insbesondere der Jugend, vor Gewalt- und Extremdarstellungen, die der Ethik und den herrschenden Moralvorstellungen widersprechen. Diese trifft zwar aus heutiger Sicht auf die Thematik der Urangewinnung und ihre Begleiterscheinungen nicht zu. In Anbetracht der damals auch in westlichen Ländern zensurrelevanten Moralgrenzen könnte die allzu realistische Beschreibung von Alkoholmissbrauch und Obszönitäten der »wilden« Nachkriegsjahre durchaus auch unter diesen Aspekt einzuordnen sein. Dass damals zwischen den in Mitteleuropa allgemein üblichen Moralgrenzen und den speziellen »sozialistischen« Normen bedeutende Unterschiede vorhanden sind, ist anzuzweifeln.

---

285 Wolf 1958/1972. – Bräunig 1965. – Beleites 1989.

Auch als legitim, weil in fast allen Staaten strafbewehrt, ist der Schutz von Staats- und Betriebsgeheimnissen anzusehen. Darunter wäre möglicherweise auch die mediale Veröffentlichung der nur für die unmittelbar Beteiligten ersichtlichen Fakten des Uranbergbaus der Anfangszeit zu subsummieren, als dieser noch komplett geheim gehalten werden sollte. Bei quantifizierbaren Details, die Rückschlüsse auf Gewinnungsmengen zulassen, betrifft dies selbstverständlich auch spätere Zeiträume. Sicherlich ist beim Thema Uranbergbau in der DDR auch ein überzogener Geheimschutz zu konstatieren. Aus Angst, dass daraus geheimschutzrelevante Fakten abgeleitet werden können, beschränkt man oft auch die Nennung allgemein bekannter Tatsachen. Das Thema Uranbergbau gibt damit einigen pedantischen Geheimniskrämern ein weites Spielfeld, um sich zu profilieren und wichtig zu machen. Dieser überzogene Geheimschutz ist kein Alleinstellungsmerkmal der Wismut, er kann auch in anderen Bereichen der DDR-Volkswirtschaft beobachtet werden. Der ehemalige Mitarbeiter des Zentralen Geologischen Instituts, Thomas Kaemmel, beschreibt dies sehr treffend:

> Die Fetischisierung des Sicherheitsinteresses der DDR unter dem Damoklesschwert des Kalten Krieges führte jedoch zu einer Deformation und Verselbständigung dieses Interesses. Die Sicherheit wurde zu einem Vorwand. Der Sinn der Geheimschutzbestimmungen lag nun vor allem in der Disziplinierung der Mitarbeiter, der Erzeugung von Furcht die Bestimmungen zu verletzen und dadurch angreifbar zu werden. Das eigentliche Ziel, die [...] wirtschaftspolitische Sicherheit [zu stärken], verkehrte sich an der Basis in das Gegenteil. Die politische Akzeptanz des Staates sank bei der Bevölkerung, seinen Staatsangehörigen.[286]

Nun können in dieser Arbeit neben der Nichterwähnung, Fragmentierung und Legendierung »harter« Fakten auch gewisse »weiche« Konditionierungen der Informationen festgestellt werden. Im Unterschied zur Durchsetzung des Geheimschutzes handelt es sich hierbei um Propaganda, das heißt um die mediale Beeinflussung der Menschen mit dem Zweck, das bestehende politische System zu legitimieren. Ziel ist die Kaschierung von unangenehmen Fakten des Uranbergbaus. Das heute im Zusammenhang mit der Tätigkeit der Wismut omnipräsente Umwelt- und Gesundheitsschutzdenken liegt in den entbehrungsreichen Nachkriegsjahren weit außerhalb des öffentlichen Interesses. Im direkten Vergleich mit den 60 Millionen Toten und der Zerstörung tausender europäischer Städte während des Zweiten Weltkrieges wirkt die heute als desaströs beschriebene Umwelt-

286 Kaemmel 2013. – Stammberger 1956, S. 99.

und Gesundheitsbilanz der frühen Jahre des Uranbergbaus der Wismut geradezu unbedeutend. In Anbetracht dessen erscheint es befremdlich, wenn in manchen heutigen Betrachtungen der Zweite Weltkrieg quasi als unvermeidbarer »Betriebsunfall« der deutschen Geschichte bagatellisiert wird, während man die zeitlich nur marginal näher liegende Tätigkeit der Wismut als böswillige Tat der sowjetischen Besatzungsmacht brandmarkt. Damit wird neben einem Verwischen der Relationen auch die Beziehung von Ursache und Wirkung ins Gegenteil verkehrt. In der Bevölkerung sind damals die Schrecken des Krieges noch frisch. So werden die anfänglichen Arbeitsbedingungen bei der Wismut, so schlecht sie auch im Vergleich zu den heutigen Bewertungsmaßstäben des Arbeits- und Gesundheitsschutzes erscheinen mögen, nicht als vordergründiges Problem wahrgenommen. Für Betrachtungen zum Umweltschutz ist angesichts der existenziellen Zwänge gar kein Platz. Erst gegen Ende der achtziger Jahre werden missliebige Veröffentlichungen zum Umweltschutz in Bezug auf die Wismut eine gewisse Rolle spielen. Nach dem Krieg möchte die Bevölkerung erst einmal wieder unter normalen Verhältnissen leben. Bei den öffentlichen Diskussionen geht es damals hauptsächlich um soziale und ökonomische Fragen, wie den Mangel an Lebensmitteln, Wohnraum und Gebrauchsgütern. Dem versucht man mit einer Sonderversorgung der Bergbaugebiete zu begegnen, um solchen Diskussionen aus dem Weg zu gehen. Durch anfängliche Überlastungen der Infrastruktur in den Bergbauregionen entstehen zeitweise auch turbulente Zustände, die besonders in Bezug auf Verteilungskonkurrenzen bei der Versorgung und dem unangemessenen Verhalten mancher Kumpel (Alkoholmissbrauch, Kneipenschlägereien) ein gewisses Unbehagen bei der einheimischen Bevölkerung hervorrufen. Größer noch scheint das Unbehagen bei den Hütern der sozialistischen Moral zu sein, als sie Jahre später aus ihrer beschaulich eingerichteten Welt auf die fast chaotisch erscheinenden, ersten Jahre der Wismut zurückblicken. Genau in diesem Aspekt, der allzu realistischen Beschreibung »wilder Zustände« zur Anfangszeit, liegt die Ursache der Zensur des Films »Sonnensucher« und des Romans »Rummelplatz« begründet.

Ein weiterer Kernpunkt der »anstößigen« Themen ist anfangs die rigorose Praxis der Arbeitsverpflichtungen. Nicht jeder, der von den Arbeitsämtern zur Wismut vermittelt wird, kann sich trotz aller materiellen Vergünstigungen mit den turbulenten Zuständen vor Ort anfreunden. Viele flüchten in die Westzonen bzw. in die spätere BRD. Verständlicherweise sind ihre Berichte über den ostdeutschen Uranbergbau alles andere als wohlwollend formuliert. Die westlichen Medien extrahieren daraus die spektakulärsten Ereignisse und prangern damit die Zustände im ostdeutschen Uranbergbau an. Hier befindet sich die SBZ- bzw. DDR-Presse in der Zwickmühle zwischen einem kompletten Verschweigen und dem Dementieren der von westlichen Medien verbreiteten Informationen, die hinsichtlich vermeintlicher Grubenunglücke auch haarsträubende Falschmeldungen enthalten. So veröffentlichen westliche Zeitungen Grubenunglücke bei der Wismut mit mehreren hundert Toten, die nie stattgefunden haben, aber heute noch in angesehenen Publikationen ungeprüft genannt werden.[287]

Ebenso ist die Tatsache, dass sich die Sowjetunion bis 1954 den Uranbergbau fast komplett und später in Teilen von der SBZ/DDR finanzieren lässt, ein eher unangenehmer Aspekt, den man nicht an die große Glocke hängen möchte. Dieser kann weitestgehend damit kompensiert werden, dass der Bergbau für seine Beschäftigten und auch für das unmittelbare Umfeld materielle und finanzielle Vorteile bringt. Später verweist man auf großzügige Importe von Wirtschaftsgütern aus der Sowjetunion als Ausgleich für die Uranlieferungen der SDAG Wismut.

Moralische Bedenken wegen der Förderung eines für Atomwaffen bestimmten Rohstoffs sollen gar nicht erst aufkommen. Zuerst versucht man, diesen Fakt weitestgehend zu verdrängen. Bis in die fünfziger Jahre ist das deutsche Volk noch deutlich vom letzten Krieg angewidert. Ein Großteil der Bevölkerung möchte keine Waffe mehr in die Hand nehmen oder zur Herstellung einer Waffe beitragen. Auch aus diesem Grund kommt eine Propagandaaktion mit der Wahrheit (Urangewinnung zur Brechung des Atomwaffenmonopols) nicht in Betracht. Anstatt sprichwörtlich die Katze aus dem Sack zu lassen, hilft man sich mit einer verfälschenden Legendierung von Gewinnungsziel und Verwendungszweck. Man legendiert den gewonnenen Rohstoff als »Erz« oder »Wismut«. Mit dieser diffusen Bezeichnung lässt sich der Verwendungszweck des Erzes zum Wirtschaftsaufbau und Aufbau einer Grundstoffindustrie viel überzeugender darstellen. Außerdem weist diese Variante gleich mehrere Vorzüge auf. Die Vortäuschung eines rein ökonomischen Zwecks impliziert in den entbehrungsreichen Jahren nach dem Krieg die Ansicht, dass die Arbeit der Wismut dem Ziel der allgemeinen Verbesserung der Lebensqualität dient. Außerdem vermeidet man damit, bei der Bevölkerung Unwillen bezüglich des eindeutig militärischen Verwendungszwecks des Urans zu provozieren. Schließlich scheint auch unter dem Aspekt des Geheimschutzes die Ausblendung des sensiblen Wortes »Uran« vorteilhaft zu sein. Natürlich ist es schwierig, die faktische Diskrepanz zwischen Realität und Legendierung langfristig aufrecht zu erhalten. Ab Mitte der fünfziger Jahre kann man schließlich die Urangewinnung nicht länger verheimlichen, ohne an Glaubwürdigkeit zu verlieren. Nun

287 Vgl. Kroker/Farrenkopf 1999.

kommt es zu einer Legendierung bezüglich einer überwiegend friedlichen Verwendung des Urans, indem man die Erzeugung von Elektroenergie und die Nutzung radioaktiver Isotope in der Technik propagiert. Auch dieser Erklärungsversuch muss schließlich schrittweise relativiert werden. Letztlich bleibt man bei der Wahrheit und glorifiziert die Urangewinnung als »Uran für den Frieden« oder »besonderen Verteidigungsbeitrag der DDR«. So windig wie diese letzte Erklärung auch immer erscheinen mag, im historischen Kontext wird sie durch den kalt gebliebenen Kalten Krieg zweifellos bestätigt. Trotzdem hätte der DDR bei den Publikationen über den Uranbergbau von Anfang an etwas mehr Offenheit und Wahrheit besser zu Gesicht gestanden.

Die Unterdrückung und die ideologiekonforme Konditionierung medialer Informationen zum Uranbergbau der Wismut stellt nur ein Beispiel innerhalb der gesamten Informationspolitik der DDR dar. Dabei ist dieses Beispiel besonders stark in den Kontext des Kalten Krieges eingebunden, in welchem der geopolitische Wettstreit zwischen Kapitalismus und Sozialismus schließlich kumuliert. Natürlich nutzen beide Lager des Kalten Krieges mehr oder weniger stark ausgeprägt die Waffen der Zensur und der Propaganda. Jedoch erhebt der Sozialismus den Anspruch, die fortschrittlichere und demokratischere Gesellschaftsordnung zu sein. Ein ideologisch ungetrübter Blick auf die bisherige Menschheitsgeschichte sollte eigentlich genügen, um festzustellen, dass ein derart einschneidender gesellschaftlicher Wandel innerhalb kurzer Zeit nicht ohne große äußere und innere Widersprüche möglich ist. Eine aufrichtige und offene Darstellung der Realitäten und der bestehenden Defizite wäre dem vorab erhobenen Anspruch auf eine fortschrittlichere Gesellschaftsordnung sicherlich angemessen gewesen. Stattdessen versucht man in der DDR diese Widersprüche in diktatorischer Weise mit gegenaufklärerischen Mitteln wie Zensur und Propaganda zu negieren und wegzudiskutieren. Auch das disqualifiziert den real existierenden Sozialismus als einen zum Scheitern verurteilten Versuch, eine bessere und gerechtere Gesellschaftsordnung zu etablieren.

Nachwort – ein historischer Weißabgleich

Wenn man sich mit der Analyse von zeitgenössischen medialen Darstellungen historischer Prozesse aus der heutigen Perspektive beschäftigt, kommt man nicht umhin, vor einer gewissen Gegenwartsüberheblichkeit zu warnen. All die vorab genannten, kritischen Betrachtungen der Geschichte können auch in unserer offenen und pluralistischen Gesellschaft nicht darüber hinwegtäuschen, dass in der Gegenwart ein Wettstreit um die Deutungshoheit der medialen Wahrheit herrscht. In unserer modernen Informationsgesellschaft lassen sich ebenso mühelos gewisse Beispiele für die vorab beschriebenen Phänomene der Beschränkung und Konditionierung von Informationen wiederfinden.

Das Phänomen der kompletten Unterdrückung einer Information erscheint in unserer heutigen Zeit fast undenkbar. Da aber damals wie heute solche Geheimhaltungsversuche schließlich doch nach einigen Jahren publik werden, ist die fortwährende Existenz dieses Phänomens bisher unbestritten. So enthüllt der Whistleblower Edgar Snowden im Jahr 2013 die Ausspähpraktiken der NSA. Damit wird die elektronische Privatsphäre eines großen Teils der Menschheit ohne deren Wissen auf der Suche nach verwertbaren Daten durchleuchtet. Man kann annehmen, dass dieses schon vorher jahrelang betriebene Programm einer großen Anzahl von Personen, einschließlich der Nachrichtendienste befreundeter Länder bekannt ist. Wegen seiner militärstrategischen Bedeutung gelangt dieses Thema vor 2013 nicht in den medialen Diskussionsraum. Ein Vergleich zur anfänglich rigiden Geheimhaltung des sowjetischen Uranbeschaffungsprogramms der Wismut drängt sich geradezu auf.

In DDR-Publikationen zum Uranbergbau der Wismut sind die Teilinformationen »SDAG Wismut« und »Uranbergbau« oft nur einzeln enthalten. Diese Spielart des Fragmentierens zusammengehörender Informationen ist auch den heutigen Leitmedien nicht fremd. So finden die Vereinten Nationen und ihre Tätigkeit zuweilen in den Medien Erwähnung. Jedoch bei der Bewertung des militärischen Eingreifens von Deutschland oder seiner Verbündeten in fremde Konfliktherde scheut man den Verweis auf das entsprechende Völkerrecht (Charta der Vereinten Nationen, Artikel 2 und Artikel 39–51) wie der Teufel das Weihwasser. Durch diese Fragmentierung wird dem Normalbürger die Existenz einer solchen Rechtsnorm schließlich gar nicht mehr bewusst. Quasi als Ersatz dafür propagiert man den völkerrechtlich nicht definierten und subjektiv beliebig auslegbaren Begriff der »Humanitären Intervention«.[288] Dieser moralisch äußerst ehrenwert klingende Begriff dient letztlich nur der Täuschung der eigenen Bevölkerung. Durch die Beliebigkeit seiner Auslegung lässt sich damit quasi ein Blankoscheck für völkerrechtlich illegale militärische Aktionen ausstellen.

Auch für das Phänomen der Legendierung lassen sich Beispiele finden. So wie früher für den Uranbergbau die Begriffe »Erzbergbau« oder »Wismutbergbau« vorgeschoben werden, nutzt man im Syrienkrieg für die radikalislamischen Milizen die verschleiernden Begriffe »moderate« oder »gemäßigte Rebellen«.[289] Als deren Ziel wird von unseren Leitmedien die Schaffung demokratischer Verhältnisse in Syrien vermittelt. Diese Behauptung entspricht in etwa dem Wahrheitsgehalt der frühen DDR-Medien, die als Hauptzweck der Wismut AG die Gewinnung von Wismut zur Herstellung von Medikamenten gegen Magen- und Geschlechtskrankheiten angeben.

Interessant ist, dass nun das Internet zunehmend die Rolle der früheren Rundfunk-»Feindsender« einnimmt. Damals wie heute streuen diese alternativen Informationsquellen breit in ihrem Wahrheitsgehalt. Man darf den angebotenen Informationen nicht blind Glauben schenken, auch wenn sie mit eigenen Erwartungen und Vorurteilen übereinstimmen. Die früher von den »Feindsendern« verbreiteten Falschinformationen über nicht stattgefundene Grubenunglücke bei der Wismut finden in den heutigen »Fake-News« des Internets ihre Entsprechung. So bietet auch das Internet viele Möglichkeiten zur subtilen Täuschung seiner Nutzer. Letztlich muss man konstatieren, dass wir uns als Medienkonsumenten immer in einem gewissen Manipulationskontext befinden werden. Diese Erkenntnis erfordert es, die angebotenen Informationen nicht einfach als Fakten aufzunehmen, sondern sie auch mit wachem Verstand kritisch zu hinterfragen.

---

288 Vgl. Herdegen 2013 – *FAZ*, Politik, 10.9.2013.
289 Vgl. Ganser 2016, S.296.

ANHANG

Quellen- und Literaturverzeichnis

ANONYMUS 1947: Uran in Oberschlesien, in: *Neues Deutschland* (ADN), 9.4.1947.

ANONYMUS 1948: 127 Mark ausgezahlter Wochenlohn. – *Tribüne*, Tageszeitung des Freien Deutschen Gewerkschaftsbundes, 18.1.1948, Berlin {ZGA-WXLXX}.

ANONYMUS 1949: Als das »neue Berggeschrei« ertönte, in: *Neues Deutschland*, Tageszeitung, Zentralorgan der SED, 24.11.1949, Berlin.

ANONYMUS 1951: Artikel über »Wismuth AG«, in: *Film-Funken*, Werkszeitschrift VEB Agfa Filmfabrik Wolfen, 18.9.1951, Wolfen {ZGA-WUXXX}.

ANONYMUS UM 1954: Bildpostkarte von Annaberg. – Hintergrund Fördergerüst und Halde Schacht 78 {PXF-XXXFX}.

ANONYMUS 1954/55: Bildpostkarte von Sehma – Hintergrund Fördergerüste und Halden der Tiefschürfe 566 und 567 {PXF-XXXFX}.

ANONYMUS 1957: Artikel über die SDAG Wismut, in: *Neue Berliner Illustrierte*, Wochenzeitschrift, Berlin Quelle: KARLSCH/ZEMAN 2003, S. 224 {SGA-WULFX}.

ANONYMUS 1959: Sonnensucher zurückgezogen, in: *Neues Deutschland*, 23.10.1959, S. 5.

ANONYMUS 1985: Artikel über SDAG Wismut. – Einheit: Zeitschrift für Theorie und Praxis des wissenschaftlichen Sozialismus, Band 40, Ausgaben 1–6, Berlin 1985 {SGA-WUXXX}.

ANONYMUS 1980: Erfahrungen aus der Geschichte der jungen Generation des Jugendbergbaubetriebes Königstein. Schriftenreihe zur Geschichte der Gebietsorganisation Wismut der FDJ, Heft 2, o.O..

ARBEITSAMT ANNABERG 1948/49: Die Wismut AG Annaberg braucht für den Erzbergbau Männer, Frauen und Mädels […] für Hilfsarbeiten über Tage. – Plakat, in: BEYER/KADEN/RAASCH/SCHUPPAN 1995: Wismut – »Erz für den Frieden«? Marienberg 1948/49, S. 35 {PxW-WXLXX}.

ANONYMUS, (-NE-) 1991: Ein Buch in einer Betrachtung, in: Erzgebirgische Heimatblätter, H. 1/91, S. 19f., Olbernhau.

ARNOLD/ HOFFMANN 1984: Arnold, Günther; Hoffmann, Werner: Exkursion im Schreckenberg, in: Erzgebirgische Heimatblätter, Heft 3/84 {SHT-WXLFX}.

AUTORENKOLLEKTIV 1958: Atlas der Erdkunde. Für die allgemeinbildenden polytechnischen Oberschulen, 1. Aufl., Berlin 1958 {LNF-XULXX}.

AUTORENKOLLEKTIV 1959: Kleines Lexikon A–Z, Leipzig 1959 {BLT-WUXXX}.

AUTORENKOLLEKTIV 1960: Ökonomische Geographie der Deutschen Demokratischen Republik. Lehrbuch der Erdkunde für die 11. Klasse der Erweiterten Oberschule, Teil II, Berlin 1960 {LNT-WULFX}.

AUTORENKOLLEKTIV 1960A: Atlas der Erdkunde für die allgemeinbildenden polytechnischen Oberschulen, 3. Aufl., Berlin 1960.

Autorenkollektiv 1961, 1962, 1964: Meyers Neues Lexikon (Band 1–8), Leipzig 1961–64 {BNT-XULFX}.

Autorenkollektiv Ortschronik 1967: 600 Jahre Cunersdorf, Festschrift, Broschur, 16. Seiten, Cunersdorf 1967 {OHT-WXLXX} .

Autorenkollektiv 1969: Meyers Neues Lexikon (Band 9, Ergänzungsband) Leipzig 1969 {BNT-XULXX}.

Autorenkollektiv 1974: DDR. Farbige Impressionen aus der Deutschen Demokratischen Republik. – VEB F. A. Brockhaus Verlag, Leipzig 1974 {BHT-WXXXX}.

Autorenkollektiv 1975: Drushba – Freundschaft. Berichte, Erlebnisse und Skizzen der deutsch-sowjetischen Freundschaft aus dem Kreis Annaberg, hg. von der Kreisleitung der SED Annaberg, Annaberg-Buchholz 1975 {OGA-WUXXX}.

Autorenkollektiv 1977: Eroberung der Tiefe, 4. überarbeitete Auflage, hg. von Werner Arnold, Leipzig 1977.

Autorenkollektiv 1982: Beiträge zur Geschichte der Arbeiterbewegung, in: BZG, Band 24, hg. vom Institut für Marxismus-Leninismus beim ZK der SED, Berlin 1982 {BGT-WXLXX}.

Autorenkollektiv 1985: Geologisches Arbeiten, Leipzig 1985 {LNT-XULXA}.

Autorenkollektiv 1986: Geologisches Grundwissen, 4. überarb. Auflage, Leipzig 1986.

Autorenkollektiv 1988: Lehrbuch Geschichte für Klasse 9, Berlin 1988 {LGT-WUXXA}.

Barck/Lokatis 2008: Barck, Simone; Lokatis, Siegfried: Zensurspiele. Heimliche Literaturgeschichten aus der DDR, Halle 2008.

Barck/Langermann/Lokatis 2015: Barck, Simone; Langermann, Martina; Lokatis, Siegfried: Jedes Buch ein Abenteuer. Zensur-System und literarische Öffentlichkeiten in der DDR bis Ende der sechziger Jahre, Berlin 2015.

Barth/Zühlke 1985: Barth, Ernst; Zühlke, Dietrich (1985): Zwischen Wolkenstein, Marienberg und Jöhstadt. Werte unserer Heimat, Band 41, Berlin 1985 {BHT-WULXX}.

Barthel 1990: Barthel, Gottfried: Die Fundgrube St. Christoph, in: Erzgebirgische Heimatblätter, Heft 3, (Juni)90, S. 83f., Olbernhau 1990 {SHT-WULXX}.

Bautsch 1958: Bautsch, H. J.: Uran und sein Vorkommen auf der Erde, in: Wissen und Leben, Heft 3, März 1958 {SNT-XUXXA}.

Beleites 1988: Beleites, Michael: Pechblende – der Uranbergbau in der DDR und seine Folgen, hektographiertes Manuskript, Kirchliches Forschungsheim Wittenberge 1988.

Beleites 1989: Beleites, Michael: Das Element Uran: Geschichte und Gegenwart, in: Impuls 68. Schülerzeitschrift für Physik, Chemie und Biologie, Heft 3/89, S. 4–11, hg. von der Friedrich-Schiller-Universität, Jena 1989 {SNA-WUXFA}.

Beleites 1992: Beleites, Michael: Altlast Wismut, Frankfurt a.M. 1992.
Bergius, C. C. 1956: Wir spalten Atome für den Frieden. Auch in Deutschland werden bald die ersten Atommeiler arbeiten, in: Urania Universum, Band 2, S. 38–41, Leipzig/Jena 1956.
Bergknappschaft 2006: Bergknappschaft Schlettau e.V. (Hg.): Schlettauer Bergleute erinnern sich, Schlettau 2006.
Bernhardt: Bernhardt, Arnd: Naturräume der sächsischen Bezirke. Westerzgebirge. Mittelerzgebirge, in: Sächsische Heimatblätter, 5/1986 {SHT-XULXX}.
Beyer 1958: Beyer, Erich: Kleintektonische Untersuchungen im Bereich der Annaberger Graugneiskuppel, Diplomarbeit, Humboldt-Universität Berlin 1958.
Beyer 1960: Beyer, Erich: Tektonische Untersuchungen im Bereich der Annaberger Graugneiskuppel, in: Geologie, Jg. 9, Heft 7, Berlin 1960 .
Beyer 1995: Beyer, Klaus: Geistesriesen, in: Sächsische Heimatblätter 5/1995, S. 309.
Blechschmidt/Walther 1984: Blechschmidt, Manfred; Walther, Klaus: Bergland-Mosaik. Ein Buch vom Erzgebirge, Rudolstadt 1984 {BHT-XULXA}.
Boch/Karlsch 2011: Boch, Rudolf; Karlsch, Rainer: Uranbergbau im Kalten Krieg: Die Wismut im sowjetischen Atomkomplex. – Band 1: Studien, Berlin 2011.
Boch/Karlsch 2011a: Boch, Rudolf; Karlsch, Rainer: Uranbergbau im Kalten Krieg: Die Wismut im sowjetischen Atomkomplex. – Band 2: Dokumente, Berlin 2011.
Böhm/Dörge 1956: Böhm, K.; Dörge, R.: Gigant Atom, Berlin 1956.
Bommhardt 2015: Bommhardt, Karl-Heinz: Die Wismut am Königstein, Berlin 2015.
Bräunig/Salomon 1960: Bräunig, Werner; Salomon, Horst: Für eine Minute. Agitationsverse, Lyrikband, Leipzig {BRA-WULXA}.
Bräunig 1965: Bräunig, Werner: Rummelplatz. – Vorabdruck des IV. Kapitels »Rummelplatz«, in: Zeitschrift für Neue Literatur, Berlin 1965.
Bräunig 1981: Bräunig, Werner: Rummelplatz – ausgewählte Kapitel in: Ein Kranich am Himmel. Unbekanntes und Bekanntes, hg. von Heinz Sachs, Halle/Leipzig 1981 {BRT-WUXXFA}.
Bräunig 2007: Bräunig, Werner: Rummelplatz – Angela Drescher (Hg.), Aufbau Verlagsgruppe GmbH, Berlin.
Bräuer/Vollnhals 1995: Bräuer, Siegfried; Vollnhals, Clemens: In der DDR gibt es keine Zensur, Leipzig 1995.
Bulisch 2006: Bulisch, Jens: Evangelische Presse in der DDR, Göttingen 2006.
BMG 1964: Bundesministerium für Gesamtdeutsche Fragen: Die Sowjetische Besatzungszone Deutschlands. SBZ von 1945 bis 1954, Bonn/Berlin 1964.
Christoph 1965: Christoph, Hans Joachim: Untersuchungen an den Kohlen und Carbargilliten des Döhlener Beckens mit besonderer Berücksichtigung

der radioaktive Substanzen enthaltenden Kohlen, in: Freiberger Forschungshefte C 184, Bergakademie Freiberg 1965 {BNA-WULFX}.
DEFA 1946–1980: Deutsche Film AG: Der Augenzeuge (Wochenschau, Dokumentarfilm), SBZ/DDR, Studio Berlin. Folgen: 1954/46 {FDA-WXLFX}; 1955/12 {FDA-WXXFX}; 1955/17 {FDA-WXLFX}; 1955/22 {FDA-XXXFX}; 1956/43 {FDA-WUXFX}; 1957/A37 {FDA-WXLFX}; 1959/A63 {FDA-WXLFX}.
Domarew 1956: Domarew, W. S.: Die Geologie der Uranlagerstätten der kapitalistischen Länder (russisch), Moskau 1956.
Dressler 1963: Dreßler, Manfred: Der Einfluss tektonischer und lithologischer Faktoren für die Uranvererzung hydrothermaler Ganglagerstätten an Hand der Lagerstätte Schlema-Alberoda/Erzgebirge, in: Fortschritte der Mineralogie, Bde. 40–41, Stuttgart 1963.
Dressler 2019: Dreßler, Manfred: Persönliche Mitteilung vom 15.2.2019.
Dreyer/Pforr 1977: Dreyer, Wolfgang; Pforr, Herbert: Das Vordringen des Bergbaus in extreme Tiefen und der Anteil der Gebirgsmechanik an dieser Entwicklung. – in Eroberung der Tiefe, 4. überarbeitete Auflage, Leipzig 1977.
Dymkov 1960: Dymkov, Juri Maximowitsch: Die Uranmineralisation des Erzgebirges. Atomisdat (russisch), Moskau 1960.
Embersmann 1987: Embersmann, Hans (Hg.): Gera – Geschichte der Stadt in Wort und Bild, Berlin 1987 {BHT-WULXX}.
Findeisen 1957: Findeisen, Charlotte und Günter: Physische Geographie von Deutschland. Lehrbuch der Geographie für die Arbeiter- und Bauern-Fakultäten 1. Studienjahr, Berlin 1957 {LNF-XXXFX}.
Forster 1962: Forster, Hans: Annaberg-Buchholz und das Obererzgebirge, Leipzig 1962 {OHT-WXXXX}.
Freyer/Tröger 1965: Freyer, Günter; Tröger, Karl-Armin: Geologischer Führer durch das Vogtland, Leipzig 1965 {BNT-WXLXX}.
Freyer 1988: Freyer, Günter (Autorenkollektiv): Freiberger Land. – Werte unserer Heimat. – Band 47, Berlin 1988 {BHT-WXLXX}.
Friedensburg 1955: Friedensburg, Ferdinand: Über den Uranbergbau in der sowjetischen Besatzungszone, in: Der Volkswirt 11/55.
Frohberg 1950: Frohberg, M. Hans: Uranium in Russian occupied Saxony and Czechoslovakia. - Proc. Geol. Assoc. Canada 2.
Fröhlich 1986: Fröhlich, Horst: Plauen und das mittlere Vogtland. – Werte unserer Heimat, Band 44, Berlin 1986 {BHT-WULFX}.
Ganser 2016: Ganser, Daniele: Illegale Kriege, Zürich 2016.
Gebietsparteileitung 1988: Gebietsparteileitung der Wismut der SED (Hg.): Zur Geschichte der Gebietsparteiorganisation der Wismut der SED. – Band 1 der Jahre 1947–1949, Karl-Marx-Stadt 1988 {BGW-WULFA}.
Gellert 1959: Gellert, Johannes F.; Kohl, Horst: Geographische Berichte. Bände 4–5, hg. von der Geographischen Gesellschaft der Deutschen Demokratischen Republik, Berlin/Leipzig 1959 {BNT-WULXX}.

Kloss 1989: Kloss, Jutta: Die industrielle Entwicklung im Bezirk Gera, hg. von der Wissenschaftlichen Allgemeinbibliothek des Bezirkes Gera, 1989 {OGT-WXXXX}.

Knapp/Roski 1957: Knapp, Heinz; Roski, Dieter: Der rote Stern leuchtet wieder – über den Schachtanlagen der Steinkohle, in: *Neue Berliner Illustrierte*, Heft 52/57 {SGA-WULFX}.

Kohl 1951: Kohl, Emil: Uranmineralien in Deutschland, in: Aufschluß 2, S. 163–167.

Kohl 1952: Kohl, Emil: Betrachtungen zu den neueren Meldungen über Uranerzfunde und Uranerzgewinnung, in: Zeitschrift für Erzbergbau und Metallhüttenwesen 5, S. 30–32.

Kohl 1954: Kohl, Emil: Uran. Metallische Rohstoffe, ihre Lagerungsverhältnisse und ihre wirtschaftliche Bedeutung. Band 10, Stuttgart 1954 .

Kohl 1966: Kohl, Horst: Ökonomische Geographie der Montanindustrie in der Deutschen Demokratischen Republik, Gotha 1966 {BNT-XUXXX}.

Krauss 1998: Krauß, Angela: Kleine Landschaft. – Glashaus, Berlin/Weimar 1998 {BRT-WUXXX}.

Kruglow/Wannikow 1946: Kruglow, S.N.; Wannikow, B.L.: Bericht über die Verladung und den Transport des in Sachsen, in der Tschechoslowakei und in Bulgarien geförderten Uranerzes. Staatsarchiv der Russischen Föderation, Moskau, Fonds R-9401, Kat. 2, Akte 150, Bl. 14–16. Deutsche Übersetzung in Boch/Karlsch 2011a, S. 42f..

Küchler 1997: Küchler, Wolfgang: Schacht 238 im Osten von Wolkenstein – typisch für den frühen Uranbergbau, in: Erzgebirgische Heimatblätter, Heft 1/97, S. 14f..

Kukuk 1951: Kukuk, Paul: Geologie, Mineralogie und Lagerstättenlehre, Berlin/Göttingen/Heidelberg 1951.

Kunze 1977: Kunze, Joachim: Wissenswertes über Oberwiesenthal, in: Der Heimatfreund 8/77, S. 178f., Stollberg 1977 {SHT-WXXXX} .

Kunze 2015: Kunze, Stefan: Trockenbohren im Uranbergbau der Wismut AG – Der Anschnitt, in: Zeitschrift für Kunst und Kultur im Bergbau, Heft 1/2015, 67. Jg..

Kurz 1984: Kurz, Rudi: Front ohne Gnade (Spielfilmserie), produziert vom Fernsehen der DDR (1981–84) {FST-WUXFA}.

Lange 1954: Lange, Hans Gert: Kumpel Sepp Wenig, Berlin 1954 {BRA-WXLFX}.

Lehmann 1948: Lehmann, Rolf: Der Nachlesebergbau am Schreckenberg. – Ferienarbeit, Bergbaufachschule Zwickau, unveröffentlicht..

Lenski 2007: Lenski, Katharina: Propaganda als Waffe der »Sozialistischen Universität«? – in: Hoßfeld, Kaiser, Mestrup (Hg.): Hochschule im Sozialismus. Studien zur Geschichte der Friedrich-Schiller-Universität Jena (1945–1990), Köln/Weimar/Wien 2007.

Leutwein 1957: Leutwein, Friedrich: Alter und paragenetische Stellung der Pechblende erzgebirgischer Lagerstätten, in: Geologie 6, S. 797–805.

Lipp 1970: Lipp, Ulrich: Lagerstättenkundliche Untersuchungen über das Auftreten und die Verteilung der biconi- und ags-Formation im nördlichen Teil des Schneeberger Lagerstättenbezirkes. Unveröffentlichte Dissertation an der Bergakademie Freiberg, Freiberg 1970.

Lipp/Flach 2003: Lipp, Ulrich; Flach, Siegfried: Wismut-, Kobalt-, Nickel- und Silbererze im Nordteil des Schneeberger Lagerstättenbezirkes, in: Bergbau in Sachsen, Bd. 10, hg. vom Sächsischen Landesamt für Umwelt und Geologie, Freiberg 2003.

Loest/Wicke 1984: Loest, Erich; Wicke, Gabriele: Geordnete Rückzüge. Reisefeuilletons, Hannover 1984.

Lokatis/Rost/Steuer 2013: Lokatis, Siegfried; Rost, Theresia; Steuer, Grit: Vom Autor zur Zensurakte. Abenteuer im Leseland DDR, Halle 2013.

Lufer 1962: Lufer, Sonja: Beleuchtung einiger Dunkelmänner, in: *Eulenspiegel*, 2. Februarheft 1962, Nr. 7 {SGA-WXLXX} .

Mathé 1962: Mathé, Gerhard: Geochemische und lagerstättengenetische Untersuchungen an erzführenden Kohlen des Döhlener Beckens, in: Geologie, Band 11, Berlin 1962{SNT-WULXX}.

Mausfeld 2018: Mausfeld, Rainer: Warum schweigen die Lämmer?, 2. Aufl., Frankfurt am Main 2018.

Meinhold 1979: Meinhold, Volkmar: Zur Entwicklung der Zweiggruppe der Arbeiterklasse im Industriezweig Wismut in den Jahren 1949/50 bis 1954, Diss., Universität Leipzig 1979 {OGW-WUXXA}.

Meinhold 2017: Meinhold, Volkmar: Persönliche Mitteilung vom 12.9.2017.

Meyer 1956: Meyer, Günter: Fliegen mit Atomkraft, in: Urania Universum, Band 2, S. 214–220; Leipzig/Jena 1956.

Meyers Neues Lexikon 1962: Meyers Neues Lexikon in 8 Bänden, VEB Bibliographisches Institut Leipzig (DDR), Leipzig 1962.

MFNV 1986: Ministerium für Nationale Verteidigung, Militärtopographischer Dienst (Hg.): Topographische Karte, Ausgabe Sicherheit (AS), Maßstab 1 : 25 000, Blatt M-33-50-A-b (Aue), Stand 1983.

Münkel/Engelmann 2013: Münkel, Daniela; Engelmann, Roger (Hg.): Die DDR im Blick der Stasi 1953, Göttingen 2013.

Neef 1956: Neef, Ernst: Das Gesicht der Erde. Brockhaus-Taschenbuch der physischen Geographie, hg. vom Geographischen Institut der Karl-Marx-Universität Leipzig, Leipzig 1956 {BNT-XUXXX}.

Netschajew/Fritsch 1966: Netschajew, Sergej; Fritsch, Erich: Wesenszüge einer Antimonvererzung im Gebiet Dorfchemnitz-Hormersdorf (Erzgeb.). Veröffentlichung der SDAG Wismut, in: Zeitschrift für angewandte Geologie, Band 12, Heft 10 {SNT-WXXXX}.

Oelsner 1961: Oelsner, O. W.: Atlas der wichtigsten Mineralparagenesen im mikroskopischen Bild, hg. von der Bergakademie Freiberg, Freiberg 1961.

Opitz 1990: Opitz, Erhard: Das Erzgebirge zwischen Zschopautal und Schwarzer Pockau, Exkursionen, Gotha 1990 {BHT-WULXA}.

Ostheimer/Ette/Pottbeckers 2012: Ostheimer, Michael; Ette, Wolfram; Pottbeckers, Jörg: Strahlungen. Literatur um die Wismut, Würzburg 2012.

Pfeiffer 1965: Pfeiffer, Ludwig: Uranerzlagerstätten in der Deutschen Demokratischen Republik, in: Fundgrube. Populärwissenschaftliche Zeitschrift für Geologie, Mineralogie, Paläontologie und Speläologie, Heft 1/1965 {SNA-XULXA}.

Pflugbeil 1974: Pflugbeil, Werner: Zur Geologie, zum Bergbau und zu seiner Nachfolgeindustrie von Schneeberg, in: Der Heimatfreund, Heft 6/74, S. 129f. {OHT-WXLXX}.

Pietzsch 1962: Pietzsch, Kurt: Geologie von Sachsen (Bezirke Dresden, Karl-Marx-Stadt und Leipzig), Berlin 1962 {BNT-WULXX}.

Pollmer 1975: Pollmer, Manfred: Atomkraft für den Frieden, in: Der Heimatfreund, Heft 5/75, S. 97 {SHT-WXLXX}.

Prescher 1963: Prescher, Hans: Die geologische Literatur über Sachsen 1951–1960. Sonderabdruck aus Jahrbuch 1963 des Staatlichen Museums für Mineralogie und Geologie zu Dresden, Dresden/Leipzig 1963 {ONT-XUXXX}.

Prescher 1975: Prescher, Hans (Hg.): Sächsische Schweiz. Berichte des Arbeitskreises Sächsische Schweiz in der Geographischen Gesellschaft der DDR, Band IV, Gotha/Leipzig 1975.

Progress Filmverleih 1984: Progress Filmprogramm (Hg), Berlin 1984.

Queissner/Lipfert 1988: Queißner, Erhard-Friedrich; Lipfert, Uwe (Red.): Westerzgebirge. Wanderkarte, Maßstab 1:50000 – 13. Auflage, Berlin/Leipzig 1988.

Radtke 1958: Radtke, Horst: Kleintektonische Untersuchungen im Bereich der Marienberger Gneiskuppel, Diplomarbeit an der Humboldt-Universität Berlin 1958.

Radtke 1959: Radtke, Horst: Die »Schwebenden« im Bereich der Marienberger Graugneiskuppel, in: Zeitschrift für Angewandte Geologie, Jg. 5, Heft 7.

Richter 1978: Richter, Hans: Kurort Oberwiesenthal-Fichtelberggebiet, in: Wanderatlas, 1. Auflage, Berlin/Leipzig 1978 {OHT-WUXXA}.

Richter/Fuchs 1986: Richter, Hans; Fuchs, Michael: Kurort Oberwiesenthal Fichtelberggebiet, in: Wanderatlas, 2. bearb. Auflage, Berlin/Leipzig 1986 {OHT-WULXX}.

Riedel 1986: Riedel, Lothar: Erinnerungen an einen Bergmann, in: Erzgebirgische Heimatblätter, Heft 6/86 {SHT-WXXFX}.

Riedl 1984: Riedl, Gerold: Vom »neuen Berggeschrei« in Schönborn, in: Erzgebirgische Heimatblätter, Heft 4/84, S. 97f. {SHT-WXXXX}.

Röhn 1978: Röhn, Roland: 650 Jahre Zobes, Zobes 1978 {OHT-WXLXX}.

Rösler 1984: Rösler, Hans Jürgen: Lehrbuch der Mineralogie, 3. Aufl., Leipzig 1984 {LNT-XULXX}.

Rudolph/Drauschke/Sachse 2007: Rudolph, Jörg; Drauschke, Frank; Sachse, Alexander (2007): Hingerichtet in Moskau. Opfer des Stalinismus aus Berlin 1950–1953. Schriftenreihe des Berliner Landesbeauftragten für die Unterlagen des Staatssicherheitsdienstes der ehemaligen DDR, Band 23.

RUSSEL 1945: Russel, Bertrand: Humanity's Last Chance, in: *Cavalcade*, 7, no.398, 20. Oct. 1945.

SCHEIDL 1970: Scheidl, Leopold: Geographie und Wirtschaftsentwicklung, Bd. 2, Wien 1970.

SCHIEFNER 1961: Schiefner: Zentrales Neuereraktiv der IG Wismut: Schnellvortrieb des Kollektivs »15. Jahrestag der SED«. – Kollektivarbeit Objekt 09 der SDAG Wismut 1961 {ONW-WXXFX}.

SCHIEMANN 1969: Schiemann, Helmut: Sankt Urban. – Fernsehfilm nach einem Roman von Martin Viertel, Fernsehen der DDR, DEFA-Studio für Spielfilme, Potsdam-Babelsberg 1969 {FST-WUXFX}.

SCHLEGEL/BERGNER 1993: Schlegel, Gottfried; Bergner, Walter: 550 Jahre Bergbau in und um Bärenstein im Erzgebirge, Bärenstein 1993.

SCHOLZ 1984: Scholz, Karl-Heinz: Wir und unser Werk. Geschichte des Bergbaubetriebes »Willy Agatz« der SDAG Wismut. – Hg. von der Leitung der Grundorganisation der SED des Bergbaubetriebes »Willy Agatz« der SDAG Wismut. o.O. 1984 {OGT-WXLFX}.

SCHUMACHER 1956: Schumacher, Friedrich: Die Uranlagerstätten der Welt, ihre Besonderheiten und ihre wirtschaftliche Bedeutung, in: Aufschluß 7, S. 28–38.

SCHUMACHER 1958: Schumacher, Friedrich: Die Uranvorkommen Mitteldeutschlands, in: Atomwirtschaft 3, S. 224–229.

SCHUMACHER 1959: Schumacher, Friedrich: Die Uranlagerstätten der Welt im Lichte der neuesten Entwicklung, in: Aufschluß 10, S. 57–63.

SCHUPPAN 1996: Schuppan, Werner: Die Sanierungsarbeiten der WISMUT GmbH im Erzgebirge, in: Erzgebirgische Heimatblätter, Heft 1/96, S. 2f., Marienberg.

SCHÜTZEL 1964: Schützel, Heinz; Herrmann, Gerhard: Über die Ausbildung eines Granit-Endokontaktes am Beispiel des Eibenstocker Granitmassivs im Raum Johanngeorgenstadt, in: Zeitschrift für angewandte Geologie, Band 10, Heft 1 {SNT-XUXXX}.

SELBMANN 1965: Selbmann, Fritz: Die UdSSR unterstützt den Aufbau des Wirtschaftslebens, in: Deutsche Außenpolitik, 10, Sonderheft Nr. 1, Institut für Internationale Beziehungen, Berlin {SGT-WULXX}.

SENATSKOMMISSION 2009: Senatskommission zur Aufarbeitung der Jenaer Universitätsgeschichte im 20. Jahrhundert: Traditionen, Brüche, Wandlungen. Die Universität Jena 1850–1995, Köln/Weimar/Wien 2009.

SIEBER 1949: Sieber, Siegfried: Aus der Geschichte des Wismuts und des Wismut-Bergbaues, in: *Urania*. Monatsschrift über Natur und Gesellschaft, Jg.12, Heft 11, Jena 1949.

SIEBER 1951: Sieber, Siegfried: Vom Uran, in: *Urania*. Monatsschrift über Natur und Gesellschaft, Jg.14, Heft 2, 1951 {SHA-XUXXA}.

Sieber 1954: Sieber, Siegfried: Zur Geschichte des erzgebirgischen Bergbaus, Halle 1954 {BHT-WXXXX}.
Sieber 1958: Sieber, Siegfried: Uran und Uranbergbau im Erzgebirge, in: *Natur und Heimat*, Jg. 6, Heft 2 {SHA-WULFX}.
Sieber/Leistner/Troeger 1967: Sieber, Siegfried; Leistner, Martin; Troeger, Karl: Die Bergbaulandschaft von Schneeberg und Eibenstock, in: Werte der Deutschen Heimat, Band 11, Berlin 1967 {BHT-WULFX}.
Sieber 1968: Sieber, Siegfried: Von Annaberg bis Oberwiesenthal, in: Werte der deutschen Heimat, Band 13, Berlin 1968 {BHT-WULFX}.
Sieber 1972: Sieber, Siegfried: Um Aue, Schwarzenberg und Johanngeorgenstadt, in: Werte unserer Heimat, Band 20, Berlin 1972 {BHT-WULFX}.
Sieber 1975: Sieber, Siegfried: Aus der Geschichte des Bergbaues in Aue, in: *Der Heimatfreund*, Heft 6/75, S. 131f. {SHT-WUXXX}.
SMAD 1947: Sowjetische Militäradministration in Deutschland (SMAD): Gesetzliche Befehle, Anordnungen, Bekanntmachungen, 3. Jg., Nr. 20 vom 4.11.1947, Berlin 1947 {SGT-WXXXX}.
Staatliches Museum 1958: Jahrbuch des Staatlichen Museums für Mineralogie und Geologie zu Dresden 1958 {BNT-WXLXX}.
Staatliches Museum 1960: Jahrbuch des Staatlichen Museums für Mineralogie und Geologie zu Dresden 1959 {BNT-WXXXX}.
Stammberger 1956: Stammberger, Friedrich: Herr Dr. Friedensburg und die SDAG Wismut, in: Zeitschrift für angewandte Geologie, Band 2, S. 45, Berlin {SNA-WUXXX}.
Stammberger 1958: Stammberger, Friedrich: Uranlagerstätten, ihre Mineralisation und ihre geologische Erkundung, in: Zeitschrift für angewandte Geologie, Band 4, Heft 5 {SNT-XUXXA}.
Stammberger 1973: Stammberger, Friedrich: Die nutzbaren Lagerstätten der DDR – ihre geologische und ökonomische Charakterisierung, in: *Zeitschrift für den Erdkundeunterricht*, Band 25, hg. vom Ministerium für Volksbildung {SNT-WXXXX}.
Stolleis 2009: Stolleis, Michael: Sozialistische Gesetzlichkeit. Staats- und Verwaltungsrechtswissenschaft in der DDR, München 2009.
Suhr/Goth 1995: Suhr, Peter; Goth, Kurt: Erster Nachweis tertiärer Maare in Sachsen, in: Zentralblatt für Geologie und Paläontologie, Teil I, 1995, Heft 1/2.
Surashskij 1968: Surashskij, D. I.: Die Entwicklung der Urangeologie in der Sowjetunion, in: Zeitschrift für Angewandte Geologie, Band 14, Heft 5.
Süss 1985: Süß, Gerolf: Chronikalischer Nachtrag zu Bergbau und Hammerwerke von Sehma. – Archiv Ortschronik Sehmatal, Sehma 1985.
Teller 1975: Teller, Christian: 320 Jahre Johanngeorgenstadt, in: *Der Heimatfreund*, Heft 2/75, S. 33f. {SHT-WULXA}.
Teller 1989: Teller, Frank: »Vereinigt Feld im Fastenberg« in Johanngeorgenstadt. Erzgebirge 1989. Ein Jahrbuch für sozialistische Heimatkunde und Heimatgeschichte. – S. 32–36; hg. von der Bezirksleitung Karl-Marx-Stadt

des Kulturbundes der DDR, Redaktion Erzgebirgische Heimatblätter {SHT-WULXA}.
Thein 1966: Thein, Ulrich: »Columbus 64« (Spielfilm, Mehrteiler), produziert vom Fernsehen der DDR (1966) {FST-WXLFX}.
Uhlmann 1983: Uhlmann, Harro: Antifaschistisch-demokratischer Neuaufbau im Kreis Annaberg, hg. von der Kommission zur Erforschung der Geschichte der örtlichen Arbeiterbewegung bei der Kreisleitung der SED Annaberg, Annaberg-Buchholz 1983 {OGA-WUXXA} .
Unger 1972: Unger, Werner: Vom Schöpfkübel zur Kreiselpumpe. Bergmännische Entwässerungstechnik von einst und heute, in: *Der Heimatfreund*, Heft 2/72, S. 27f. {SHT-WXXXX}.
Unger 1984: Unger, Manfred: Sachsen in der antifaschistisch-demokratischen Umwälzung, seine Stellung in der DDR am Beginn des sozialistischen Aufbaus (1945–1952), in: *Sächsische Heimatblätter*, Heft 4/1984 {SHT-WXXXX} .
Unger 1975a: Unger, Werner: Die Wiedernutzbarmachung von Abraumhalden des Erzbergbaues in unserer Heimat. (1. Teil), in: *Der Heimatfreund*, Heft 2/75, S. 40f. {SHT-WXLXX}.
Unger 1975b: Unger, Werner: Die Wiedernutzbarmachung von Abraumhalden des Erzbergbaues in unserer Heimat. (2. Teil), in: *Der Heimatfreund*, Heft 3/75, S. 52f. {SHT-WXLXX}.
Unverhau 2002: Unverhau, Dagmar: Kartenverfälschung als Folge übergroßer Geheimhaltung?, Münster 2002.
VEB Steinkohlenwerk 1967: Kampf der Väter – Sieg der Söhne. Zur 100-Jahr-Feier des volkseigenen Steinkohlenwerkes, hg. von Martin Hoop, Zwickau/Pöhlau 1967 {BGT-WXLXX}.
Viertel 1968: Viertel, Martin: Sankt Urban, Berlin 1968 {BRT-XUXXA}.
Viertel 1986: Viertel, Martin: Bollerbock. Sein fünffacher Aufstieg und sein merkwürdiges Verschwinden, Berlin (Ost) 1986.
Volk 2014: Volk, Stefan: Die Zensur der Kalten Krieger. Verbotene Filme in der Bundesrepublik. Spiegel online, URL: www.spiegel.de/einestages/verbotene-filme-geheime-zensur-im-dienst-der-bundesregierung-a-973414.html (abgerufen 10.5.2018).
Vollstädt/Voigt/Vogel 1987: Vollstädt, Heiner; Voigt, Günter; Vogel, Andreas: Micromounts – Arbeitsbuch für Mineraliensammler, Leipzig 1987.
Wagenbreth/Steiner 1985: Wagenbreth, Otfried; Steiner, Walter: Geologische Streifzüge – Landschaft und Erdgeschichte zwischen Kap Arkona und Fichtelberg, Leipzig 1985 {BNT-XUXXX}.
Wagenbreth/Wächtler 1985: Wagenbreth, Otfried; Wächtler, Eberhard (Hg.): Technische Denkmale in der DDR, 2. durchg. Aufl., Leipzig 1985 {BHT-XUXFX}.
Wagenbreth/Wächtler 1986: Wagenbreth, Otfried; Wächtler, Eberhardt (Hg.): Der Freiberger Bergbau – Technische Denkmale und Geschichte, Leipzig 1986 {BNT-WXLXX}.

Wagenbreth/Wächtler 1990: Wagenbreth, Otfried; Wächtler, Eberhardt (Hg.): Bergbau im Erzgebirge, Leipzig 1990 {BNT-WULFX}.

Wagner 1958: Wagner, Friedrich: Berichte zur Entwicklung des Industriedorfes Sehma (1958) – Schreibmaschinenschrift, Archiv der Gemeinde Sehmatal (unveröffentlicht).

Watznauer 1957: Watznauer, Adolf: Uranlagerstätten der Erde, Berlin (Ost) 1957 {ONT-XULXA}.

Weber 1983: Weber, Rolf: Talsperren Pöhl und Pirk (Wanderatlas), Berlin/ Leipzig 1983 {OHT-WXLXX}.

Wenig 1958: Wenig, Joseph: Unsere Wismut, in: *Neues Deutschland*, 24.3. 1958 .

Wenig 1975: Wenig, Joseph: Uran für den Frieden – Freundschaft für das Leben, in: Der Sozialismus, deine Welt, hg. vom Zentralen Ausschuss für Jugendweihe in der DDR, Berlin (Ost) 1975 {BGA-WUXXA}.

Wenzel 1988: Wenzel, Erich: Dokumente zur Geschichte der IG Wismut, hg. vom Zentralvorstand der IG Wismut, Karl-Marx-Stadt 1988 {OGW-WUXXA}.

Wieland 1985: Wieland, Karl-Heinz: Chronik der Gebietsorganisation Wismut der Freien Deutschen Jugend für die Jahre 1946–1961, hg. von der Gebietsleitung Wismut der FDJ, Karl-Marx-Stadt 1985 {OGW-WULFX}.

Wille 1960: Wille, Hermann Heinz: Silbernes Erzgebirge, Dresden 1960 {BHT-WULFX}.

Wille 1966: Wille, Hermann Heinz: Vom Kahleberg zum Fichtelberg. Wanderfahrt durchs Erzgebirge, Leipzig 1966 {BHT-WULXX}.

Wismut AG 1948: Bericht über geologische Erkundungsarbeiten im Objekt 4 für das Jahr 1947, unveröffentlicht, Geologisches Archiv der Wismut GmbH, Inv.-Nr. M-59 (russisch).

Wismut AG Aue 1949: Das interessiert auch Dich! (Plakat), Bundesarchiv Plak 100-027-017 {PxW-WXLXX}.

Wismut AG 1950: Erz für den Aufbau, Plakat, Bundesarchiv, Plak 100-027-018 {PxW-WXXXX}.

Wismut AG 1950a: Geologischer Produktionsbericht für die Jahre 1948/49, unveröffentlicht, Geologisches Archiv der Wismut GmbH, Inv.-Nr. M-25 (russisch).

Wismut GmbH 1999: Die Chronik der Wismut (CD-ROM) Chemnitz.

Wismut SDAG (o.J.): Hauptkennziffern der Tätigkeit der Wismut AG 1946–1953. – unveröffentlicht, Unternehmensarchiv der Wismut GmbH, Inv.-Nr. M-420 (russisch).

Wismut SDAG 1955: Arbeitsprojekt Objekt 131 für 1956, unveröffentlicht, Wismut GmbH, Geologisches Archiv, Inv.-Nr. M-395 (russisch).

Wismut SDAG 1957: Kumpel – laß Dich warnen! Enthüllungen über die Spionagetätigkeit ausländischer Geheimdienste im Wismutgebiet. Schrift {OGW-WXLXA}.

Wismut SDAG 1957a: Abt. Technische Information Vorträge der ersten geologischen Betriebskonferenz der SDAG Wismut. Wismut GmbH, Geologisches Archiv, Inv.-Nr. 55 138.

Wismut SDAG 1981: Bergbaubetrieb 9 Aue (): Arbeitsordnung. Betriebsinterne Drucksache.

Wismut SDAG 1983: Zentrale VS-Bereichsnomenklatur über Informationen, die Staatsgeheimnisse darstellen und andere Informationen, die in der SDAG Wismut als VVS oder GVS zu behandeln sind. – Vertrauliche Dienstsache, 1988 abgestuft zur Dienstsache, in Bommhardt 2015, S. 207ff. .

Wismut SDAG 1984: Wir fördern Schätze zutage, Bildpostkartenmappe, Grafiken von Kurt Völtzke, Gedicht von Martin Viertel; Reichenbach 1984 {PNF-WXXFA}.

Wismut SDAG 1990: Uranerzbergbau contra Umwelt. Erläuterungen und Antworten auf Fragen zur Entwicklung und zum Stand des Umweltschutzes im Wirkungsbereich des Uranerzbergbaues der DDR (Autorenkollektiv), Karl-Marx-Stadt 1990 {ONW-WULXX}.

Wismut SDAG 1991: Abschlussdokument. der SDAG Wismut, Chemnitz 1991.

Wolf 1958/1972: Wolf, Konrad: Sonnensucher (Spielfilm), DDR 1958, Erstaufführung 1972 {FSW-WUXFA}.

Woiwode/Kirsch 1981: Woiwode, Heinz; Kirsch, Kurt: SDAG Wismut Jugendbergbaubetrieb Königstein – Geschichte des Betriebes 1963–1970, hg. von der Kommission für die Erforschung und Propagierung der Betriebsgeschichte bei der Leitung der SED-Grundorganisation des JBB Königstein. {OGW-WXLFX}.

Zentralverwaltung 1955–60: Zentralverwaltung für Statistik der DDR (1955–1990): Statistische Jahrbücher der Deutschen Demokratischen Republik, Berlin 1955–60.

Zühlke 1978: Zühlke, Dietrich: Zwischen Zwickauer Mulde und Geyerschem Wald, in: Werte unserer Heimat, Band 31, 1978 {BHT-WXXFX}.

Gabriele Stötzer, Jochen Voit

Rädelsführer

Studentischer Protest in der DDR 1976

Klappenbroschur, 240 Seiten,
29 Schwarzweißabb.
ISBN 978-3-86732-309-3 € 19,80

Erfurt 1976: Ein Student schreibt einen kritischen Artikel für die Hochschulzeitung. Der Artikel wird nie gedruckt, der Student zwangsexmatrikuliert. Seine Mitstudierenden setzen sich für ihn ein und schreiben einen Brief an Bildungsministerin Margot Honecker. Darin wünschen sie sich »offene Diskussionen«. Honecker reagiert mit Härte. Die Studierenden sollen ihre Unterschrift zurückzuziehen. Einige werden mit Zwangsexmatrikulation bestraft und mit Studienverbot für sämtliche Hochschulen der DDR. Andere müssen sich in hysterisch anmutenden Anhörungen öffentlich distanzieren. Die Wege der drei von der Hochschulleitung zu »Rädelsführern« erklärten Personen führen darauf: ins Berufsleben, aufs Abstellgleis und ins Gefängnis. Eine spannende Erfurter Skandalchronik und noch viel mehr: Wie unterm Brennglas zeigt sich hier die Unterdrückung einer aufkeimenden Jugendbewegung am Vorabend der Biermann-Ausbürgerung.

Francisca Drechsler

Zwischen Pflicht und Freiheit | 1

Lebenswege in der DDR
(Studien zur brandenburgischen und vergleichenden Landesgeschichte, Band 23)

Klappenbroschur, 370 Seiten,
103 Schwarzweißabb.
ISBN 978-3-86732-325-3 € 24,90

In diesem Buch, das den Auftakt einer biografischen Reihe bildet, kommen Personen zu Wort, die in der DDR dafür sorgten, dass der Staat nach innen und nach außen funktionierte. Solche Lebensberichte von Führungskräften und Experten aus der »zweiten Reihe«, von »Funktionseliten«, werden leider eher selten veröffentlicht. Dabei sind es die konkreten Biografien ihrer Menschen, die uns besser als Akten und Analysen ermöglichen, eine frühere Gesellschaft mit all ihren heterogenen Lebenswelten zu begreifen.

Vorgestellt werden die Erinnerungen von **Dietrich Lemke** (Außenhändler und Stellvertreter des letzten Außenhandelsministers der DDR), **Donat Ciesla** (Außenhändler), **Horst Lyr** (emeritierter Biologe und Botaniker) sowie **Bernd Wefelmeyer** (Komponist, Arrangeur und Dirigent). Sie beruhen auf narrativen Interviews, in denen sich die Protagonisten an Stationen, Begegnungen und Entscheidungen in ihrem Leben erinnern. Sie erzählen von sich und versuchen zu erklären, warum sie sich – mitunter widerstrebend – an verordnete Spielregeln hielten. Der Vergleich dieser Lebensberichte im selben Land zur selben Zeit, doch an unterschiedlichen Orten offenbart Muster und ermöglicht den Blick in eine inzwischen verschüttete Vergangenheit.

Francisca Drechsler

Zwischen Pflicht und Freiheit | 2

Lebenswege in der DDR
(Studien zur brandenburgischen und vergleichenden Landesgeschichte, Band 26)

Klappenbroschur, 243 Seiten,
65 Schwarzweißabb.
ISBN 978-3-86732-354-3 € 19,80

Horst Ruprecht, Theaterregisseur und ehemals Ensembleleiter, ließ sich zum Schauspieler ausbilden, entdeckte aber bald sein Regietalent. Mit Willensstärke und großen Ambitionen begann er Regie zu führen, und eine Aspirantur bei Fritz Bennewitz am Deutschen Nationaltheater Weimar brachte ihn seinem Ziel näher. So gelang es Ruprecht, als Oberspielleiter am Theater in Nordhausen und in Meiningen, als Schauspieldirektor am Landestheater Halle, auf den Bühnen der Stadt Magdeburg und nach dem Fall der Mauer am Schauspielhaus Leipzig erfolgreich zu inszenieren. »Welthaltiges« sollte spektakulär und möglichst radikal auf die Bühnen der »geschlossenen Gesellschaft« gebracht werden. In Texten des Sturm und Drang, bei Horváth, Grabbe und Büchner suchte er Parallelen zur Gegenwart.

Heinz Schönemann, Kunsthistoriker und ehemals Stiftungskonservator, war einer der jüngsten Museumsdirektoren der DDR am namhaften Kunstmuseum Moritzburg in Halle, nachdem er sich in seinen denkmalpflegerischen Lehrjahren leidenschaftlich mit Schinkel und der Architektur des 19. Jahrhunderts beschäftigt hatte. Nach den Ereignissen vom August 1968 geriet er mit seinen Sammlungs- und Museumsvisionen an kulturpolitische Grenzen und ging nach Potsdam-Sanssouci, um sich als Schlösserdirektor, später als stellvertretender Generaldirektor und Stiftungskonservator für die Bewahrung des heutigen UNESCO-Weltkulturerbes einzusetzen, ohne die zeitgenössische Kunst je aus den Augen zu verlieren. Schönemanns Blick auf die Dinge ist selten vorhersehbar. Der ausgezeichnete Erzähler weiß, mit lebendigen Geschichten seine Zuhörer in den Bann zu ziehen.

Frank Blohm (Hg.)

Geh doch rüber! Revisited

Ein Ost-West-Lesebuch und seine Geschichte

Klappenbroschur, 231 Seiten,
44 Schwarzweißabb.
ISBN 978-3-86732-326-0 € 19,80

2020: Deutschland feiert die Wiedervereinigung des Landes vor dreißig Jahren, doch auf beiden Seiten der ehemaligen Mauer ist noch immer – häufig abwertend – von »denen da drüben« die Rede. Risse tun sich wieder auf zwischen Ost und West, eine unsichtbare Grenze durchzieht das Land – wie konnte es dazu kommen?

1985: Nach Jahrzehnten der staatlichen Trennung sind die Menschen in den beiden Staaten einander fremd geworden. Frank Blohm, Psychologiestudent in Berlin-West, Grenzgänger aus Passion, will das ändern. Unter Mitarbeit vieler Autoren hüben wie drüben entsteht eine Anthologie mit Originaltexten über »Ost-West-Begegnungen«. 1986 erscheint eine Auswahl als Taschenbuch im Luchterhand-Verlag unter dem Titel »Geh doch rüber!«, herausgegeben von einem vorsichtshalber fiktiven »Per Ketman«.

Nach 1989 trat durch Öffnung der Stasi-Archive zutage, wie sehr die Staatssicherheit das Taschenbuch als Bedrohung der DDR empfunden hatte: Sie kontrollierte und observierte Frank Blohm über Jahre hinweg auch in Westberlin und verbot ihm schließlich die Einreise.

»Geh doch rüber!« kann heute als spannendes Zeitdokument gelesen werden, das die mitunter absurden deutsch-deutschen Verhältnisse der 1980er Jahre widerspiegelt und zugleich die gegenwärtigen Verhältnisse erklären hilft. Die Neuauflage enthält daher die wichtigsten Beiträge der Originalausgabe – ergänzt um die Geschichte des Buches selbst sowie der Stasi-Verfolgung des Herausgebers. Und schließlich blicken viele der Autoren jetzt, gut drei Jahrzehnte später, noch einmal zurück: Wie war es damals – und was ist daraus geworden?